TECNOLOGIA
SECUNDÀRIA

Roger Hoyos
Francesc Garófano
Jordi Regalés
Enric Abadal
Xavier Montagut
Manel Rivera
Joan Joseph
Jaume Garravé

Revisió tècnica
Xavier Montagut
Manel Rivera

Coordinació de l'àrea
Francesc Garófano
Roger Hoyos
Jordi Regalés

W0375000

Mc Graw Hill Education

BARCELONA · MADRID · BUENOS AIRES · CARACAS · GUATEMALA · LISBOA · MÈXIC · NOVA YORK · PANAMÀ · SAN JUAN · BOGOTÀ · SÃO PAULO · AUCKLAND · HAMBURG · LONDRES · MILÀ · MONT-REAL · NOVA DELHI · PARÍS · SAN FRANCISCO · SYDNEY · SINGAPUR · SAINT LOUIS · TÒQUIO · TORONTO

TAULA DE CONTINGUTS

UNITAT 6

L'electricitat i el circuit elèctric

EINES DIGITALS TIC

PROJECTES TECNOLÒGICS

COM S'UTILITZA AQUEST LLIBRE

Presentació de la UNITAT

Aquí trobaràs els **objectius d'aprenentatge** de la Unitat.

També trobaràs un sumari dels continguts...

i una imatge i un text introductori.

Desenvolupament de continguts

La Unitat està estructurada en apartats i subapartats, en els quals la informació està perfectament organitzada. Al final de cada apartat trobaràs un seguit d'activitats.

ICONOGRAFIA

Continguts al marge per ampliar coneixements.

SABÍAS QUE..

RECORDA

WEB

Al final de la Unitat...

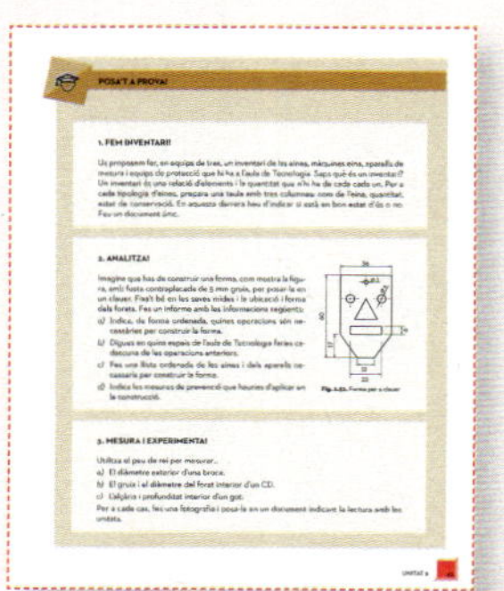

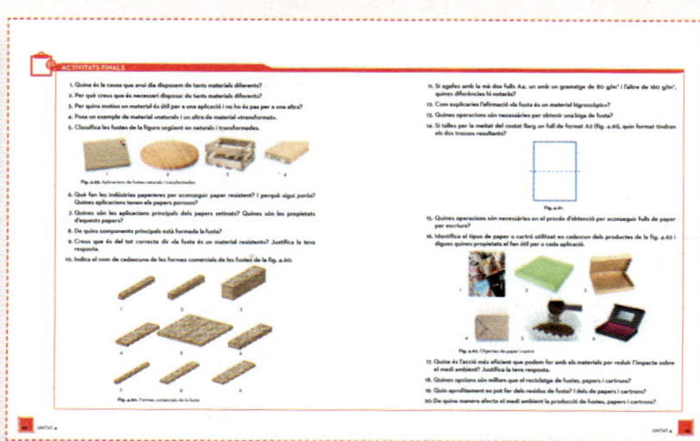

Posa't a prova!

Activitats orientades a reforçar els aspectes **competencials** de la unitat.

Activitats finals

Bateria d'activitats per avaluar els coneixements adquirits.

Unitats singulars

Al final del llibre trobaràs dues unitats amb característiques especials:

Eines digitals TIC, que et permetrà aplicar les noves tecnologies de la informació i la comunicació al teu procés d'aprenentatge de la matèria.

Projectes tecnològics, on el coneixement neix a partir de la realització integral d'un projecte a l'aula de tecnologia.

A banda del llibre que teniu a les mans, McGraw-Hill Education us ofereix un seguit de material per complementar el vostre aprenentatge i per ajudar el professorat en la seva tasca docent.

Llibre digital

Un projecte basat en la metodologia **d'objectes d'aprenentatge** sobre els quals hem definit l'estructura dels objectius curriculars de la matèria, i als quals hem associat una gran varietat de recursos didàctics, com ara activitats interactives, vídeos, propostes de treball en línia i animacions.

El llibre digital de McGraw-Education garanteix un rigorós tractament pedagògic i tècnic del cos teòric i pràctic de cadascuna de les matèries.

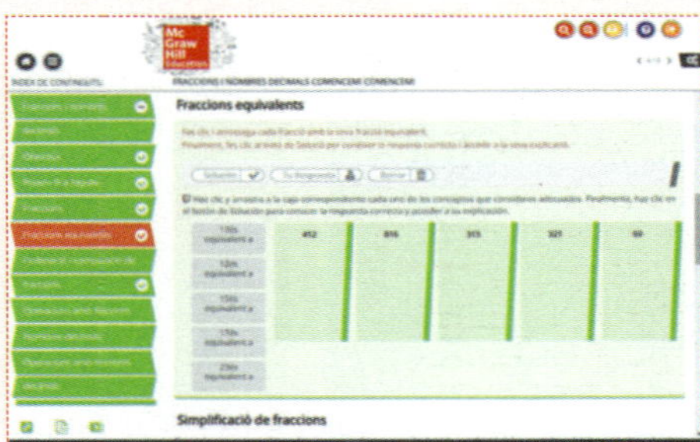

Centre d'Ensenyament Online

La teoria i les activitats incloses en cada unitat estan vinculades directament amb recursos multimèdia, com ara vídeos, activitats interactives, presentacions i banc d'imatges, pensats per ajudar a il·lustrar, assimilar i aprofundir en la matèria que s'està treballant.

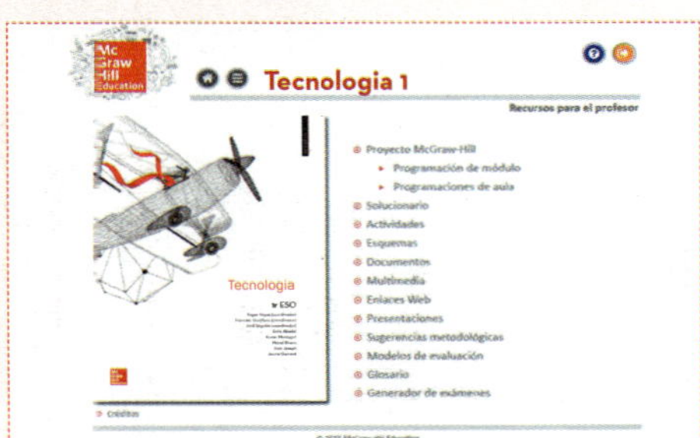

1 QUÈ ÉS LA TECNOLOGIA?

Objectius

- ✓ Identificar productes tecnològics que estan presents a la nostra vida quotidiana.
- ✓ Relacionar un producte tecnològic amb la necessitat que satisfà o el problema que resol.
- ✓ Distingir els mètodes de producció d'objectes: l'artesanal i l'industrial.
- ✓ Conèixer i saber explicar, de forma ordenada, les fases que té el procés tecnològic.

Sumari

QUÈ EN SAPS?

Diries que l'artefacte de la fotografia és un producte tecnològic? Quins coneixements creus que han estat necessaris per dissenyar-lo i fabricar-lo: la mecànica, l'electrònica, la informàtica, les telecomunicacions, el dibuix? Quines necessitats pot satisfer o quins problemes pot resoldre? Quins problemes pot crear?

Llegeix el text següent:

«Per a alguns és com una joguina que els permet fer fotografies i vídeos des de l'aire, mentre que per a d'altres és una valuosa eina de treball. El consum domèstic d'aquestes aeronaus o drones ha crescut molt en els últims anys i fa preveure una nova revolució tecnològica.

Robert Blair afirma que és un dels primers agricultors a utilitzar un avió no tripulat per controlar els seus camps de blat i ordi. Des del 2006, el seu drone de fabricació casolana l'ajuda a comprovar, mitjançant fotografies aèries, l'estat dels cultius —els danys causats per insectes, zones que necessiten més aigua o seleccionar el dia de l'inici de la collita—. "La informació que capta l'avió no tripulat em permet fer els canvis que els camps necessiten", assegura aquest pagès.

Un estudi preveu que la indústria dels avions no tripulats podria crear als EUA fins a 100.000 llocs de treball i uns guanys econòmics de 82.000 milions de dòlars entre el 2015 i 2025. Hi ha altres usos d'aquest tipus d'aeronau: captar imatges per a pel·lícules o per fer mapes, vigilar línies elèctriques o oleoductes, controlar el trànsit, ajudar a apagar focs, etcètera.

Els seus usos i beneficis poden ser múltiples, però algunes organitzacions de drets civils han començat a plantejar temors sobre els efectes que poden tenir per a la privacitat i la seguretat de les persones. També han mostrat preocupació per l'augment de l'ús d'aquests avions per part dels cossos policials.»

Article de Núria Ferragutcasas per al diari *ARA* 15.12.2013 (text adaptat)

1 TECNOLOGIA: UNA MATÈRIA NOVA

Fig. 1.1. Màquina expenedora

Fig. 1.2. Pilota de bàsquet

Fig. 1.3. Productes informàtics

Fig. 1.4. Dibuix tècnic

Fig. 1.5. Aula de tecnologia

Mira al teu voltant. Hi trobes algun producte tecnològic? Encara que no t'ho sembli, estem envoltats de productes tecnològics. El que acostuma a passar és que hi estem tan habituats, que ja ni ens adonem de la seva presència.

La tecnologia t'ajudarà a entendre com funciona una part important del nostre món i de la nostra societat.

A la matèria de Tecnologia descobriràs moltes coses noves, reforçaràs coses que saps i d'altres que ja has après o aprendràs en altres matèries. Aprendràs a mirar les coses que t'envolten amb una actitud diferent, a ser crític i a tenir iniciativa per millorar-les i explicar les teves idees.

També hauràs de fer servir moltes habilitats, com ara el dibuix, la utilització d'eines manuals, informàtiques i digitals, la paciència, la constància i el gust per les coses ben fetes. Utilitzaràs també altres aprenentatges de Ciències, de Matemàtiques, d'Educació Visual i Plàstica i d'altres matèries.

Una part de la tecnologia consistirà a aprendre a utilitzar correctament les eines informàtiques i els dispositius digitals. Tot això ho treballaràs amb ordinadors o dispositius mòbils, amb els quals t'endinsaràs en aplicacions tecnològiques necessàries per al desenvolupament de projectes.

També veuràs que hi ha un espai on treballaràs part dels continguts: l'aula de tecnologia. En aquest espai podràs posar en pràctica els teus projectes i experimentaràs amb eines, materials, circuits...

Qui sap, potser el que aprenguis a Tecnologia t'ajudarà a orientar l'elecció dels teus estudis i la teva futura professió. En tot cas, aprofita-la i gaudeix-la el màxim que puguis.

DEBAT!

De vegades, pots sentir dir que estem massa tecnificats, que estem envoltats de màquines i que això pot arribar a deshumanitzar-nos. Quina és la teva opinió? Organitzeu-vos en grups de 4 o 5 persones i expresseu les vostres opinions (sempre justificant-les amb exemples). Escolteu totes les opinions del grup i anoteu-les. Finalment, intenteu arribar a un acord sobre el que pensa la majoria del vostre grup i poseu-ho en comú amb la resta de grups de treball de la classe.

2 PRODUCTES TECNOLÒGICS

Fixa't en les imatges dels objectes que apareixen en aquesta pàgina (fig. 1.6 a 1.11). Una manera de descriure'ls és amb el seu nom i explicant-ne la utilitat. Bàsicament es tracta de contestar les preguntes: «com es diu?» i «per a què serveix?».

Les respostes podrien ser aquestes:

Nom	**Utilitat**
Automòbil	Transportar persones
Robot industrial	Solcar peces metàl·liques en una fàbrica
Pal de fregar	Netejar el terra amb aigua
Palanca de control *(joystick)*	Jugar amb consoles de videojocs
Aspiradora	Absorbir la pols
Televisor	Informar i entretenir amb imatges i sons

Taula 1.1. Noms i utilitats dels objectes

Fig. 1.6. Automòbil

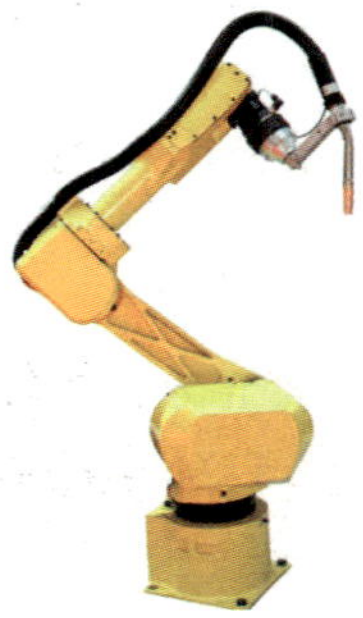
Fig. 1.7. Robot industrial

Què tenen en comú tots aquests objectes? Podríem dir que tots són útils per a alguna cosa concreta: transportar, fabricar, netejar, jugar, informar, entretenir... Per tant, que tots són capaços de **satisfer** alguna **necessitat** que tenim com a persones o com a societat.

Una altra cosa que tenen en comú és que tots han estat **fabricats** en grans quantitats en alguna **indústria** i que, abans de fabricar-los, algú altre ha pensat com haurien de ser i com s'haurien de fabricar. És a dir, alguna persona els ha **dissenyat** i, després, uns altres l'han fabricat.

Fig. 1.8. Pal de fregar

Fig. 1.9. Palanca de control *(joystick)*

Fig. 1.10. Aspiradora

Fig. 1.11. Televisor

VÍDEO

Molt sovint els objectes tecnològics neixen d'una idea o d'un invent. Creus que aquestes idees només estan a l'abast de persones molt preparades? Mira el vídeo i comprova-ho!

http://www.ccma.cat/tv3/alacarta/nom-programa/LAPROPOSTA-Nens-inventors/video/4415738/

Mira ara les fotografies dels objectes d'aquestes pàgines (fig. 1.12 a 1.18) . Intenta descriure'ls amb el seu nom i la seva utilitat, com ho has fet a la pàgina anterior. Segur que no et serà gaire difícil.

A la nostra vida quotidiana podem distingir diferents **àmbits** segons l'activitat que fem. Així, doncs, podem parlar de l'àmbit *educatiu* quan estudiem; de l'àmbit *sanitari*, quan anem al metge, o de l'àmbit *esportiu*, quan juguem un partit o participem en alguna cursa.

De la mateixa manera, els productes tecnològics també poden pertànyer a diferents àmbits segons la utilitat que tinguin.

Ara, hauries d'identificar l'àmbit tecnològic a què pertany cadascun dels objectes. Comprova'n els resultats a la taula 1.2:

Fig. 1.12. Iogurt

Fig. 1.13. Galleda

Nom	Àmbit
Iogurt	Alimentació humana
Galleda	Domèstic
Camisa	Tèxtil
Edifici	Construcció (habitatge)
Pont	Construcció (obra pública)
Aerogenerador	Energia
Engranatges	Mecànica

Taula 1.2. Àmbits tecnològics a què pertanyen els objectes.

Fig. 1.14. Camisa

Tots els objectes que has vist fins ara **satisfan necessitats** o resolen algun problema. Tots han estat «**dissenyats**» per unes persones i «**fabricats**» o «**construïts**» per unes altres. Podem dir que tots són productes tecnològics?

Llegeix una possible definició de producte tecnològic.

Un **producte tecnològic** és alguna cosa material (un objecte o un producte) que ha estat «dissenyada» per unes persones i «fabricada» després (normalment en una indústria), que té com a finalitat satisfer alguna necessitat o resoldre algun problema.

Tots els objectes que has vist fins ara encaixen en la definició. Tots són productes tecnològics.

Fig. 1.15. Edifici

Fig. 1.16. Pont

Observa que els productes tecnològics no són només objectes moderns, d'*última generació*, sinó que **existeixen de fa temps**. Els vehicles utilitzats avui dia a les curses de *Fórmula 1* són productes tecnològics molt avançats, d'*última generació*. Els actuals televisors de pantalla plana i de «*tecnologia LED*» també són productes tecnològics molt avançats. Però l'automòbil de la fig. 1.6 i el televisor de la fig. 1.11 també són productes tecnològics. La diferència és que pertanyen a èpoques diferents.

Fig. 1.17. Aerogenerador

Fig. 1.18. Engranatges

Fixa't, també, que els productes tecnològics no són només els que es basen en la mecànica, l'electricitat, l'electrònica o la informàtica. Objectes tan **senzills** com un pal de fregar, una galleda o un iogurt també són productes tecnològics.

Finalment, també t'ha de quedar clar que els productes tecnològics estan presents en **molts àmbits de la nostra vida diària**: a la construcció, la roba, la neteja, l'alimentació, l'entreteniment, l'energia...

SABIES QUE...

Els edificis, els ponts, les autopistes... són productes tecnològics encara que no han estat «fabricats» en una indústria. Han estat dissenyats per arquitectes o enginyers i construïts per tècnics seguint uns processos o «tècniques de construcció» que podrien equiparar-se a les que es fan servir a les indústries.

2.1. Indústria i artesania

Fig. 1.19. Costura

Et podria semblar que tot el que existeix és un *producte tecnològic*, però de seguida veuràs que no és així. Només cal que pensis en una cançó (com una peça musical, no com un disc o com un arxiu MP3), en una obra de teatre, en una pintura, en una joia... Aquestes «coses» també satisfan necessitats de les persones. Però no han estat «fabricades» en grans quantitats com els objectes que has vist fins ara. Pertanyen a l'àmbit cultural, artístic o es tracta de productes **artesans**. No són, doncs, *productes tecnològics*.

Observa ara les imatges d'aquesta pàgina (fig. 1.19 a 1.21). Aquests objectes i productes també satisfan necessitats i també han estat «dissenyats» i «fabricats». La diferència amb els productes tecnològics és que aquests han estat dissenyats i fabricats per la mateixa persona i que els fa en poques quantitats utilitzant eines senzilles. Són **productes artesans**, i les persones que els fan han après i dominen unes *tècniques* molt concretes.

Artesania és el procés de disseny i d'elaboració de productes útils per satisfer necessitats, en què participa una sola persona o un grup reduït de persones que utilitzen màquines i eines senzilles.

Fig. 1.20. Teixint boga per a un seient

Com ja t'hauràs adonat, hi ha dues maneres de fabricar objectes: l'*artesanal* i la *industrial*. La producció **artesanal** ha estat el principal procés de fabricació des de la prehistòria fins aproximadament el segle XIX, quan a Europa s'anà estenent la *industrialització*.

Fig. 1.21. Forja manual

SABIES QUE...

La ***boga*** és un producte natural obtingut de les fulles d'una planta que creix en aiguamolls i que s'utilitza per teixir seients de cadires i cistells.

A l'actualitat, el principal procés de fabricació és l'industrial, tot i que també s'utilitza, de forma molt reduïda, la producció artesanal. La producció **industrial** es caracteritza perquè els objectes es produeixen en grans quantitats amb utilització de maquinària cada cop més complexa, i amb la participació de diferents persones, cadascuna d'elles especialitzada en unes tasques diferents.

Els artesans inventen i fabriquen els objectes, mentre que a les indústries, unes persones —els **tècnics**— fabriquen els objectes que unes altres —els **enginyers** o els **dissenyadors**— han projectat o dissenyat prèviament.

Fig. 1.22. Producció industrial. Planta envasadora

SABIES QUE...

Avui dia, a part d'arquitectes i enginyers, també hi ha dissenyadors, persones especialitzades en aquesta fase del procés tecnològic. Els dissenyadors poden estar especialitzats en diferents àmbits. Així, doncs, hi ha dissenyadors industrials, d'interiors, de moda o gràfics.

ACTIVITATS

1. **Entre les afirmacions següents, assenyala les que són certes. Si no són certes, explica'n el perquè i posa'n algun exemple:**
   - *a)* Els productes tecnològics només són aquells que han estat fabricats per satisfer alguna necessitat de l'àmbit de la mecànica, l'electrònica o la informàtica.
   - *b)* Els productes tecnològics els podem trobar en molts àmbits de la vida quotidiana, com ara les comunicacions, el tèxtil, la construcció, l'alimentació...
   - *c)* Els productes tecnològics són sempre complexos, ja que si fossin senzills serien productes artesanals.

2. **Observa les tres imatges i, per a cadascuna, omple una fitxa que contingui la informació següent:**

Fig. 1.23.

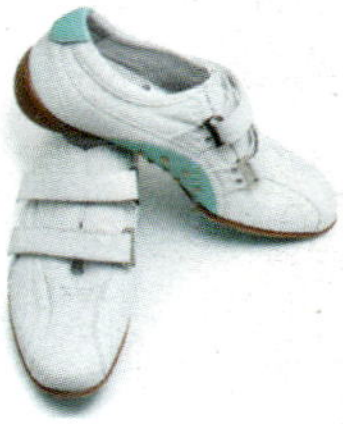

Fig. 1.24.

Fig. 1.25.

   - *a)* Nom de l'objecte o del producte.
   - *b)* Utilitat.
   - *c)* Àmbit d'utilització.
   - *d)* Tipus de producció (artesanal o industrial). Justifica la resposta.
   - *e)* Es tracta d'un «producte tecnològic»? Per què?

3 TECNOLOGIA I PROCÉS TECNOLÒGIC

> SABIES QUE...
>
> Actualment, també hi ha ***artesans*** amb amplis coneixements científics i que, fins i tot, poden aplicar «tècniques industrials» en les seves produccions.

Els artesans coneixien molt bé les propietats dels materials que treballaven i tenien molta habilitat amb les mans i amb les eines i màquines que utilitzaven. Es diu que dominaven una **tècnica**. Aquesta tècnica l'aprenien observant el treball d'altres persones. Els coneixements es traspassaven de persona a persona.

Els enginyers i els dissenyadors tenen uns grans coneixements sobre les propietats dels materials i sobre les possibilitats de les eines i les màquines; coneixements que han obtingut amb mètodes **científics**.

A les indústries s'utilitzen molts mètodes de fabricació diferents. Es diu que s'apliquen moltes **tècniques** de fabricació.

> La **tècnica** és el conjunt de coneixements i habilitats necessaris per fabricar o construir objectes útils.

Fig. 1.26. La impressió en 3D és una tècnica de fabricació.

Doncs bé, quan els coneixements tècnics s'organitzen **científicament** per tal d'aconseguir productes capaços de satisfer determinades necessitats de les persones, ja sigui de forma individual o col·lectiva, és quan parlem de tecnologia.

> La **tecnologia** és el conjunt de coneixements tècnics, científicament organitzats, que ens permeten obtenir productes capaços de satisfer determinades necessitats humanes.

Fig. 1.27. El procés tecnològic permet donar solució a les necessitats.

> El **procés tecnològic** és el mètode de treball propi de la tecnologia i consisteix en un conjunt ordenat d'accions que es fan per satisfer una determinada necessitat.

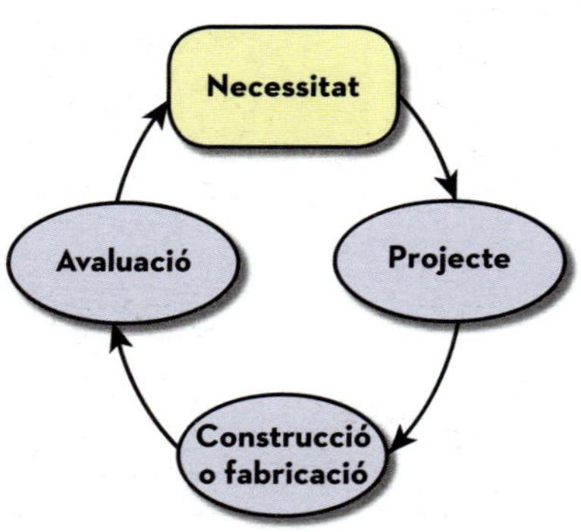

Fig. 1.28. Fases del procés tecnològic

Gràcies a la utilització d'aquest mètode de treball s'aconsegueixen productes de qualitat i, també, la seva millora contínua.

El procés tecnològic s'inicia quan es detecta una necessitat que es vol satisfer. Simplificant molt, podríem dir que el procés va primer *del cap a les mans* i, després, *de les mans al cap*, en un **cicle continu** de **tres fases**.

Comença al cap de les persones perquè el primer que cal fer és *pensar* com volem que sigui el producte. Aquesta primera fase consisteix a realitzar un **projecte** que inclou el *disseny* del producte.

Un cop finalitzat el projecte, cal «utilitzar les mans», és a dir, *aplicar* els passos necessaris per tal de **fabricar** o **construir** el producte.

Finalment, hem de tornar a «utilitzar el cap» perquè cal *estudiar* el comportament del producte i **avaluar-ne** la utilitat. En aquesta fase és quan cal fer-se preguntes com ara: *Satisfà la necessitat? Podem fer alguns canvis que millorin el producte?* Les respostes a aquestes preguntes ens porten un altre cop a la fase de disseny, i això és el que fa possible la *millora contínua* dels nostres productes tecnològics.

Fig. 1.29. Projecte (disseny)

Fig. 1.32. L'avaluació permet la millora contínua dels productes tecnològics

Fig. 1.30. Fabricació

3.1. El projecte tecnològic

Imagina una fàbrica de mobles. Els venedors han detectat que hi ha uns nous clients que els demanen cadires plegables per utilitzar-les puntualment en espais polivalents de sales d'exposicions i centres escolars. Aquest és un exemple de com es pot **detectar** una necessitat.

Definim la necessitat: «Es necessiten cadires plegables per utilitzar puntualment en espais polivalents de sales d'exposició, centres escolars, etc.»

Fig. 1.31. Avaluació

En aquest cas, la solució al problema, és a dir, una manera de satisfer la necessitat, pot passar per *disposar de cadires plegables*. Però cal concretar una mica més. Cal establir quines **condicions** hauran de complir les cadires per tal que els clients les comprin.

Fig. 1.34. Diferents models de cadires plegables

Fig. 1.33. Esbossos en un disseny de cadires

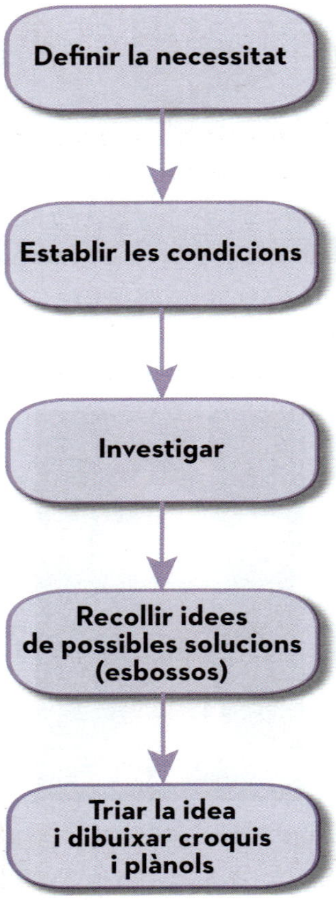

Fig. 1.35. Activitats a realitzar en un projecte tecnològic.

Un exemple de condicions podria ser el següent:

Condicions que ha de complir el disseny de les cadires plegables:

- Han de ser lleugeres i manejables perquè es puguin dur d'un lloc a un altre amb facilitat.
- El sistema d'obrir i de tancar ha de ser senzill per tal que infants a partir de 10 anys les puguin utilitzar sense problemes.
- Han de ser econòmiques.
- No cal que resisteixin el sol i la pluja perquè el seu ús serà exclusivament a l'interior.
- Seria convenient que bona part dels materials utilitzats fossin fàcilment reciclables.

Un cop definida la necessitat i especificades les condicions que ha de complir la solució, arriba el torn de la **investigació**. En l'exemple que t'hem proposat, consistirà a estudiar els models de cadira que ja existeixen per trobar idees aprofitables. També es consultaran estudis científics sobre nous materials i sobre el cos humà i les condicions d'ergonomia que li permeten un millor confort.

Amb tota aquesta informació, les persones enginyeres o dissenyadores van recopilant **idees** sobre la forma, les dimensions, els materials, els mecanismes d'obrir i de tancar que podrien tenir les cadires. Aquestes idees les van anotant, juntament amb dibuixos senzills (**esbossos**) que ajuden a visualitzar-les.

Un cop es tenen un bon grapat d'idees, se selecciona la millor idea entre les que siguin **viables** (que es puguin aplicar) i es fan dibuixos més detallats (primer **croquis** i després **plànols**). Finalitzat tot això, es pot dir que s'ha enllestit el **disseny** de la nova cadira plegable.

3.2. La fabricació o construcció

El disseny realitzat a la fase de projecte passa a la fàbrica. És aquí on es duen a terme les idees i es fabriquen les cadires. Per fabricar-les caldrà comprar les matèries primeres i transformar-les utilitzant la maquinària adequada. Però això no es pot fer de qualsevol manera i improvisant.

Fig. 1.36. Fabricació industrial de peces per a cadires

En la fase de construcció hi ha dos documents fonamentals: l'*especejament* i el *pla de treball*.

L'**especejament** és una llista *detallada* de totes les peces que es necessiten per fer un producte.

Especejament					
Peça núm.	*Quantitat*	*Nom*	*Material*	*Dimensions (en mm)*	*Observacions*
1	1	Base	DM de 10 mm	400 x 100	
2	1	Barrera	Fusta de pi	250	Llistó de 18 x 7 mm
3	2	Suport principal	Fusta de pi	80	Llistó de 27 x 7 mm

Taula 1.3. Exemple senzill d'«especejament»

El **pla de treball** és una llista *ordenada* de totes les operacions que cal fer per elaborar un producte.

Pla de treball			
Ordre	*Descripció de l'operació/tasca*	*Materials/recursos necessaris*	*Observacions*
1	Marcar, tallar i polir la base	Regle, escaire, llapis, serjant, xerrac, paper de vidre	Llima o raspa si cal desbastar molt
2	Marcar, tallar i polir la barrera	Escaire, llapis, cargol de banc, serra d'arquet i paper de vidre	

Taula 1.4. Exemple senzill de «pla de treball»

3.3. L'avaluació

Un cop fabricades i venudes, les cadires seran utilitzades pels clients. Hi ha diverses possibilitats per fer l'avaluació del producte. Una d'aquestes pot ser visitant els clients; una altra, passant-los una enquesta. En tot cas, l'objectiu sempre serà el mateix: conèixer l'opinió dels clients respecte de la **satisfacció** amb les cadires. Interessa saber si compleixen prou bé amb la seva funció i amb les condicions que es van fixar en la fase de projecte.

Aquesta informació passa a l'equip d'enginyers o de dissenyadors que, si s'escau, introduiran **modificacions en el disseny** per tal de millorar les cadires que s'estan fabricant o, si calen moltes modificacions, faran un disseny totalment nou.

SABIES QUE..

En nombroses ocasions, abans de fabricar industrialment un producte, s'elabora un ***prototip*** que passa tota una sèrie de proves. Això també és una forma d'avaluar el producte.

SABIES QUE..

A les indústries es fa un ***control de qualitat*** dels productes que es van fabricant. Aquest control és una primera «avaluació» interna del producte.

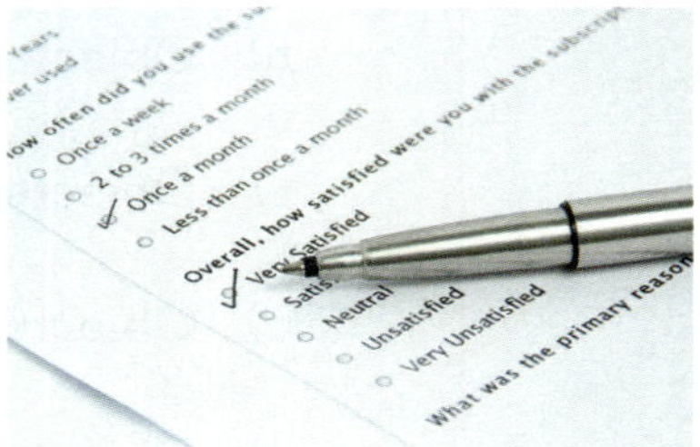

Fig. 1.37. Les enquestes poden ser un bon instrument per avaluar objectes o productes.

ACTIVITATS

3. Assenyala quina de les afirmacions següents podria servir com a definició de «tecnologia»:

a) Coneixements i habilitats necessàries per elaborar o construir objectes o productes útils.

b) Mètode de treball que permet aconseguir productes de qualitat i la seva millora contínua.

c) Conjunt de coneixements tècnics, científicament organitzats, que ens permeten obtenir productes capaços de satisfer determinades necessitats humanes.

4. Assenyala quina de les afirmacions següents podria servir com a definició de «tècnica»:

a) Coneixements i habilitats necessàries per elaborar o construir objectes o productes útils.

b) Mètode de treball que permet aconseguir productes de qualitat i la seva millora contínua.

c) Conjunt de coneixements tècnics, científicament organitzats, que ens permeten obtenir productes capaços de satisfer determinades necessitats humanes.

5. Imagina que t'han encarregat el disseny d'un carret d'anar a comprar. Pensa en diferents models de carrets que coneguis (o fes una cerca d'imatges a Internet) i pensa com t'agradaria que fos el teu. Investiga com voldrien els teus pares que fos el carret ideal o observa els problemes que tenen les persones que l'utilitzen. Dibuixa uns esbossos de com seria el teu carret i assenyala amb fletxes els noms de les parts o elements que el formarien i els materials que utilitzaries per a cada un. Explica els avantatges que oferiria el teu model de carret.

6. Utilitzant una eina de cerca d'imatges a Internet, selecciona imatges d'objectes que tinguin les característiques que t'indiquem tot seguit; després, enganxa-les en un document de text o en una presentació de diapositives i escriu-ne els noms i les utilitats.

a) Objecte que pertany a l'àmbit domèstic, fabricat artesanalment i en fusta.

b) Objecte de l'àmbit de la mecànica, fabricat industrialment i en metall.

c) Objecte de l'àmbit del treball administratiu (oficines), de fabricació industrial i en plàstic.

d) Objecte de l'àmbit de la construcció (obra pública) en metall.

e) Objecte de l'àmbit de la salut (suport a discapacitats), fabricació industrial en metall i plàstic.

POSA'T A PROVA!

1. INVESTIGA I EXPOSA!

Els objectes tenen, a vegades, orígens molt curiosos. Juntament amb algun company/a de classe, cerqueu informació sobre l'origen d'algun objecte i prepareu una petita exposició per presentar-la als vostres companys i companyes a classe. Quina és l'actitud que vosaltres destacaríeu de les persones que van intervenir en l'origen de l'objecte que heu seleccionat? Procureu que la vostra presentació contingui imatges que ajudin a entendre-la i no us oblideu de citar les fonts d'on heu obtingut la informació. Algunes idees sobre objectes poden ser: el bolígraf, el Post-it, el ratolí de l'ordinador, el rellotge de polsera, el Velcro..., o qualsevol altre que se us acudeixi.

2. INVESTIGA!

Els objectes evolucionen al llarg del temps. Això és fruit de l'activitat tecnològica. Juntament amb algun company/a de classe, trieu un objecte qualsevol que utilitzem en l'actualitat i cerqueu imatges de com era temps enrere. Feu una presentació multimèdia que contingui una col·lecció d'imatges ordenada des de la que mostra l'objecte més antic fins a la que mostra el més modern. Acompanyeu la col·lecció d'imatges amb una petita descripció de les millores que es poden anar observant entre cadascun d'aquests objectes. Per a la cerca d'imatges, et pot ser útil l'expressió anglesa, a més de la catalana o la castellana. Per exemple, si vols cercar imatges de rentadores antigues, pots utilitzar també l'expressió *old washing machine*.

3. ANALITZA!

Posa't d'acord amb algun company/a de classe i aconseguiu diferents models d'agulles d'estendre la roba que tingueu a casa vostra o d'algun familiar. Com més models diferents, millor. Com que totes les agulles tenen la mateixa funció, analitzeu-les i digueu les diferències que hi trobeu pel que fa als materials amb què estan construïdes, l'eficiència (quin model penseu que fa millor la funció), la facilitat d'ús, la durabilitat (quins models penseu que duraran més temps), el preu, i la facilitat de reciclatge. Millorareu molt el vostre treball si pregunteu l'opinió a persones del vostre entorn que utilitzen aquest producte. Presenteu el vostre informe en un document de text, fet a ordinador, que inclogui fotografies de les vostres agulles.

ACTIVITATS FINALS

1. Tots els objectes i productes de les fotografies següents satisfan alguna necessitat. Sabries dir quin d'aquests es pot considerar un «producte tecnològic»? Justifica la teva resposta.

Fig. 1.38. Joia

Fig. 1.39. Fruita

Fig. 1.40. Cançó

Fig. 1.41. Material esportiu

2. Si parlem d'artesania o de producció artesanal, quines serien les afirmacions correctes? En cas que les consideris incorrectes, has d'explicar-ne el perquè.

a) Són els productes que es fan només amb les mans.

b) Normalment, la mateixa persona dissenya i fabrica o construeix els objectes.

c) Per fabricar-los s'utilitzen les mans, però també eines i màquines senzilles.

d) Se'n fabriquen moltes unitats, totes idèntiques i amb el mateix nivell de qualitat.

3. Assenyala quina de les afirmacions següents podria servir com a definició de «procés tecnològic»:

a) Coneixements i habilitats necessàries per elaborar o construir objectes o productes útils.

b) Mètode de treball que permet aconseguir productes de qualitat i la seva millora contínua.

c) Procés de disseny i d'elaboració de productes útils per satisfer necessitats, en què participa una sola persona o un grup reduït de persones que utilitzen màquines i eines senzilles.

d) Conjunt de coneixements tècnics, científicament organitzats, que ens permeten obtenir productes capaços de satisfer determinades necessitats humanes.

4. Relaciona cadascuna de les accions següents amb la fase del procés tecnològic on s'aplica:

Acció
Tallar els materials i muntar les peces
Cercar idees de possibles solucions
Pensar en possibles millores del producte
Redactar les condicions que haurà de complir la solució
Fer un llistat d'operacions necessàries per obtenir el producte
Dibuixar els plànols de la millor idea viable

Fase
Projecte
Construcció
Avaluació

5. **Explica, de forma ordenada, què és el que es fa en cadascuna de les tres fases del procés tecnològic.**

6. **Observa les regadores de les fotografies i:**

Fig. 1.42.

Fig. 1.43.

a) Fes una descripció comparativa (compara les formes, els materials, el funcionament, la utilitat, la facilitat d'ús, els avantatges, els inconvenients, etc.).

b) Proposa possibles millores que es podrien fer en el disseny d'aquest objecte. Les millores poden afectar l'aspecte, el funcionament o la forma. Acompanya les teves explicacions amb alguns dibuixos perquè siguin més fàcils d'entendre.

7. **Observa l'objecte de la fotografia i elabora una fitxa que contingui la informació següent:**

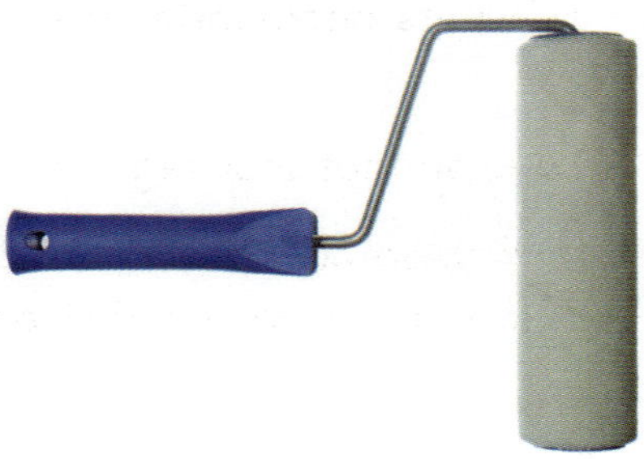

Fig. 1.44.

a) Nom i utilitat.

b) Dibuix de l'objecte assenyalant els noms de les diferents peces que el formen.

c) Àmbit al qual pertany.

d) Es tracta d'un producte tecnològic? (Sí/No). Justifica la resposta.

e) Tipus de fabricació (artesanal/industrial). Justifica la resposta.

f) Materials utilitzats a cada peça.

g) Possibles millores de la forma, del funcionament o dels materials que es podrien aplicar si haguéssim de fer un nou disseny. Millor si fas uns dibuixos per expressar les teves idees.

2 L'AULA DE TECNOLOGIA. EINES I OPERACIONS

Objectius

- ✓ Aplicar les recomanacions de seguretat, conservació i ús de l'aula de tecnologia, les seves instal·lacions i les seves eines.
- ✓ Identificar les eines i usar-les correctament i amb seguretat en les operacions bàsiques de taller.
- ✓ Usar amb precisió els aparells de mesura de longituds i d'angles.
- ✓ Treballar individualment amb autonomia i en equip de forma cooperativa.

Sumari

QUÈ EN SAPS?

La fase de construcció dels projectes que faràs a la matèria de Tecnologia es desenvoluparà a l'aula de tecnologia, on veuràs que hi ha un mobiliari diferent que a la resta d'aules pensat perquè puguis realitzar, amb comoditat, activitats de construcció d'objectes. Per fer-ho, disposaràs d'eines, d'instruments de mesura, d'equips de protecció i de materials. En aquesta unitat entraràs en contacte amb l'aula de tecnologia i hauràs d'aprendre com treure'n el millor resultat de cara al teu aprenentatge en l'ús de les eines i els instruments seguint les necessàries mesures de seguretat.

En la imatge pots veure una noia que per construir un objecte, que ha dissenyat prèviament, necessita realitzar un forat en una peça de fusta. Per això, fa servir una màquina eina, que es diu **trepant de columna**.

Saps com es diu l'eina que en girar va penetrant en el material i va fent el forat? Aquesta eina s'ha de seleccionar segons el diàmetre i la longitud del forat, així com el tipus de material a perforar.

La peça de fusta està fixada al plat del trepant amb una eina molt útil. Saps com es diu? Per quin motiu penses que és necessari fixar la peça de fusta? Per què no subjecta la peça també amb la mà esquerra?

Entre el plat i la peça de fusta hi ha un element, pots apreciar de quin material és i per a què serveix?

Fixa't que la noia porta unes ulleres especials. Per a què et sembla que serveixen?

Pots indicar les tres mesures de seguretat que la noia aplica correctament?

1 L'AULA DE TECNOLOGIA

L'aula de tecnologia és l'espai del centre destinat a la realització de les activitats de construcció, experimentació i comprovació dels teus projectes. A l'aula tens a la teva disposició eines, instruments de mesura, materials, manuals d'instruccions i instal·lacions per fer i comprovar les teves construccions.

RECORDA

L'aula de tecnologia és un espai que compartiràs amb els companys i companyes de la teva classe, i amb la resta de grups del centre. Això implica que us haureu de coordinar per compartir les eines i les màquines, emmagatzemar els vostres materials de forma ordenada, desar les eines i mantenir l'aula en bones condicions de neteja i manteniment.

Fig. 2.1. Aula de tecnologia

1.1. L'organització

Generalment, en una aula de tecnologia poden distingir-se tres zones que tenen funcions diferents.

Zona de disseny i experimentació	***Zona de construcció i muntatge***	***Zona de magatzem***
Està destinada a les activitats de disseny, documentació i comprovació dels projectes.	Està destinada a les activitats de construcció en què cal treballar els materials amb les eines.	Els materials, les eines i els equips que no s'utilitzen contínuament es desen en aquest espai, que sol estar en una sala annexa a l'aula de tecnologia.

Taula 2.1.

A més de les zones esmentades, l'aula pot tenir les **instal·lacions** següents:

- INSTAL·LACIONS
  - Aigua
  - Energia elèctrica
    - Il·luminació artificial
    - Preses de corrent
  - Xarxa Wi-Fi
  - Sistema de projecció
    - Pantalla
    - Pissarra digital

SABIES QUE...

Has de tenir present que la **recollida selectiva de residus** forma part de l'organització de l'aula. És important que tots hi contribuïm activament. Cal prestar especial atenció a la recollida de les piles, els acumuladors, els aparells electrònics i les pintures, ja que presenten un alt risc de contaminació per al medi ambient.

L'energia elèctrica és accessible a través de diferents endolls distribuïts per tota l'aula, i disposa dels elements de protecció necessaris per reduir els riscos de la xarxa elèctrica.

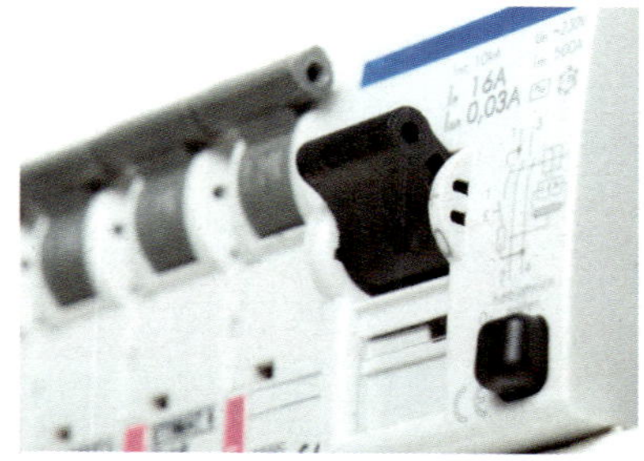

Fig. 2.2. Dispositius de protecció de la xarxa elèctrica

1.2. Prevenció de riscos

A l'aula de tecnologia trobaràs eines, màquines i instal·lacions que impliquen uns riscos directes per a les persones que les usen i indirectes per a les persones que estiguin en determinades zones de treball.

Per **evitar riscos**, abans de realitzar una operació amb alguna eina, cal conèixer l'ús adequat de l'eina i valorar-ne l'estat de conservació, alhora que s'han de respectar les normes de prevenció de riscos associades a l'operació a realitzar.

Perquè en siguis conscient davant d'un risc específic i prenguis les precaucions adients, fixa't en els senyals normalitzats.

Ús obligatori d'ulleres protectores

Ús obligatori de guants

Risc elèctric

Extintor

Fig. 2.3. Senyals de prevenció de riscos

La precaució és una actitud que has de mantenir sempre davant de les situacions que comportin un risc cap a la teva persona i les altres que siguin al teu voltant. Segueix les recomanacions que s'indiquen a continuació.

Cal fer-ho sempre	*No s'ha de fer mai*
✓ Quan utilitzis màquines elèctriques, ocupar l'espai necessari i a una distància adequada dels companys i companyes. ✓ Transportar les peces llargues, com els llistons, en posició vertical. ✓ Si portes els cabells llargs, recollir-los, especialment en treballar amb eines elèctriques en moviment. ✓ Utilitzar els equips de protecció individual (ulleres, guants, davantals) sempre que calgui. ✓ Subjectar amb eines (cargol de banc, serjants, mordassa) el material sobre el que treballaràs. ✓ Usar les eines d'acord amb el procediment correcte. ✓ Advertir els companys i les companyes que no segueixen pautes de treball correctes o que posin en risc els altres.	✗ Usar les eines per a accions diferents per a les quals s'han dissenyat. ✗ Usar eines i màquines que presentin desperfectes. ✗ Treballar amb una il·luminació insuficient. ✗ Apropar-se a companys i companyes que estan treballant amb màquines eina. ✗ Assumir actuacions de risc confiant que no et passarà res. ✗ Usar les eines i les màquines com a joguines. ✗ Fer operacions en posicions forçades del cos o aixecar pesos de forma inadequada. ✗ Usar les eines elèctriques sense la supervisió del professorat. ✗ Utilitzar eines elèctriques a prop de líquids o de zones humides.

Taula 2.2.

Fig. 2.4. Equip de protecció individual: guants, ulleres i màscara antipols

SABIES QUE...

La creació d'eines i la seva utilització han estat accions que han determinat el procés d'hominització dels primers habitants de la Terra, especialment en el pas del paleolític al neolític. Aquest és un tret que ens ha diferenciat de la resta d'éssers vius i és una mostra de la intel·ligència operativa.

SABIES QUE...

Homo faber és la locució latina que defineix la facultat humana, basada en la intel·ligència, per crear objectes artificials, en particular eines que serveixen per fer noves eines, i per la capacitat de millorar les seves creacions de forma contínua. Al Museu de la Ciència i de la Tècnica de Catalunya hi trobaràs una exposició dedicada a aquesta visió de l'evolució humana.

ACTIVITATS

1. Fes un croquis de l'aula de tecnologia amb la distribució del mobiliari, situació dels panells d'eines, de les màquines eines i del magatzem. Destaca, amb colors diferents, les zones de treball. Marca la senyalització que indiqui alguna mesura de prevenció de riscos. Fes-ho amb llapis i regle.

2. Quins contenidors de recollida selectiva creus que hauria de tenir l'aula de tecnologia? Fes una llista dels contenidors de recollida selectiva, els colors que els han de distingir i el tipus de residu que s'ha de dipositar a cada un d'aquests.

Fig. 2.5. Contenidor per a piles usades

3. Elabora una llista amb les indicacions més importants que cal seguir per fer un bon ús de l'aula de tecnologia.

4. A continuació, es descriu un seguit de situacions a l'aula de tecnologia. Llegeix-les juntament amb un altre company o companya de classe. Contesteu si l'acció és correcta o incorrecta i raoneu la resposta. En el cas de les incorrectes, digueu com s'hauria de procedir.

a) Abans de fer un forat amb el trepant, et poses les ulleres de protecció i si tens els cabells llargs te'ls reculls.

b) Has d'emprar un tornavís per cargolar un cargol del teu projecte. Trobes que el mànec del tornavís està esquerdat, però igualment el fas servir.

c) Una companya ha de serrar un llistó i et demana que l'ajudis subjectant el llistó amb les mans. Com que ets molt col·laborador li dónes un cop de mà.

d) Un company està fent un forat en una peça d'alumini amb el trepant de columna, seguint les normes de seguretat. Dos companys del seu equip es posen al seu costat per observar com ho fa.

e) Tots els martells estan ocupats, i com que tens pressa, agafes unes alicates per clavar un clau.

2 LES EINES I ELS APARELLS DE MESURA

A l'aula de tecnologia hi ha moltes eines i aparells de mesura que aniràs coneixent progressivament i utilitzant quan et facin falta. Això sí! Cal seguir sempre els procediments d'ús correctes.

Fig. 2.6. Eines i aparells diversos

> Les **eines** són objectes o instruments manuals que serveixen per fer alguna operació específica en els materials.
>
> Un **aparell de mesura** és un instrument que ens permet obtenir una magnitud, com ara una longitud, una temperatura, una pressió...
>
> Les **operacions** són aquelles accions que, amb l'ajuda d'eines i d'aparells de mesura, realitzem sobre els materials per modificar-los (canviant-ne la grandària, la forma, l'aspecte, etc.) o valorar-ne les característiques.

Amb les eines es fan les diferents operacions de modificació dels materials: tallar, foradar, llimar, unir, doblegar, etc., amb l'objectiu de realitzar la fase de construcció del procés tecnològic.

Tipus d'eines

Hi ha eines que la seva acció necessita de la força del nostre cos. Aquestes són les **eines manuals**, o simplement eines.

Fig. 2.7. Operació de serrar amb una serra d'arc

Les eines que incorporen motors elèctrics per tal de reduir l'esforç físic reben el nom de **màquines eina**.

Si vols obtenir uns bons resultats en els teus treballs, procura utilitzar les eines més adients per a cada operació. La feina quedarà millor si les eines estan en bon estat i disposen d'un manteniment adequat.

Juntament amb les eines, els **aparells de mesura** ens ajuden a aconseguir que els objectes tinguin les característiques que s'han determinat en el projecte: longituds, masses, angles, perpendicularitat, etc. Alguns són **verificadors**, com l'escaire, que només comproven un valor específic.

Eina manual — Màquina eina — Aparell de mesura — Verificador

Fig. 2.8. Eines i aparells de mesura

Generalment, les operacions per obtenir un objecte tecnològic segueixen una mateixa seqüència, que en alguns casos poden tenir algun canvi:

Marcar → Tallar → Polir → Verificar → Foradar → Unir

3 ÚS I CONSERVACIÓ DE L'AULA I DE LES EINES

Per treballar en bones condicions, evitar accidents i obtenir bons resultats, has d'usar les eines, els aparells i l'aula correctament. Malgrat això, amb el temps les instal·lacions, les eines i els aparells es van envellint i desajustant, la qual cosa fa necessàries intervencions periòdiques de conservació i de manteniment.

> **RECORDA!**
>
> Netejar i ordenar l'aula són tasques de les quals tothom és responsable. Si abans d'acabar la classe totes les persones del grup hi col·laboren de manera organitzada es fa en pocs minuts i afavoreix que estigui en condicions per a la propera sessió de classe.

3.1. L'aula de tecnologia i les instal·lacions

L'aula de tecnologia és un espai comú compartit per moltes persones i amb moltes eines, això fa que sigui important mantenir-la neta i ordenada. En conseqüència, les operacions de treball s'han de realitzar en la zona específica, especialment les de construcció i muntatge, que poden malmetre la superfície de la taula, cosa que sempre s'ha d'evitar. Sempre has de prendre mesures de **protecció de les taules** on es fan operacions de foradar, tallar, llimar, colpejar, etc.

Si l'aula disposa de pica, cal tenir present:

- **No abocar-hi residus sòlids**.
- **No abocar-hi olis ni pintures**, atès que són contaminants. S'han d'emmagatzemar a part i portar-los a la deixalleria.

Abans d'acabar la classe és important:

- **Netejar els residus** que hàgim generat i classificar-los en els contenidors de recollida selectiva.
- **Netejar les taules** amb un drap, especialment les de la zona de construcció i muntatge.
- **Desconnectar les màquines** elèctriques.
- **Recollir i desar les eines** al seu lloc d'emmagatzematge.

Comunica al professorat qualsevol desperfecte o incidència que trobis.

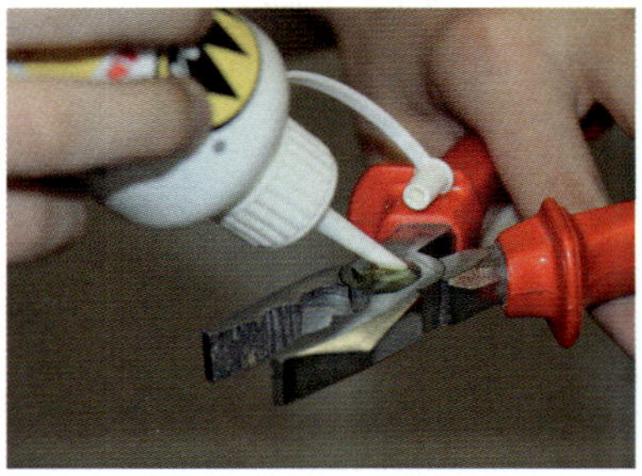

Fig. 2.9. Lubricant l'eix d'unes alicates

3.2. Les eines i els aparells

Per fer la feina correctament i allargar la vida de les eines, s'han d'usar amb la finalitat per a la qual han estat creades i no per a altres usos. El seu ús provoca un desgast en les parts sotmeses a més esforços. Per exemple, és habitual que les fulles de serra es desgastin, les broques perdin efectivitat, les tisores perdin capacitat de tall, les llimes s'embrutin, etc. Per tal que les eines estiguin en bones condicions fa falta realitzar **operacions de manteniment i conservació**. Aquestes operacions poden consistir a:

- **Substituir la part desgastada**. Per exemple, les fulles de serra.
- **Fer alguna operació amb una altra eina**. Per exemple, netejar les llimes amb un raspall metàl·lic.
- **Ajustar algun element**. Per exemple, la tensió de la fulla en una serra d'arc o ajustar el cargol que manté unides les dues parts d'unes tisores.
- **Treure les piles** dels aparells que no s'hagin d'usar durant molt de temps.
- **Posar oli (lubricar) en parts mòbils** de les eines. Per exemple, en l'eix de les tisores, el cargol de banc...

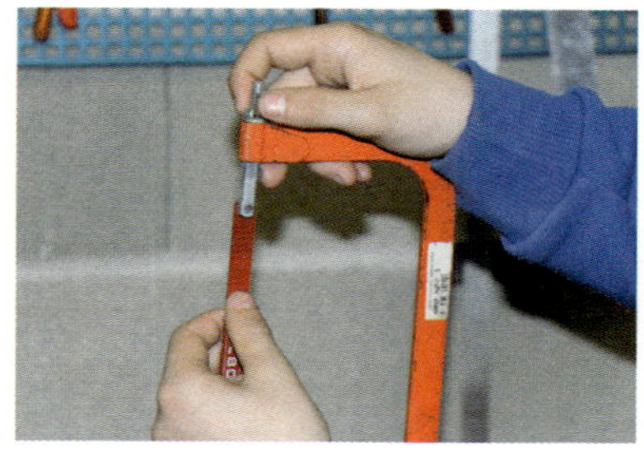

Fig. 2.10. Fulles de serra

Cal fer-ho sempre	*No s'ha de fer mai*
✓ Utilitzar cada espai per a la funció que té assignada. ✓ Mantenir l'aula ordenada, amb les eines i els materials al lloc que els correspon. ✓ Netejar l'aula en acabar la classe. ✓ Desconnectar i recollir el cable de les màquines elèctriques. ✓ Avisar el professorat quan hi hagi eines en mal estat o desajustades.	✗ Abandonar eines a qualsevol lloc de l'aula. ✗ Usar eines fora de la zona de construcció. ✗ Usar eines o instal·lacions quan no es necessiten. ✗ Usar eines en mal estat de conservació. ✗ Abocar olis o altres líquids, que no sigui aigua, a la pica. ✗ Utilitzar màquines eina sense el permís del professorat.

Taula 2.3.

ACTIVITATS

5. Explica les diferències que hi ha entre una eina i una màquina eina.

6. A continuació, es descriuen unes situacions a l'aula de tecnologia. Llegeix-les juntament amb un altre company o companya de classe. En el teu quadern, copia el text de les situacions, i en cada cas digueu quina és l'acció correcta que cal fer.

a) Hem serrat un tauler de fusta amb un xerrac i ha produït serradures que han caigut damunt la taula i al terra. Què hem de fer amb les serradures? I amb el xerrac?

b) Estem serrant un llistó de fusta amb una serra d'arc i ens trobem que la fulla de la serra està fluixa, balla i ens dificulta la feina. Què hem de fer?

c) Amb una llima plana hem polit el cantell d'una peça d'alumini, que hem hagut de fixar en un cargol de banc. En acabar, què hem de fer amb les llimadures d'alumini? I amb la llima?

d) Per pintar l'armari de les eines, hem emprat pintura d'esmalt, i per netejar els pinzells, hem utilitzat dissolvent que era en un envàs de vidre. Què hem de fer amb aquest líquid?

e) Per tallar uns cables elèctrics hem agafat unes tisores d'electricista i ens hem trobat que costava molt obrir-les i tancar-les. Quina operació de manteniment s'ha de fer?

Fig. 2.11. Cargol de banc

ACTIVITATS

7. A continuació, hi ha quatre operacions de manteniment usuals en algunes de les eines de l'aula de tecnologia:

- esmolar
- posar oli (lubricar)
- tensar
- raspallar/netejar

Cerca informació del significat d'aquestes accions i emplena les dues primeres columnes d'una taula com la següent:

Acció	Descripció	Nom de l'eina/es

Completa la taula emplenant la tercera columna, per a cada acció de manteniment, amb el nom de l'eina més escaient de les que es mostren a la imatge inferior.

8. Indica les accions que caldrà realitzar en cada una de les operacions que s'expliquen a continuació. Copia en el teu quadern de treball, digital o en paper, les situacions descrites i escriu la resposta al seu costat.

a) En serrar un perfil d'alumini, ens adonem que ens costa molt i sembla que la serra no arrenca prou material. Revisem la fulla i veiem que les dents de la part central estan molt gastades. Què hem de fer?

b) Per acabar el muntatge d'unes peces de fusta, hem emprat, entre altres eines, un martell i un tornavís. En el martell ens hem trobat que la maça tenia joc i es movia en el mànec, i el tornavís tenia la punta deformada. Què hem de fer en aquests casos?

c) Mentre érem a la taula de disseny, dibuixant el plànol d'un projecte, un company del nostre grup ha vingut a serrar un llistó i així podia conversar amb nosaltres. Hi ha alguna incorrecció en aquesta situació? Explica'n el motiu.

d) Està a punt d'acabar la classe i ens falta poc per finalitzar el muntatge d'una estructura. Per aprofitar el temps per fer les operacions que falten i agafar les eines de l'armari, hem de córrer per l'aula. Creus que el professorat valorarà el nostre interès i ens apujarà la nota? Explica el perquè.

SABIES QUE...

L'equivalència del mot **eina** en altres llengües és:

Anglès: ***tool***

Castellà: ***herramienta***

Francès: ***outil***

Italià: ***strumento***

Portuguès: ***ferramenta***

SABIES QUE...

Els refranys recullen la saviesa popular acumulada al llarg dels anys. Quins missatges ens donen aquests refranys relacionats amb eines?

«Amb bon enginy, bon voler i bona eina es fa molt bona feina».

«Estar tiquitic-tiquitic com un martell».

«Menjar com una llima».

4 LES OPERACIONS BÀSIQUES

Per a la construcció dels ginys i dels objectes que hem dissenyat, cal realitzar un conjunt d'operacions en la seqüència adequada, usant correctament les eines i els aparells de mesura. Les operacions bàsiques són:

OPERACIONS BÀSIQUES
- Marcar
- Tallar
- Desbastar, ajustar i polir
- Mesurar i verificar
- Foradar
- Subjectar
- Muntar i desmuntar

4.1. Marcar

El marcatge consisteix a dibuixar sobre el material els contorns de la peça que volem obtenir. Cal fer-ho abans de modificar el material amb les operacions de tallar, foradar, doblegar...

El llapis és l'eina habitual per al marcatge de les línies de tall o el centre d'un forat. En alguns materials, com els metalls, el traç no queda ben definit. Això obliga a emprar la tècnica de marcar les línies ratllant el material amb eines fetes amb metalls molt durs.

MARCAR
- Assenyaladors
  - Llapis
  - Punta de marcar
  - Contrapunxó
  - Compàs de puntes
- Auxiliars
  - Regle metàl·lic
  - Escaire metàl·lic
  - Goniòmetre

La **punta de marcar** s'empra en el marcatge de metalls i de plàstics durs. S'utilitza sempre acompanyada d'un regle o d'un escaire de metall. Convé no equivocar-se, perquè **les marques no es poden esborrar**. De vegades, per facilitar la visualització de la línia, es pinta la superfície amb guix i després es traça la línia.

El **contrapunxó** és una eina destinada a marcar punts en un metall o plàstic, normalment, per indicar el centre d'un forat que es foradarà amb un trepant. Aquesta marca serveix de guia a la broca. Cal colpejar-lo amb un martell.

El **compàs de puntes** metàl·liques s'usa per marcar circumferències, arcs de circumferència i per traslladar distàncies.

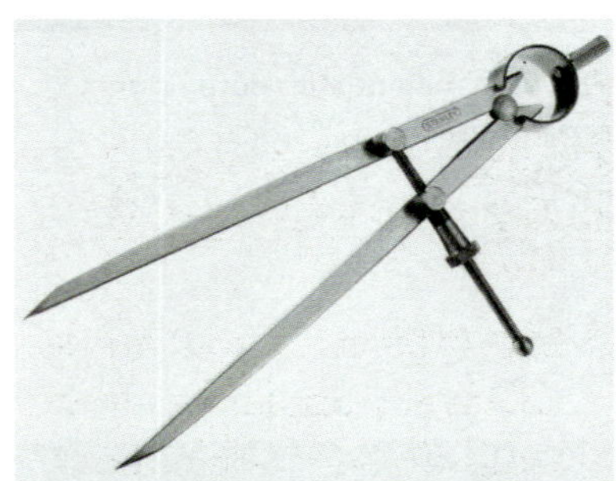

Fig. 2.15. Compàs de puntes

Fig. 2.12. Marcant una fusta amb llapis i escaire.

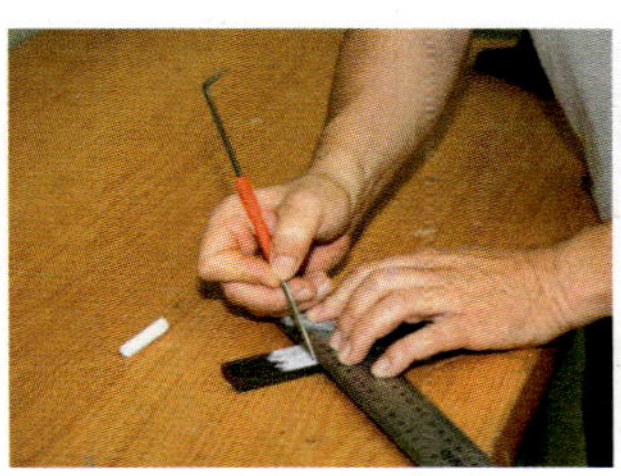

Fig. 2.13. Marcant un metall amb la punta de marcar.

Fig. 2.14. Marcant amb un contrapunxó.

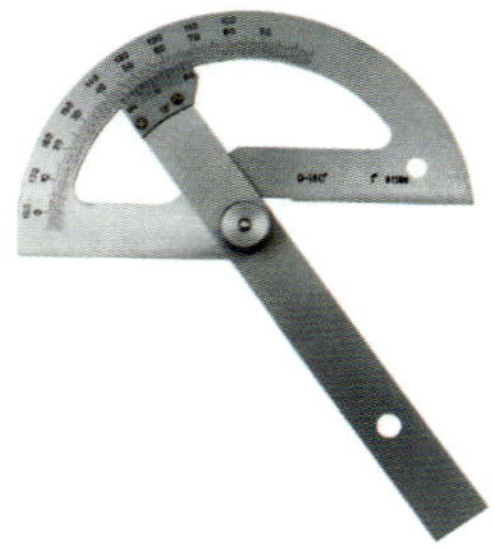

Fig. 2.16. Goniòmetre

El **regle metàl·lic** és un instrument de mesura que està elaborat amb un acer molt dur per evitar ratllades i deformacions. Està graduat en mil·límetres.

L'**escaire metàl·lic** és un instrument de verificació d'angles rectes que serveix per marcar línies perpendiculars.

El **goniòmetre** és un instrument de mesura d'angles útil en el procés de marcatge. Porta un regle que pot girar per posicionar-se en un angle marcat en el semicercle graduat.

4.2. Tallar

Per obtenir peces amb la forma i les mides desitjades es parteix de materials de mides més grans que fan necessàries les operacions de tall.

- TALLAR
  - Tisores
    - D'electricista
    - D'oficina
    - De xapa
  - Cúter
  - Alicates de tall
  - Serra
    - Serra d'arc
    - Xerrac
    - Serra de biaixos
    - Serra de vogir

Les **tisores, els cúters i les alicates** permeten fer talls nets, sense que es desprengui material. Les **serres** fan el tall arrencant material en forma de serradures (fusta) o de ferritja (metalls).

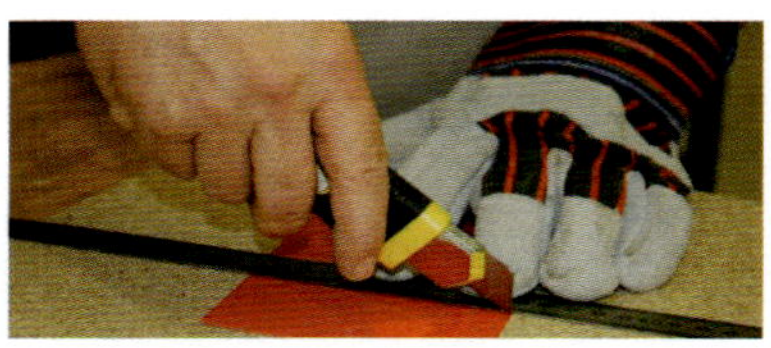

Fig. 2.17. Tallant amb cúter, guant i regle metàl·lic.

> Les operacions de tall porten implícit el **risc de fer-se talls i ferides**, això motiva que, sense excepcions, **has de realitzar aquestes operacions amb molta atenció i precaució, protegint-te amb els guants i usant correctament les eines**.

El tall s'ha de realitzar seguint la part exterior de la marca de la línia de tall. Això és important, ja que el tall es «menja» una part del material.

El **cúter** és un estri de tall amb una fulla de tall retràctil molt esmolada que penetra molt fàcilment en materials tous. Serveix per fer talls llargs i rectes, amb l'ajut d'un regle metàl·lic que fa de guia del tall. La fulla de tall no es pot esmolar, sinó que s'ha d'anar trencant l'extrem de la fulla per disposar d'un nou segment. Aquesta operació és perillosa, consulta-ho al professorat.

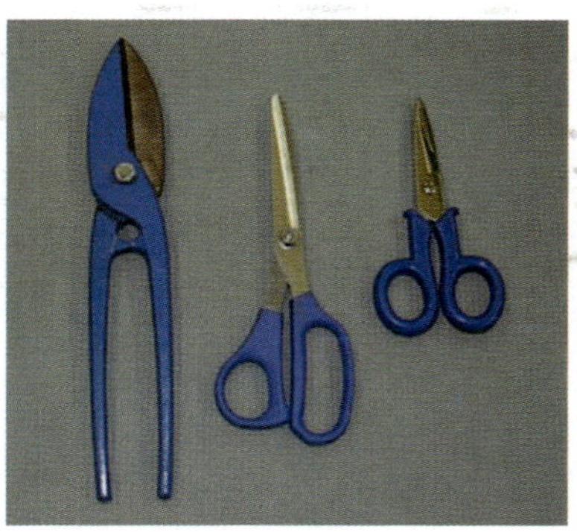

Fig. 2.18. Tisores de xapa, d'oficina i d'electricista

> El **cúter** és una eina perillosa que pot provocar talls profunds. Cal emprar-lo amb molt de compte i sempre amb la mà lliure protegida amb un guant de cuir.

Les **tisores** serveixen per tallar materials prims: paper, cartró, plàstic, cables elèctrics o làmines metàl·liques primes. N'hi ha de diferents tipus: d'**oficina**, per tallar paper i cartolina, d'**electricista**, per tallar cables elèctrics, i de **xapa**, per tallar làmines metàl·liques primes.

Les tisores tenen dos punts que requereixen manteniment: *a)* L'estat de la fulla de tall, *b)* L'estat del cargol d'unió de les fulles.

Quan utilitzis les **tisores de xapa** has d'emprar guants de protecció per evitar talls amb el metall i la mateixa tisora. Sempre has d'anar amb compte amb la posició de la mà que subjecta el material i evitar que els dits estiguin en la línia de tall.

Les **alicates de tall** són una variant de les tisores, molt més robustes, pensades per incrementar la força en la zona de tall. S'utilitzen en el tall de filferro, cables i claus prims.

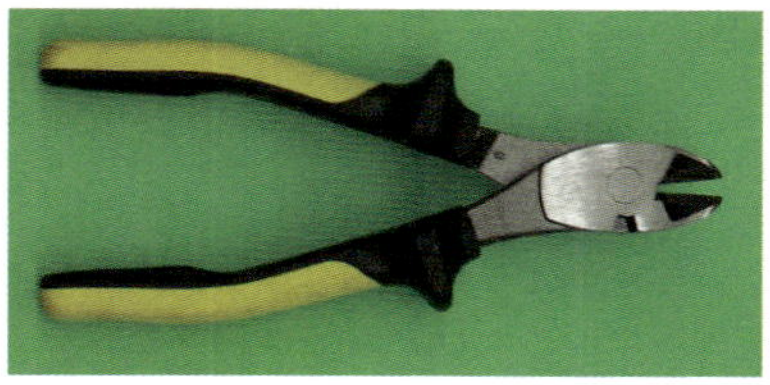

Fig. 2.19. Alicates de tall

Les serres

N'hi ha de diferents tipus segons el material i la forma del tall que es pretén aconseguir.

Les serres **per tallar fusta** són: **el xerrac, la serra de biaixos i la serra de vogir o de marqueteria**.

Per tallar metalls s'empra la **serra d'arc**, de vegades també la podem utilitzar per tallar fusta.

El **xerrac** s'utilitza per fer talls rectes i llargs en fustes de cert gruix. L'acabat del tall no queda gaire polit i cal afinar-lo. Per serrar una peça de fusta, aquesta s'ha de fixar a la taula o banc de treball amb serjants.

El xerrac s'utilitza amb una sola mà. L'altra ha d'estar protegida amb un guant per ajudar a la subjecció de la fusta, i ha de quedar fora de la línia de tall.

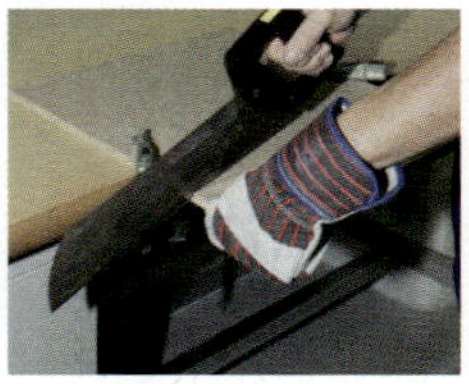

Fig. 2.20. Serrant amb xerrac.

Fig. 2.21. Tallant llistons amb la serra de biaixos.

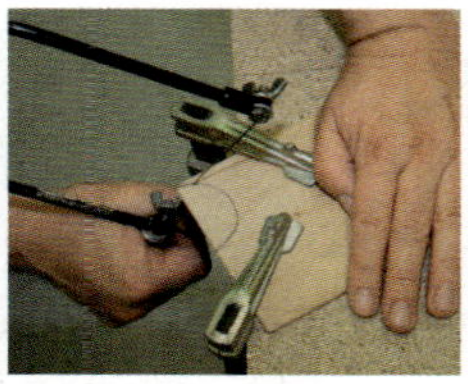

Fig. 2.22. Tallant amb la serra de vogir manual.

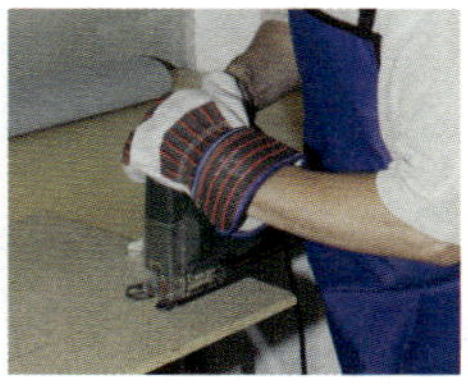

Fig. 2.23. Tallant amb la serra de vogir elèctrica.

La **serra de biaixos** és semblant al xerrac, però muntada en un suport amb unes guies que possibiliten el tall en diferents angles. Serveix per tallar peces estretes i llargues. Per seguretat, cal protegir-se la mà lliure amb un guant.

La **serra de vogir** o **serra de marqueteria** és una serra d'arc amb una fulla de serra molt prima destinada a serrar fustes molt primes i seguir línies irregulars i corbes. Amb fulles especials es poden serrar altres materials, com metalls i ceràmiques. La fulla s'ha d'instal·lar amb les dents inclinades cap al mànec i s'ha de mantenir a la tensió adequada.

Fig. 2.24. Serra de marqueteria elèctrica

La peça de fusta s'ha de fixar en posició horitzontal. El mànec ha de quedar en la part inferior de la peça i el moviment ha de ser ben vertical. També hi ha serres de marqueteria elèctriques que faciliten molt el treball.

Per tallar planxes de fusta grans i de més gruix s'utilitza la **serra de vogir elèctrica portàtil**. Aquesta màquina se la fa desplaçar manualment sobre la superfície resseguint la línia de tall. Atès que la serra traspassa la fusta per sota, la ubicació de la línia de tall ha d'estar en voladís respecte de la taula de suport i evitar qualsevol obstacle. La fusta ha d'estar ben subjectada.

L'ús de la serra de vogir elèctrica portàtil s'ha de fer **sempre amb la supervisió i presència del professorat**. Són imprescindibles l'ús de guants i ulleres, així com una gran atenció per evitar els riscos d'aquesta màquina.

VÍDEO

Sistemes industrials de tall

A nivell industrial s'empren tècniques de tall molt diferents de les que veurem a l'aula de tecnologia. En aquest vídeo podràs veure algunes d'aquestes tècniques:

http://www.edu3.cat/Edu3tv/Fitxa?p_id=17105

La **serra d'arc** és una serra per a metalls, tot i que també és útil per tallar fustes i plàstics. La fulla es fixa a l'arc i es tensa en un dels extrems. És important que la inclinació de les dents vagi en sentit contrari al mànec.

S'ha d'agafar la serra amb una mà en el mànec i l'altra a l'extrem de l'arc. El tall sobre el material es produeix en el moviment d'avanç.

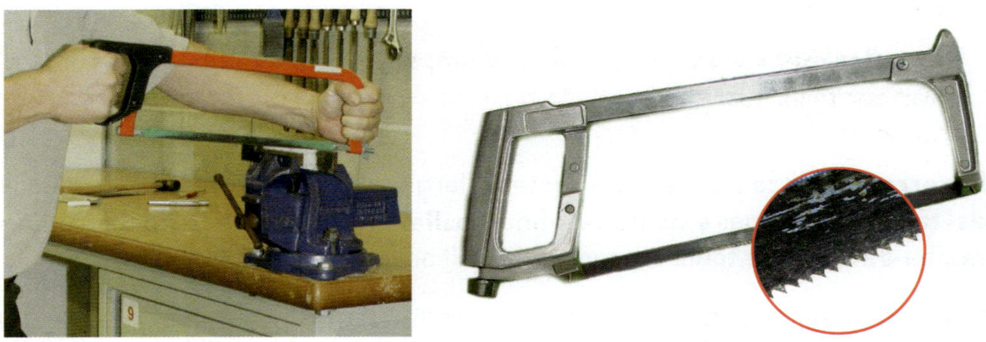

Fig. 2.25. *a)* Tallant amb la serra d'arc, *b)* Orientació correcta de les dents.

4.3. Foradar

Les dues eines bàsiques per foradar són la barrina i el trepant.

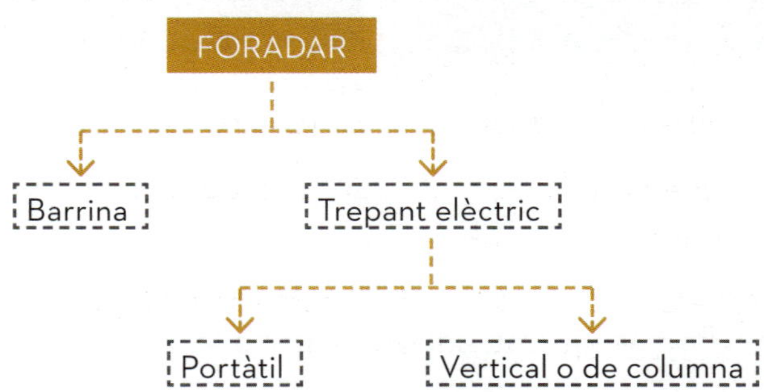

Hem de distingir dos tipus de forats: *a)* El **forat passant**, que travessa totalment el material i *b)* El **forat cec**, que no travessa el material.

Fig. 2.26. Barrina

La **barrina** (fig. 2.26) és una eina manual per fer forats, passants o cecs, de diàmetres molt petits. S'utilitza en materials tous com la fusta.

El **trepant de columna** o **de sobretaula** (fig. 2.27) és una màquina eina dotada d'un motor que fa girar un capçal en què s'insereix la **broca**, estri que fa el forat en la peça. Aquesta se situa en un plat on s'ha de fixar amb la màxima fermesa amb la **mordassa** o amb **serjants**.

Fig. 2.27. El trepant de columna o de sobretaula

Fig. 2.28. Detall de la broca, el portabroques i la mordassa

El **trepant de columna** s'ha d'usar sempre amb la supervisió del professorat, emprant els elements de protecció i seguint el procés correcte de trepanatge.

Per fer un forat cec s'introdueix un **topall** a la broca que limita la fondària a què pot entrar.

Per usar el trepant cal seguir els passos següents:

- Marcar amb el contrapunxó el centre del forat en la peça per on ha d'entrar la punta de la broca.
- Subjectar fermament la peça a foradar amb la mordassa o amb serjants.
- Introduir la broca adequada en el capçal portabroques i fixar-la amb la clau.
- Si tens els cabells llargs, has de recollir-te'ls.
- Posar-te les ulleres i els guants de protecció.
- Assegurar-te que hagis tret la clau del portabroques. És molt important per la perillositat que implica.
- Posar en marxa el motor i abaixar suaument el capçal i pressionar perquè la broca penetri en el material.
- Una vegada finalitzat el forat, s'ha d'aturar el motor, i quan la broca ja no té moviment podem treure la peça o canviar la broca.
- En cas de qualsevol incident, prémer el polsador d'emergència de la màquina.

Fig. 2.29. Broques amb topall de profunditat

Fig. 2.30. Trepant elèctric portàtil

Sovint s'han de realitzar forats que no poden fer-se amb el trepant de columna, per això es disposa del trepant elèctric portàtil (fig. 2.30).

El **trepant elèctric portàtil** permet realitzar forats en diferents posicions de treball. S'ha d'utilitzar sempre amb les dues mans.

ACTIVITATS

9. Per ajudar-te a tenir una visió global de les operacions i de les eines, crea una taula de dues columnes; la primera per a l'operació, i la segona per a les eines que la fan possible. Fes-ho per a totes les operacions descrites.

Operació	*Eines*

10. Per complementar la informació de l'activitat anterior, crea una taula amb el nom de l'eina, la seva utilitat i les accions de prevenció que cal prendre.

Nom de l'eina	*Utilitat*	*Accions de prevenció*

11. En un món interrelacionat, el coneixement de les llengües és molt important. En l'àmbit tecnològic sovint s'han de consultar manuals o informacions en altres idiomes. Et proposem una activitat molt senzilla per conèixer el nom de les eines en quatre llengües: català, castellà, anglès i francès. Crea una taula amb quatre columnes, una per a cada llengua, i posa-hi el nom de les eines. Per trobar l'equivalència de vocabulari, et pot ajudar el web www.termcat.cat.

Nom de l'eina (català)	*Castellà*	*Anglès*	*Francès*

12. Volem construir la base quadrada d'un faristol de sobretaula amb una fusta de 20 mm de gruix i 150 mm de costat. En el centre ha d'haver-hi un forat passant de 6 mm de diàmetre. Per això partim d'una peça quadrada d'1 m de costat. Pensa en les operacions que cal fer, amb quines eines i en quin ordre per obtenir la base. Ajuda't d'una taula com en les activitats anteriors.

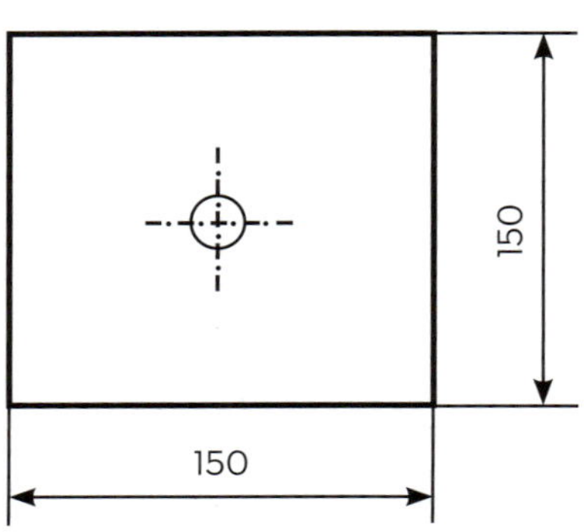

13. Esbrina com són i quina forma tenen les broques per foradar els materials següents: fusta, acer i totxanes. Documenta-ho amb el seu nom i ús i un dibuix o una fotografia.

4.4. Desbastar, ajustar i polir

Després del tall, per deixar les peces a la mida exacta i també millorar-ne l'acabat, s'han de fer les operacions de desbastar, ajustar i polir.

Desbastar consisteix a eliminar una part del material d'una peça per aproximar-nos a les mides finals que ha de tenir.

Ajustar consisteix a donar a la peça les dimensions definitives de la manera més exacta possible.

Polir consisteix a deixar les superfícies amb un acabat fi.

Després de tallar una peça cal fer les tres operacions mencionades anteriorment.

Les principals eines per fer aquestes operacions són les **llimes**, el **paper de vidre** i la **tela d'esmerilar**, que treballen per fricció sobre la superfície, arrencant petites partícules del material.

SABIES QUE..

Les principals eines per fer el **desbast**, l'**ajust** i el **polit** són:

- llimes
- paper de vidre
- tela esmeriladora

A. Les llimes

Les llimes (fig. 2.31) són eines fabricades amb acer que tenen la superfície amb unes petites dents o estries, la densitat i profunditat de les quals s'anomena **picat**. N'hi ha de tres tipus bàsics: **picat bast**, **picat entrefí** i **picat fi**. Hi ha llimes amb diferents mides i formes segons la superfície a treballar: planes, rodones, triangulars i de mitja canya.

Amb l'ús, les llimes acumulen residus del material entre les dents i això en redueix l'efectivitat. S'han de netejar amb una **carda** o **raspall de pues** metàl·liques.

Les **raspes** són un tipus específic de llima destinades a desbastar fusta. Tenen un picat molt bast i són de mitja canya.

Per llimar, la peça ha d'estar ben subjectada en un cargol de banc o en una taula amb serjants. Amb una mà se subjecta el mànec i l'altra acompanya la punta de la llima i es fa lliscar cap endavant. És convenient emprar guants.

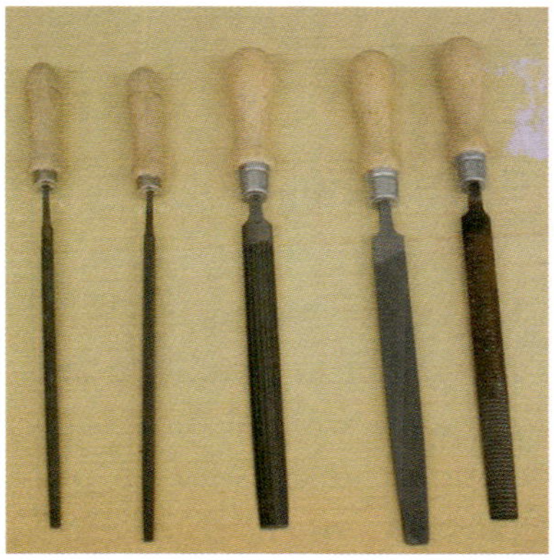

Fig. 2.31. Diferents tipus de llimes segons la seva forma

Fig. 2.32. Llimant una peça metàl·lica.

B. El paper de vidre i la tela esmeril

Fig. 2.33. Paper de vidre (esquerra) i tela esmeril (dreta)

El **paper de vidre** és un paper encartonat que en una de les superfícies porta adherides unes partícules de vidre, que en fregar-les sobre un material arranquen partícules.

El granulat pot ser en diferents densitats i profunditats per adaptar-se a operacions de desbastat, d'ajust o de polit.

El paper de vidre es classifica per uns números, com més baix és el número més aspre és el paper de vidre; un paper de vidre amb un número alt és més fi i donarà un millor acabat.

El paper de vidre s'usa amb l'ajut d'un tac de fusta per treballar amb més comoditat i aplicar més força.

La **tela esmeril** està formada pel mineral esmeril, que és molt abrasiu i és molt adequat per polir metalls, atès que és més dur que aquests.

4.5. Subjectar

La subjecció de peces és una necessitat per a moltes de les operacions de taller, ja sigui per realitzar correctament una operació de tall, polir, foradar o muntar. Les eines de subjecció més habituals són el **cargol de banc**, el **serjant** i les **alicates**.

El cargol de banc permet la subjecció de peces petites i de peces allargades i primes. La peça se situa entre les boques del cargol, que s'han d'estrènyer amb el cargol fins a pressionar-les suficientment. Si el material a subjectar és tou, s'ha de procurar de no pressionar gaire per no deixar-hi marques.

Els serjants són unes eines molt versàtils per subjectar de forma estable peces petites i grans. N'hi ha de diverses formes i grandàries que s'adapten a diferents necessitats.

SABIES QUE...

La paraula *serjant* ve de la llengua francesa. A l'edat mitjana, amb el mot *serf serjant*, es designava un servent del servei domèstic d'un senyor feudal. Amb els anys va derivar en la paraula actual com una eina de subjecció.

Fig. 2.34. Cargol de banc subjectant dos perfils metàl·lics.

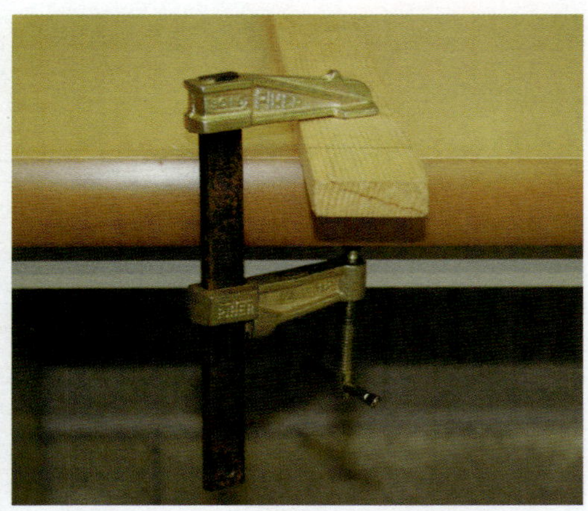

Fig. 2.35. Ús del serjant per subjectar una peça.

Les alicates són eines destinades a la subjecció momentània de peces petites i que requereixen l'ús d'una mà per fer la pressió de subjecció. N'hi ha de diferents grandàries i formes per donar resposta a situacions de treball específiques: alicates de boca plana, d'amplades diferents, alicates de punta rodona, etc. Les més emprades són les **alicates universals** (fig. 2.36), que també permeten tallar cables, filferros, etc.

Fig. 2.36. Alicates universals

4.6. Mesurar i verificar

En el procés del marcatge s'han pres mides, operació que es repeteix després de tallar i durant el procés de desbastat, d'ajust i de polit, amb l'objectiu d'aconseguir que les dimensions estiguin d'acord amb els plànols. Per això s'empren **aparells de mesura**, com el regle graduat, el goniòmetre...

Hi ha operacions que es poden resoldre amb **aparells de verificació**, és a dir, que simplement comproven un valor. Aquest és el cas de l'escaire, del qual ja n'hem parlat abans, el qual permet comprovar si un angle és recte o no.

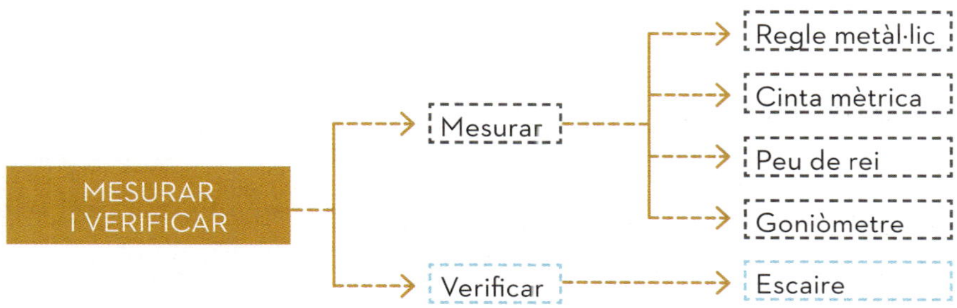

SABIES QUE..

En el sistema internacional d'unitats de mesura, la unitat fonamental de longitud és el metre.

A. La cinta mètrica

La cinta mètrica té dos formats: la cinta de roba plastificada que s'enrotlla en un suport, que permet mesurar longituds grans (fins a 25 m), i la cinta mètrica de metall, que també s'enrotlla, i pot mesurar longituds de fins a 5 m. També se la coneix popularment com a «flexòmetre». Atès que és una cinta metàl·lica, has d'anar amb compte de no tallar-te, doblegar-la o estirar-la en excés

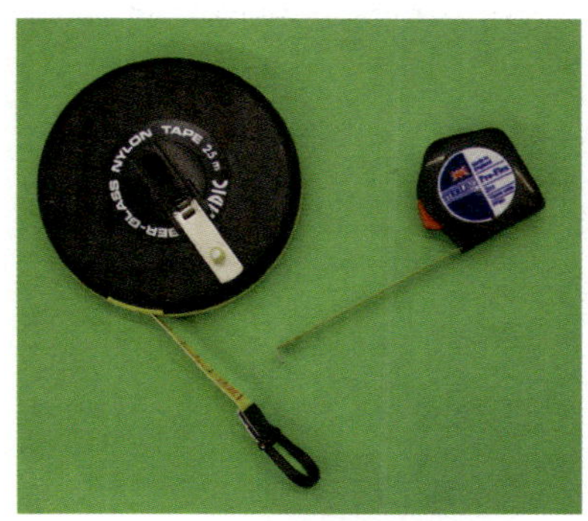

Fig. 2.37. Cintes mètriques de 25 m i de 2 m

B. El peu de rei

El peu de rei (fig. 2.38) és un instrument per mesurar longituds curtes, amb una precisió de fins a 0,05 mm. És molt útil per mesurar les longituds següents:

- Diàmetres, exteriors i interiors, per exemple d'un tub.
- Profunditats de forats.
- Gruixos, per exemple d'una planxa de plàstic.

Fig. 2.38. Peu de rei

SABIES QUE...

La tecnologia digital també ha arribat als instruments clàssics. Hi ha peus de rei digitals que simplifiquen la lectura del valor.

Fig. 2.43.

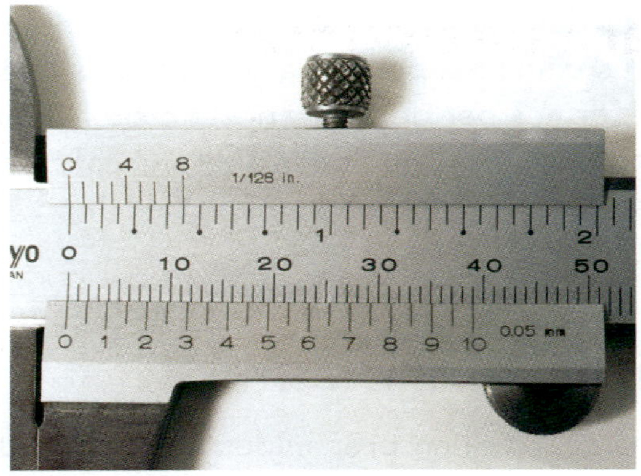

Fig. 2.39. Detall del nònius d'un peu de rei

Consta de dues parts, una de fixa, graduada en mil·límetres, anomenada **regle fix**, i una de mòbil, anomenada **nònius**, amb divisions, que poden ser entre 10 i 20. Aquest es desplaça d'esquerra a dreta per adaptar-se a la longitud que està mesurant.

Mesura d'exteriors. Cal desplaçar el nònius per encabir l'objecte a mesurar i ajustar-lo fent una lleugera pressió contra l'objecte.

Mesura d'interiors. Cal desplaçar el nònius per ajustar les puntes d'interiors a l'interior de la longitud a mesurar, fent una lleugera pressió contra les parets.

Mesura de profunditats. Cal recolzar l'extrem del regle fix a la part exterior i desplaçar el nònius cap a l'interior fins que la vareta arribi al fons.

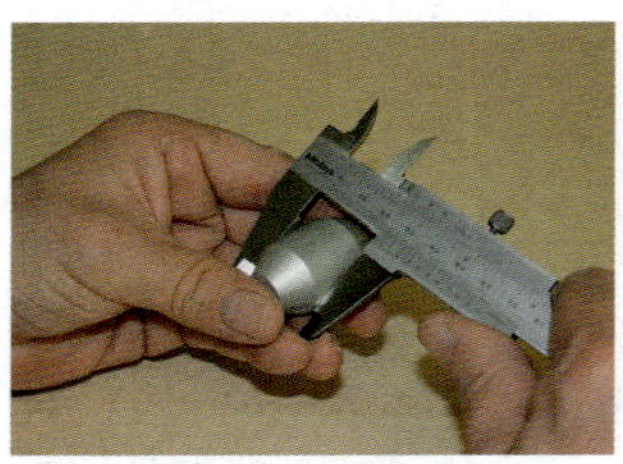

Fig. 2.40. Mesurant amb les boques d'exteriors.

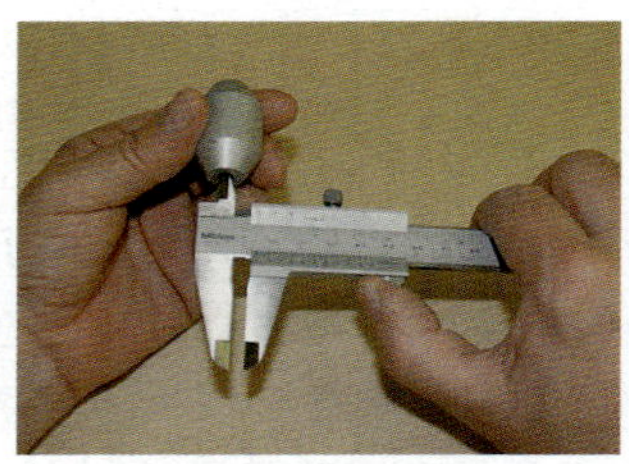

Fig. 2.41. Mesurant amb les puntes d'interiors.

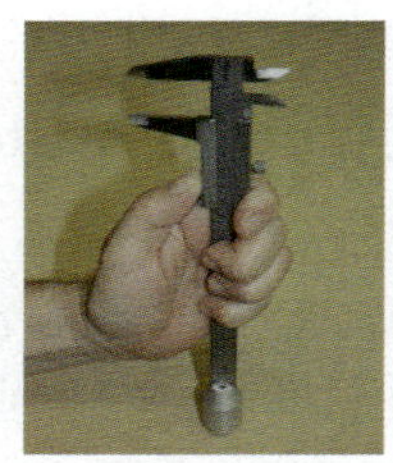

Fig. 2.42. Mesurant amb la vareta de profunditat.

El valor mesurat, sempre en mil·límetres, s'obté de la combinació de lectures del nònius sobre el regle fix en dues fases: lectura de la part entera i lectura de la part decimal.

Per a la lectura, cal fixar-se en la divisió del nònius que està marcada amb el 0. Poden donar-se dues situacions:

a) Aquesta coincideix exactament sobre una divisió del regle. La part entera serà la del regle que coincideix amb el zero del nònius, i la part decimal serà zero.

b) Quan el zero del nònius apunta entre dues divisions del regle fix, la part entera serà la corresponent a la divisió inferior. Per a la part decimal, hem de mirar quina marca del nònius coincideix amb alguna divisió del regle fix. La part decimal és el valor de la marca del nònius que coincideix amb la divisió del regle fix.

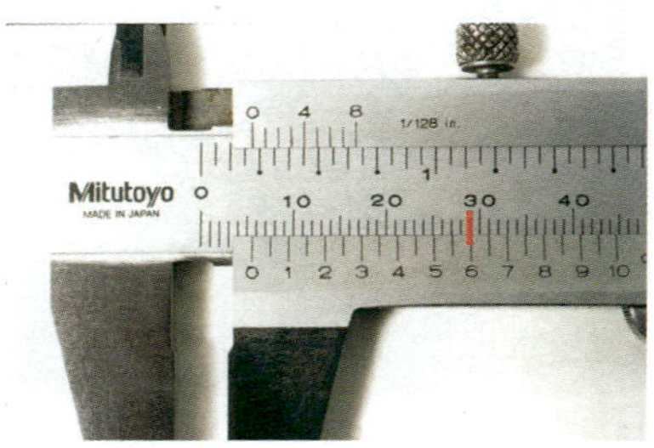

Fig. 2.44. Lectura: 5,6 mm

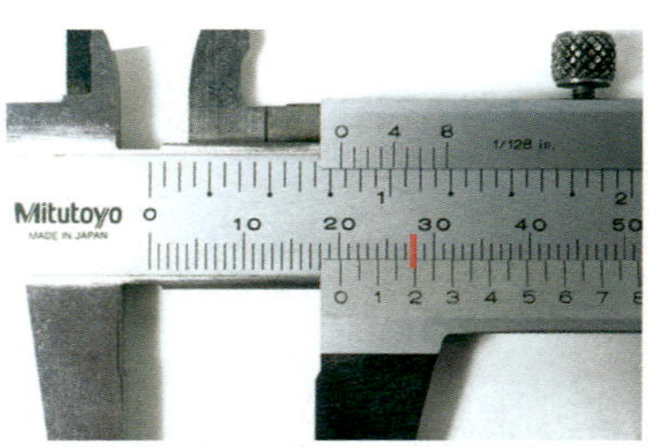

Fig. 2.45. Lectura: 20,2 mm

4.7. Muntar i desmuntar

Per a les accions de muntar i desmuntar hi ha diferents tipus de tècniques i eines. Les d'ús més habitual són: martell, tornavís i claus diverses.

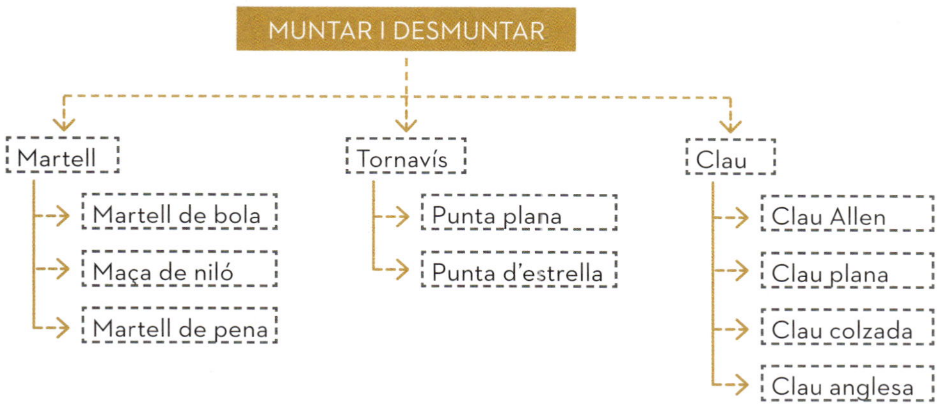

De martells n'hi ha de diversos tipus segons la seva aplicació. El més habitual a l'aula de tecnologia és el **martell de pena**, o de fuster, però també pots trobar el **martell de bola** o de calderer i la **maça de niló**. Quan els usis, és convenient que la mà que subjecta la peça o el clau estigui protegida amb un guant.

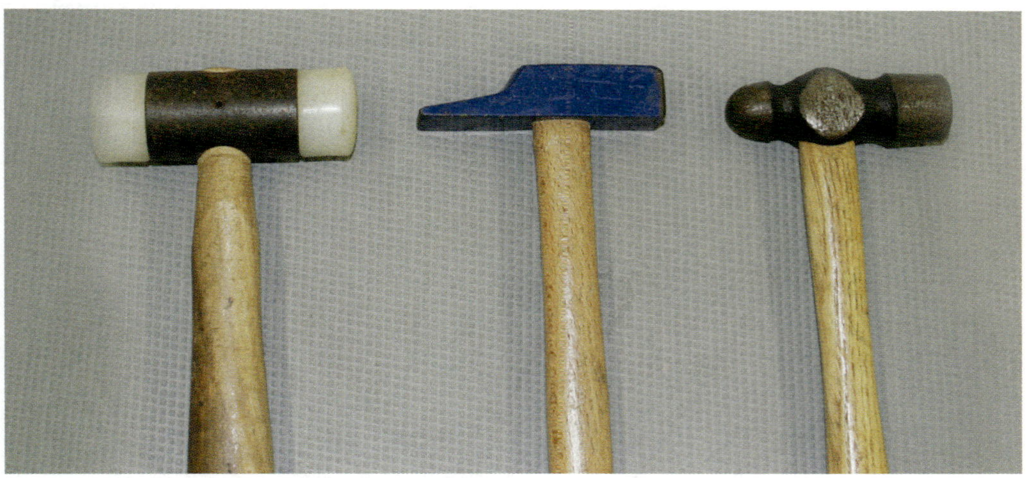

Fig. 2.46. *a)* Maça de niló, *b)* Martell de pena, *c)* Martell de bola

Cargolar i descargolar cargols es fa amb el tornavís, que pot tenir diferents puntes i grandàries segons la seva aplicació. Les puntes més habituals són la **punta plana** i la **punta d'estrella** o Philips. Per **cargolar** cal **girar en el sentit de les agulles del rellotge**; en el cas que el cargol porti una femella, caldrà subjectar-la amb alguna clau.

Hi ha cargols que al cap tenen un forat de forma hexagonal que requereix una clau anomenada **clau Allen**. Aquesta té dos braços a 90 graus de diferent longitud per poder realitzar més o menys força. La grandària de l'hexàgon varia en funció del diàmetre del cargol.

SABIES QUE..

Afluixar i collar cargols pot ser una feina feixuga, especialment quan els costa d'entrar o sortir i quan se n'han de fer molts. En aquests casos, un tornavís elèctric és la millor solució. Aquests tenen la forma de trepant portàtil, funcionen amb bateries, giren a molt baixa velocitat i es pot canviar el seu sentit de gir.

Fig. 2.47.

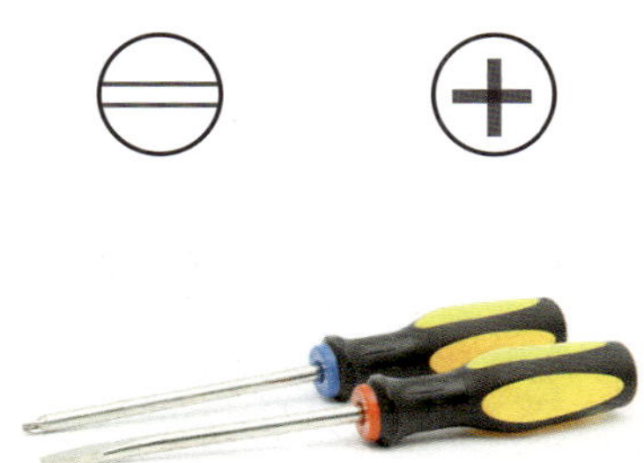

Fig. 2.48. Tornavís de punta plana i tornavís de punta d'estrella

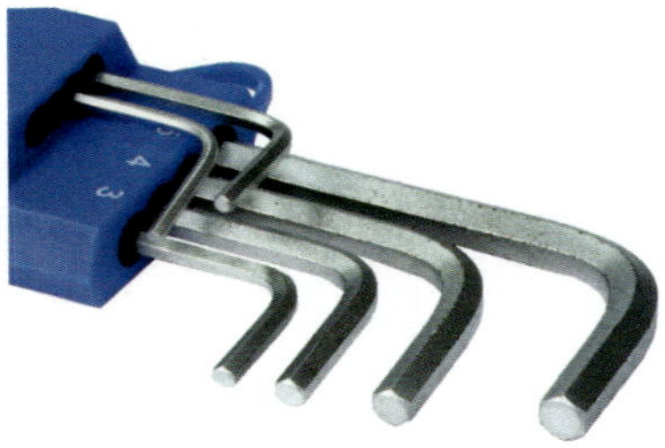

Fig. 2.49. Claus Allen

Per subjectar o fer girar femelles o cargols amb cap hexagonal s'empren les **claus planes**, **claus colzades** o la **clau anglesa**. Les claus planes i colzades són de mida fixa i serveixen només per a la seva mida. La clau anglesa pot regular l'obertura de la boca per ajustar-se a l'amplada necessària.

Fig. 2.50. *a)* Clau fixa plana, *b)* Clau colzada, *c)* Clau anglesa

Fig. 2.51. Cargol amb cap Allen

ACTIVITATS

14. Acaba la taula de l'activitat 9 amb les operacions i eines que has treballat en els darrers apartats.

15. Acaba la taula de l'activitat 10 amb les eines dels darrers apartats presentats.

16. S'ha punxat la roda davantera de la teva bicicleta, per treure la cambra l'has de desmuntar de la forquilla. Indica:

a) Quines eines necessitaràs.

b) El sentit en què has de girar els cargols per afluixar-los.

Fig. 2.53. Roda de bicicleta amb un eix amb femelles hexagonals

Fig. 2.52. Cargol amb cap hexagonal i clau fixa plana

POSA'T A PROVA!

1. FEM INVENTARI!

Us proposem fer, en equips de tres, un inventari de les eines, màquines eina, aparells de mesura i equips de protecció que hi ha a l'aula de tecnologia. Saps què és un inventari? Un inventari és una relació d'elements i la quantitat que n'hi ha de cada cada un. Per a cada tipologia d'eines, prepara una taula amb tres columnes: nom de l'eina, quantitat, estat de conservació. En aquesta darrera heu d'indicar si està en bon estat d'ús o no. Feu un document únic.

2. ANALITZA!

Imagina que has de construir una forma, com mostra la figura, amb fusta contraplacada de 5 mm gruix, per posar-la en un clauer. Fixa't bé en les seves mides i la ubicació i forma dels forats. Fes un informe amb les informacions següents:

a) Indica, de forma ordenada, quines operacions són necessàries per construir la forma.

b) Digues en quins espais de l'aula de tecnologia faries cadascuna de les operacions anteriors.

c) Fes una llista ordenada de les eines i dels aparells necessaris per construir la forma.

d) Indica les mesures de prevenció que hauries d'aplicar en la construcció.

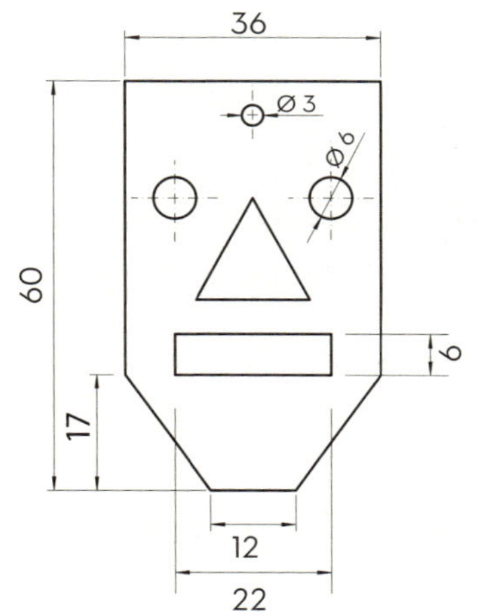

Fig. 2.54. Forma per a clauer

3. MESURA I EXPERIMENTA!

Utilitza el peu de rei per mesurar...

a) El diàmetre exterior d'una broca.

b) El gruix i el diàmetre del forat interior d'un CD.

c) L'alçària i profunditat interior d'un got.

Per a cada cas, fes una fotografia del nònius del peu de rei i posa-la en un document indicant la lectura amb les unitats.

ACTIVITATS FINALS

1. **Indica l'opció en què tots els elements són eines o aparells per a les operacions de marcatge:**
   a) Escaire, tornavís, clau plana, broca.
   b) Serjant, cargol de banc, compàs de puntes.
   c) Escaire, regle, goniòmetre, punta de marcar, llapis.
   d) Trepant, serra de vogir, clau Allen.

2. **Per fer forats amb el trepant vertical cal protegir-se amb (marca l'opció correcta):**
   a) Davantal i màscara.
   b) Ulleres i guants.
   c) Casc i ulleres.
   d) Màscara i guants.

3. **Quines eines són per polir?**
   a) Carda, llima entrefina.
   b) Llima triangular, broca.
   c) Raspa, llima rodona.
   d) Llima fina, paper de vidre, tela esmeriladora.

4. **Quina eina serveix per serrar metalls?**
   a) Serra d'arc.
   b) Serra de marqueteria.
   c) Serra de biaixos.
   d) Xerrac.

5. **Són eines per subjectar:**
   a) Mordassa, serjant.
   b) Alicates de tall, xerrac.
   c) Trepant, flexòmetre.
   d) Peu de rei, maça de niló.

6. **La serra idònia per fer talls irregulars és la:**
   a) Serra de vogir.
   b) Serra de biaixos.
   c) Xerrac.
   d) Serra d'arc.

7. **Quina operació de manteniment s'ha d'aplicar en unes tisores que tenen les fulles desgastades?**
   a) Esmolar.
   b) Posar oli a les fulles.
   c) Llimar les fulles.
   d) Afluixar el cargol de fixació.

8. **Quina operació de manteniment s'ha d'aplicar en una llima fina que s'ha usat per llimar un perfil d'acer?**
   a) Esmolar-la.
   b) Posar-hi oli.
   c) Passar-li la tela d'esmerilar.
   d) Raspar-la amb la carda.

9. **Quina operació de manteniment s'ha d'aplicar en unes tisores amb les fulles que es mouen amb dificultat?**
   a) Esmolar.
   b) Posar oli a les fulles.
   c) Llimar les fulles.
   d) Afluixar el cargol de fixació.

10. **El cargol de banc és una eina per:**
   a) Subjectar.
   b) Marcar.
   c) Mesurar.
   d) Foradar.

11. **Identifica les eines següents, digues per a què serveix cada una, i escriu-ne el nom en castellà i en anglès.**

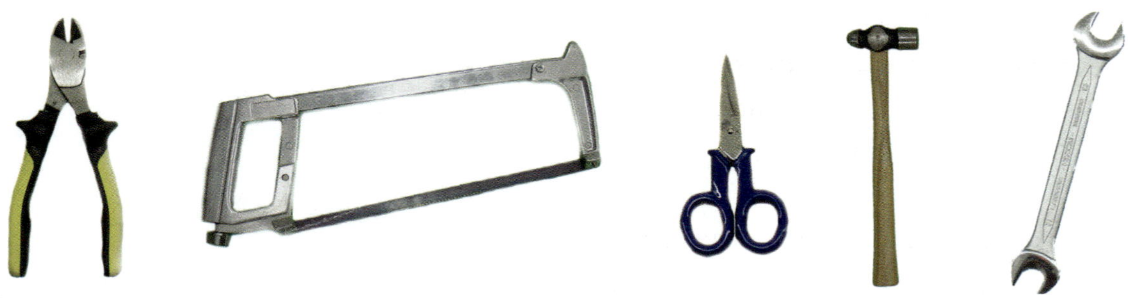

12. **Disposem d'un llistó de fusta de 10 mm x 20 mm i una llargària de 2 m. Necessitem dos trossos de 30 cm. Indica les operacions consecutives i les eines de cada operació per obtenir el tros de llistó de la mida indicada i sense estelles.**

13. **Els llistons de l'activitat anterior han de tenir un forat passant de 6 mm de diàmetre just en el centre de la cara de 20 mm d'amplada. Indica les operacions a fer i les eines necessàries, sense oblidar-te dels elements de protecció.**

14. **Els llistons de l'activitat anterior s'han d'unir formant una creu, amb un cargol de 5 mm de diàmetre i 25 mm de llarg, amb cap hexagonal i una femella. Indica les operacions a fer i les eines necessàries.**

3 TÈCNIQUES DE REPRESENTACIÓ GRÀFICA

Objectius

- ✓ Valorar les tècniques de representació gràfica com a llenguatge de comunicació i expressió d'idees dins el procés tecnològic.
- ✓ Conèixer els estris de dibuix tècnic i les normes bàsiques d'utilització i de conservació.
- ✓ Representar les formes geomètriques bàsiques, utilitzant les eines de dibuix de manera adequada i correcta.
- ✓ Identificar les normes bàsiques de representació i d'acotament del dibuix tècnic.
- ✓ Realitzar croquis d'objectes senzills i dibuixos acotats i a escala aplicant les normes bàsiques del dibuix tècnic.

QUÈ EN SAPS?

A poc a poc, has d'aprendre a interpretar dibuixos tècnics elementals, tant per expressar les teves idees en processos tecnològics com en situacions personals en què hagis d'interpretar un plànol. Per exemple, quan adquireixis o rehabilitis un habitatge o quan vulguis fer qualsevol instal·lació a casa o a la teva comunitat de veïns.

En observar un plànol, no importa l'idioma que parlis ni el teu origen. Si tens coneixements de representació gràfica, seràs capaç d'interpretar el que està mostrant qualsevol tècnic.

Leonardo da Vinci (1452-1519), en els seus llibres de notes, sempre dibuixava els esbossos de les màquines que inventava i, a partir d'aquestes primeres idees, feia els plànols per, finalment, construir aquelles màquines fascinants. Observa que 500 anys després sabem interpretar aquells plànols d'un personatge que ha estat considerat un geni. Creus que Da Vinci sabria interpretar el plànol de la fotografia? Per què?

Sabries interpretar el plànol d'evacuació del teu centre o de la teva aula? Quin recorregut has de fer des de l'aula fins al punt de concentració, en cas d'evacuació i segons el plànol?

En aquesta unitat et donarem a conèixer els estris de dibuix bàsics, aprendràs a representar formes geomètriques elementals i hauràs de fer dibuixos d'objectes senzills, esbossos i croquis.

Sumari

1 ELS PLÀNOLS COM A LLENGUATGE TÈCNIC

Fig. 3.1. Plànol d'un objecte

El dibuix és un llenguatge de comunicació gràfica que ens permet expressar conceptes que en llenguatge oral o escrit seria molt difícil de fer-ho. És una eina imprescindible en el procés tecnològic.

El dibuix que representa la forma i les mides dels objectes amb precisió, exactitud, d'una manera objectiva i seguint unes normes internacionals, s'anomena **dibuix tècnic**.

Dins del procés tecnològic, abans de confeccionar els plànols definitius, cal seguir un procés previ: la generació d'idees, i una manera d'expressar aquestes idees en tecnologia és fer uns **esbossos**. Normalment, es fan diversos esbossos fins que es troba la solució al problema o la necessitat. Després, es farà el croquis a partir de l'esbós que expressa la idea més viable. Els plànols definitius per construir l'objecte o aparell els farem a partir del croquis.

Fig. 3.2. Fases d'un dibuix tècnic

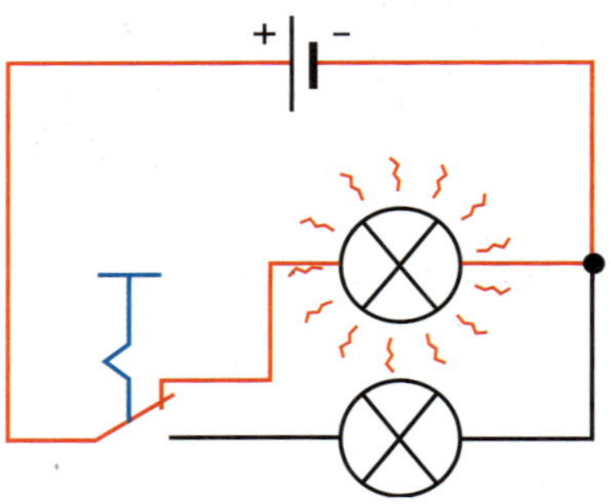

Fig. 3.3. Esquema elèctric

Moltes vegades no es representen els objectes tal com són, sinó que, per simplificar els dibuixos, s'utilitzen símbols. És el que passa amb les instal·lacions elèctriques, on el que interessa és la funció dels seus elements. Els dibuixos amb símbols s'anomenen **esquemes**.

A. L'esbós

Les idees que van sorgint en dissenyar un objecte, un aparell o una instal·lació s'expressen mitjançant notes i dibuixos informals en un paper. Aquests dibuixos *no segueixen cap norma específica*, però s'ha de procurar respectar les proporcions.

Un **esbós** és un dibuix fet a mà alçada que pretén donar una primera idea de l'objecte que volem dissenyar.

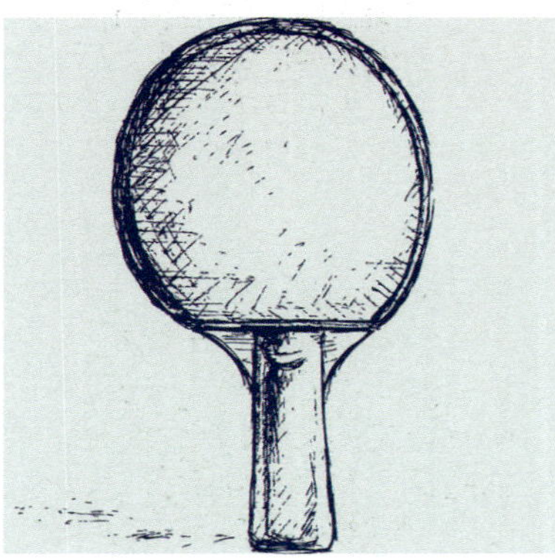

Fig. 3.4. Esbós d'una pala de ping-pong

B. El croquis

Quan es dibuixa a mà alçada, sense estris de dibuix, només fent servir un llapis, una goma d'esborrar i un paper, generalment quadriculat, i *seguint les normes de dibuix tècnic*, el que es fa és un croquis.

Per fer un croquis d'un objecte s'han de seguir unes pautes:

- Dibuixar les cares principals de l'objecte, emprant el sistema de vistes o projeccions, que explicarem en el proper apartat.
- Posar les mides a l'objecte, és a dir, fer l'acotament.

Els dibuixos fets a mà alçada, seguint unes normes bàsiques, s'anomenen **croquis**.

El dibuix ha de quedar ben proporcionat. A l'apartat 3 t'explicarem les normes d'acotament.

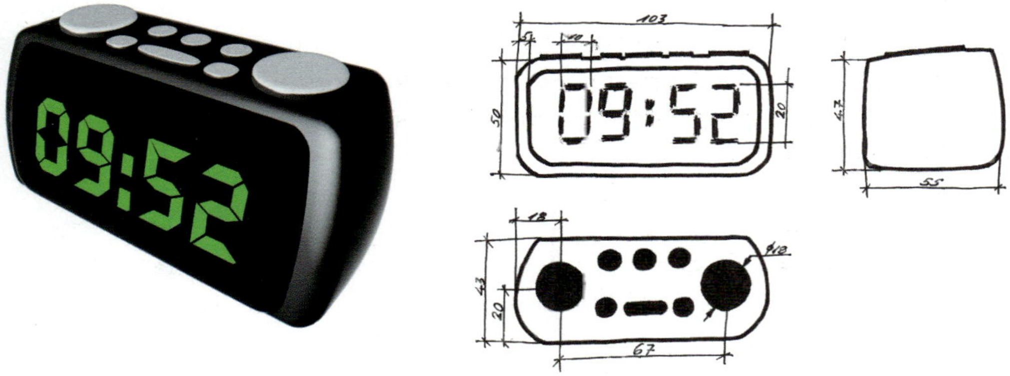

Fig. 3.5. Rellotge despertador i representació en croquis

C. El plànol

Una vegada s'ha fet el croquis, el pas següent és fer el plànol. Llavors, cal seguir els passos següents:

- Escollir el tipus i la mida del paper on realitzar el dibuix.
- Triar l'escala adequada en funció de les dimensions de l'objecte perquè càpiga bé en el paper.
- A partir del croquis, dibuixar amb els estris de dibuix l'objecte a escala utilitzant el sistema de vistes o projeccions.

Un dibuix fet amb els estris de dibuix i proporcional a les dimensions de l'objecte s'anomena **plànol**.

S'han de posar les mides reals de l'objecte, no les del dibuix. El dibuix ha d'estar acotat i a escala; més endavant t'explicarem com fer-ho.

ACTIVITATS

1. **Imagina que has de dissenyar unes sabatilles esportives; fes un esbós per mostrar com haurien de ser. Pots agafar alguna idea mirant les imatges del marge.**

RECORDA!

El **croquis** és la forma més ràpida de dibuix tècnic. Presenta la forma bàsica amb els detalls de l'objecte o aparell i les seves dimensions.

Fig. 3.6. Plànol d'un objecte

Fig. 3.7. Sabatilles esportives

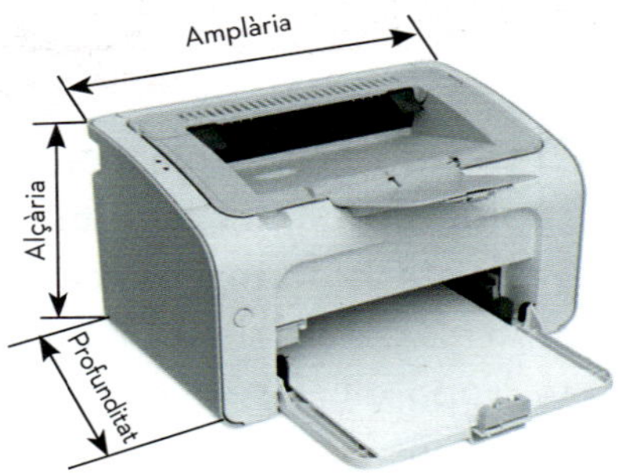

Fig. 3.8. Dimensions d'una impressora

D. Introducció al sistema de vistes o projeccions

Un objecte té tres dimensions: **l'alçària, l'amplària i la llargària o profunditat**. El paper de dibuix és pla i, per tant, només té dues dimensions: l'alçària i l'amplària.

Una solució per poder representar l'altra dimensió, o sigui la **profunditat**, és fer un **dibuix en perspectiva o 3D** (tres dimensions), que ajuda a entendre la forma d'un objecte, però només és una il·lusió òptica que dóna la sensació de profunditat. En un dibuix en perspectiva no es poden representar totes les arestes a mida real, ni a escala. En les imatges següents pots veure la representació del mateix objecte en tres i en dues dimensions.

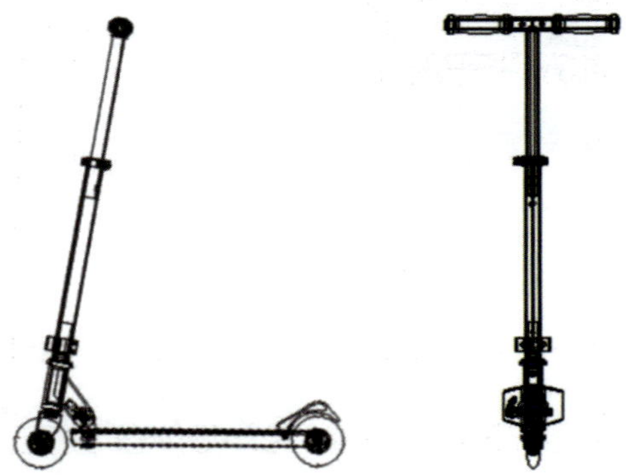

Fig. 3.9. Representació en 2D

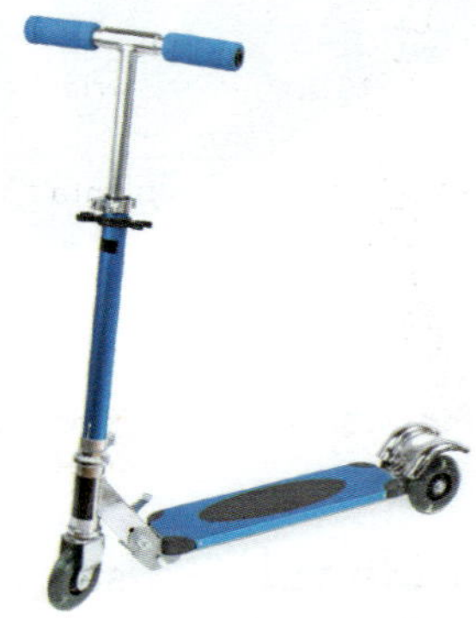

Fig. 3.10. Imatge en perspectiva

WEB

Representació de vistes

Al Centre d'Ensenyament Online trobaràs exemples de representació de vistes en el sistema dièdric.

Per solucionar els problemes que presenta el dibuix en perspectiva, es fa servir el **sistema de projeccions o vistes**. Aquest sistema consisteix a mirar i dibuixar les arestes de l'objecte des de tres posicions: des del davant, que és la vista **d'alçat**; des del damunt, que és la vista de **planta**, i des d'un costat, que és la vista de **perfil**. Per representar un objecte, normalment n'hi ha prou amb aquestes tres vistes, però es pot ampliar el nombre de vistes si l'objecte és molt complex. Fixa't en aquests dibuixos.

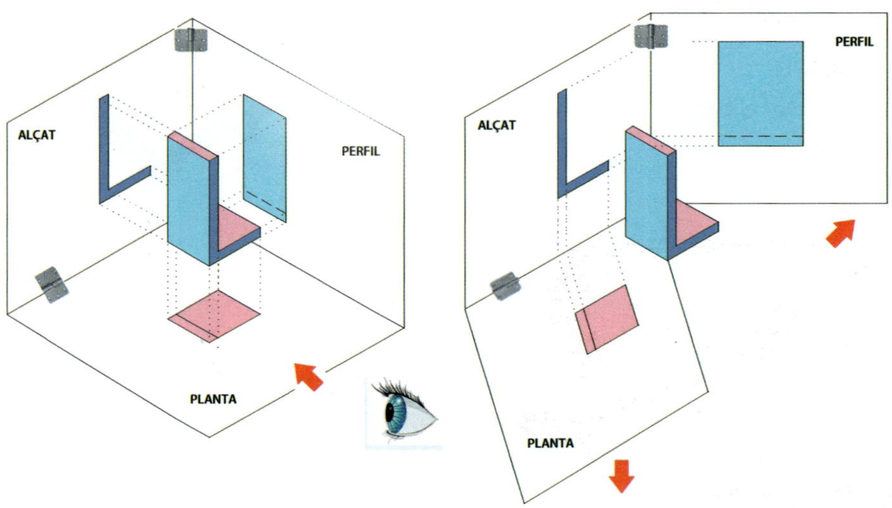

Fig. 3.11. Sistema de vistes o projeccions d'un objecte

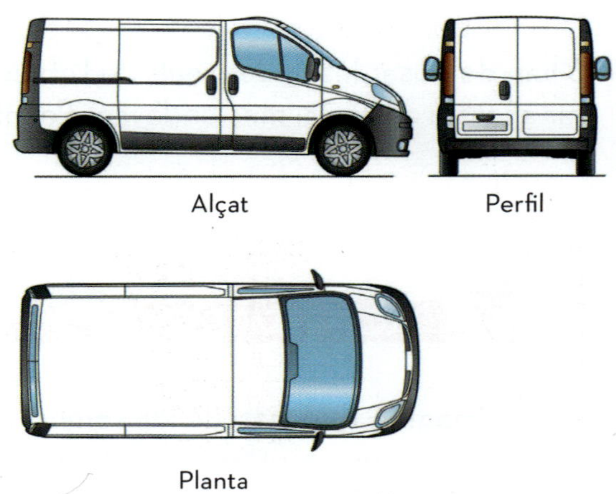

Fig. 3.12. Vistes d'alçat, planta i perfil d'un vehicle

Hi ha objectes que tenen simetria, i en aquests casos només amb dues vistes n'hi hauria prou per representar l'objecte. Fixa't en els dibuixos següents.

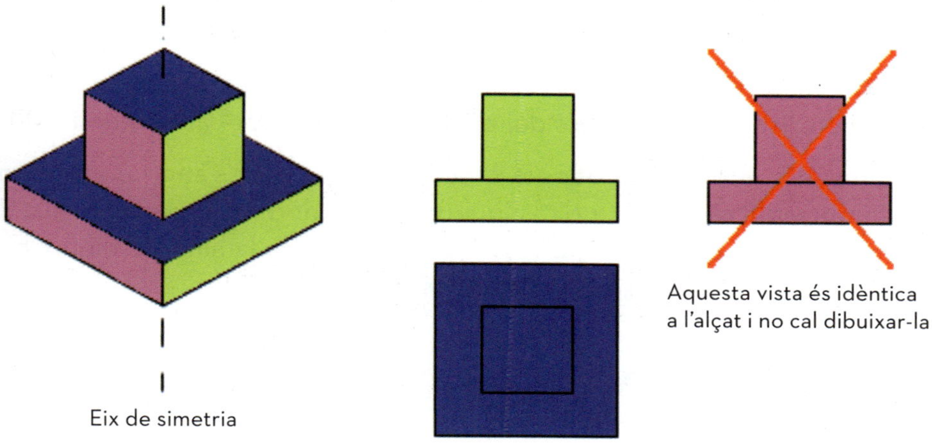

Fig. 3.13. Vistes d'alçat i planta d'una peça simètrica

RECORDA!

Els eixos de simetria sempre es dibuixen amb línies de traç i punt.

ACTIVITATS

2. **Dibuixa les vistes d'alçat, planta i perfil de la motxilla de la fig. 3.14. El dibuix ha de quedar proporcionat.**

3. **Ara, dibuixa les vistes d'alçat, planta i perfil d'aquests objectes. Recorda que, si dues vistes són iguals, només se'n dibuixa una.**

Fig. 3.14. Motxilla en perspectiva

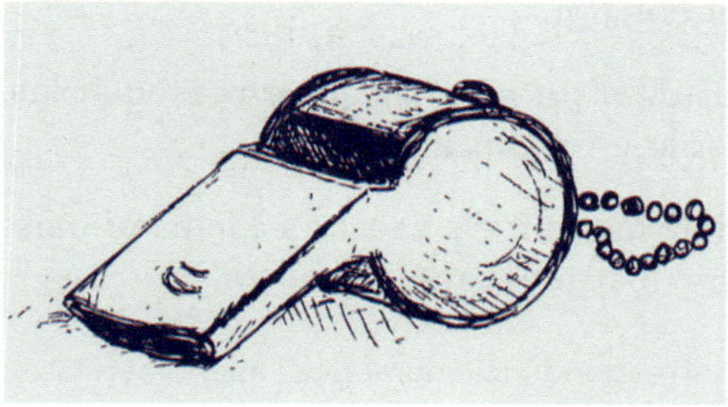

Fig. 3.15. Xiulet

Fig. 3.16. Bateria

Fig. 3.17. Test

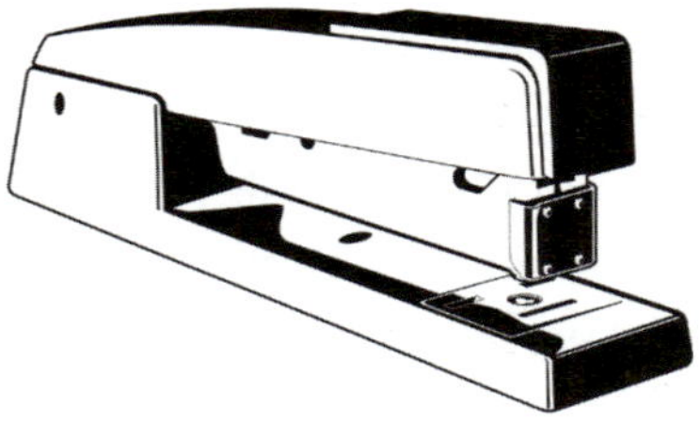

Fig. 3.18. Grapadora

RECORDA!

Els estris de dibuix bàsics són: els llapis, els retoladors, la goma d'esborrar, el regle graduat, l'escaire, el cartabó, el compàs i el transportador.

1.1. Suports i estris de dibuix tècnic

A. El suport: el paper

El suport més comú en dibuix és el paper. Convé que sigui de bona qualitat. Les característiques principals del paper són: la mida, el gramatge i l'acabat.

Les diferents **mides** dels papers o làmines de dibuix s'anomenen **formats,** i estan **normalitzades**, és a dir, segueixen unes normes internacionals. El format més utilitzat és el DIN-A4 (297 x 210 mm). En la làmina de dibuix hi ha el que s'anomena el caixetí, on consten les dades del dibuix: títol, autor, entitat, data, escala, etc.

El gramatge és la massa per unitat de superfície. Un paper estàndard té un gramatge d'uns 80 g/m^2, mentre que una làmina de dibuix sol tenir aproximadament 130 g/m^2.

L'acabat és l'aspecte que té a la vista i al tacte. El més utilitzat en dibuix tècnic és el paper opac, de textura una mica rugosa i de color blanc.

Fig. 3.19. Llapis i portamines

B. El llapis

És l'estri principal per dibuixar, i per fer-ho la punta ha d'estar en bones condicions. La duresa de la seva mina pot ser: tova, mitjana o dura.

Duresa	*Codi número*	*Codi lletres*	*Usos*
Tova	0, 1	2B, 3B, 4B	Per a dibuix artístic. Línies gruixudes i fosques. Fàcil d'esborrar. Embruta el paper quan es passa el dit per damunt.
Mitjana	2, 3	B, HB	Per fer dibuixos a mà alçada o resseguir les arestes en acabar un dibuix a llapis.
Dura	4, 5	F, H, 2H, 3H, 4H	Per dibuixar amb els escaires. Línies primes i clares. Queden marques quan s'esborra.

Taula 3.1. Classificació de duresa dels llapis amb correspondència numèrica i alfanumèrica

EXPERIMENTA!

Amb tres llapis de diferent duresa, fes tres ratlles en un paper. Esborra només la meitat de cada una de les tres línies. Què observes? Es veu la línia? Ha quedat marcat el paper?

Ara passa el dit per sobre de la meitat de la ratlla que encara té llapis. El paper s'embruta? Repeteix l'experiment amb altres tipus de papers.

Fig. 3.20. Mostra de codis de duresa de llapis

Els **portamines** duen una mina calibrada i de diferents dureses, com en el cas dels llapis. Els gruixos de mines més utilitzats són de 0,5 mm o 0,7 mm.

C. Els retoladors tècnics

Els retoladors serveixen per passar a tinta els dibuixos que prèviament has fet a llapis. Tenen un gruix de línia normalitzat; els més usuals són de 0,2 mm, 0,4 mm o 0,8 mm.

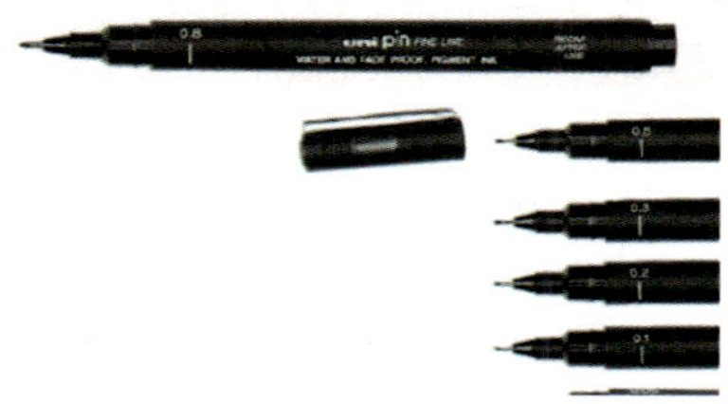

Fig. 3.21. Retoladors per a dibuix tècnic

D. La goma d'esborrar

La goma d'esborrar llapis ha de ser tova. Quan la utilitzis, esborra a poc a poc i, cap enfora del paper, i amb l'altra mà aguanta el paper perquè no s'arrugui.

E. El regle graduat

La seva funció bàsica és mesurar longituds, tot i que també és útil per dibuixar línies rectes. Un dels costats sol estar dividit en centímetres (cm) i mil·límetres (mm). Les longituds habituals del regle van des dels 20 cm fins als 60 cm. El regle sol estar fabricat amb plàstic, fusta, alumini o altres metalls. Els regles més habituals són de plàstic transparent de 30 cm o 40 cm de longitud.

Per mesurar o marcar la longitud d'una recta has de col·locar el regle sobre la línia que vols mesurar; seguidament, fes coincidir el 0 del regle amb l'inici de la línia, i pren la lectura en mil·límetres.

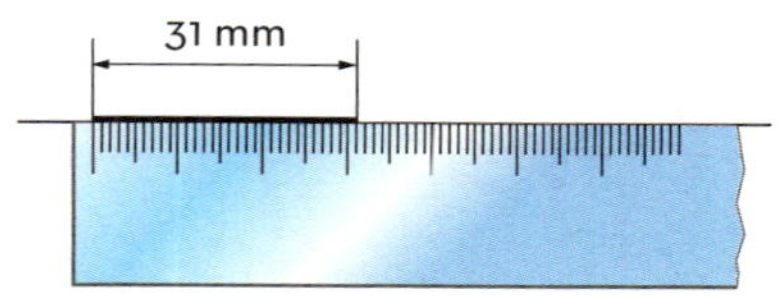

Fig. 3.22. Regle graduat que mesura una longitud

Per traçar línies rectes amb el regle has d'ajustar bé la punta del llapis a l'aresta del regle, inclinar una mica el llapis en el sentit del moviment i fer el traç mantenint la mateixa pressió contra el paper.

Quan has de fer línies rectes amb retoladors, els has de mantenir perpendiculars al paper i has d'utilitzar el rebaix o bisell que duu el regle en un costat per evitar que s'escampi la tinta.

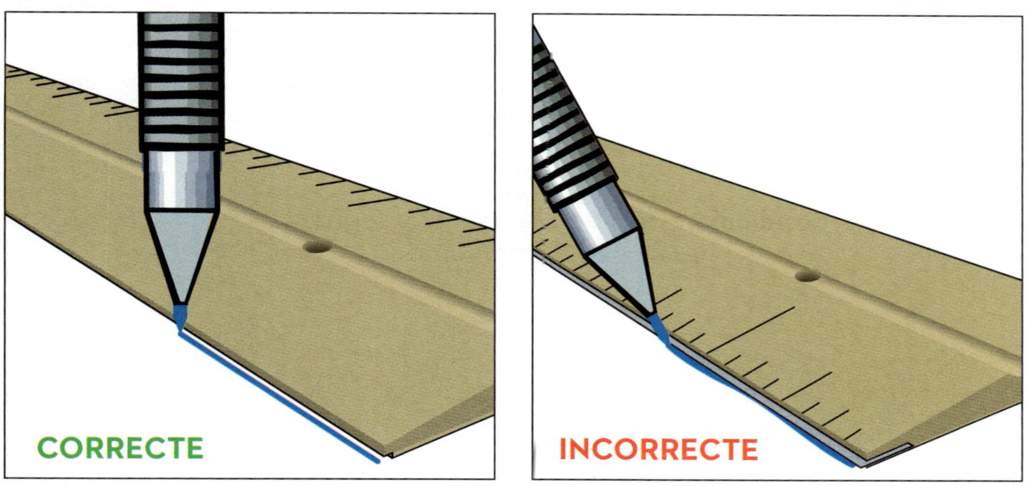

Fig. 3.23. Traçat de línies rectes amb retolador

Normes de conservació

- Procura tenir el regle sempre net i en bon estat.
- No li donis cops.
- No utilitzis cúters o estris tallants amb el regle de plàstic o de fusta.

SABIES QUE...

El retolador de 0,8 mm s'utilitza per resseguir les arestes o el contorn de l'objecte.

Amb el retolador de 0,4 mm fem les lletres i el text.

El retolador de 0,2 mm serveix per marcar les línies auxiliars i les de referència.

> **SABIES QUE...**
>
> Perquè l'escaire i el cartabó pertanyin al mateix joc, la hipotenusa del cartabó ha de tenir la mateixa longitud que el catet gran de l'escaire.

F. El joc d'escaires

Un joc d'escaires està format per dos estris anomenats **escaire** i **cartabó**, normalment de plàstic. Els faràs servir conjuntament per traçar línies rectes i, sobretot, per traçar rectes paral·leles i rectes perpendiculars.

L'escaire i el cartabó estan formats per triangles rectangles (90°), però tenen els altres angles diferents (cartabó 45º-45º, escaire 30º-60º).

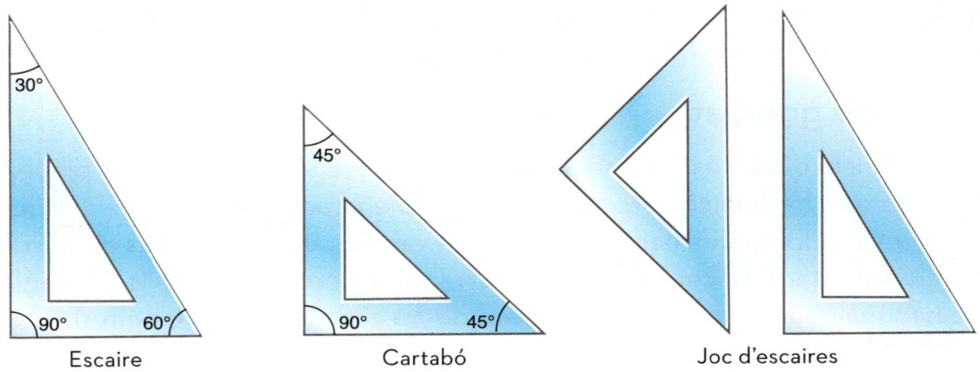

Fig. 3.24. Joc d'escaires. Detall dels angles

Per traçar línies paral·leles amb els escaires pots utilitzar diferents mètodes. Fixa't en les imatges.

Fig. 3.25. S'alinea el cartabó amb la línia. Es recolza l'escaire en un dels costats del cartabó

Fig. 3.26. Es traça una recta paral·lela

> **RECORDA!**
>
> Sempre has de mantenir fix l'escaire o el cartabó i fer lliscar l'un sobre l'altre. Cal fer-ho sempre en sentit descendent, per evitar passar per damunt de la línia dibuixada amb el llapis.

Per traçar perpendiculars, fixa't en les imatges següents:

Fig. 3.27. S'alinea el cartabó amb la línia. Es recolza l'escaire en un dels costats del cartabó

Fig. 3.28. Es manté l'escaire fix, es gira el cartabó i es traça una perpendicular

> **Normes de conservació**
>
> - Procura tenir sempre nets l'escaire i el cartabó.
> - No li donis cops i vés amb cura amb els vèrtexs dels triangles.
> - No utilitzis cúters o estris tallants amb el regle de plàstic o de fusta.

G. El transportador

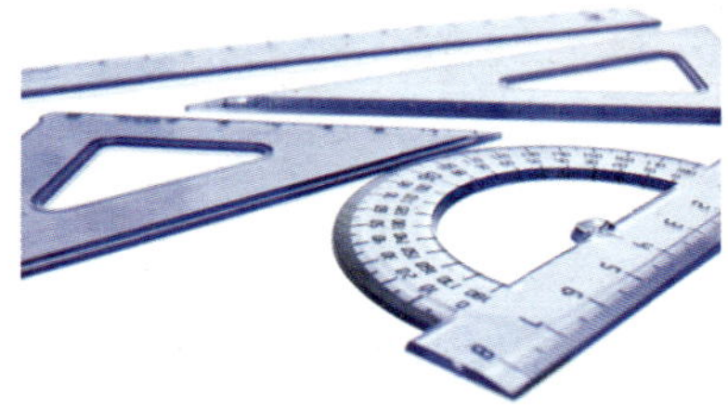

Fig. 3.29. Estris de dibuix

Un transportador d'angles és un estri que permet mesurar i dibuixar angles. Normalment, es fabrica de plàstic transparent. Es tracta d'un semicercle graduat en graus d'angle, des de 0° fins a 180°.

Per mesurar un angle, has de col·locar el punt central del transportador, marcat amb un punt o una creu, en el vèrtex de l'angle, i alinear un dels costats de l'angle amb la marca dels zero graus. L'altre costat de l'angle et donarà la lectura sobre l'escala graduada del transportador.

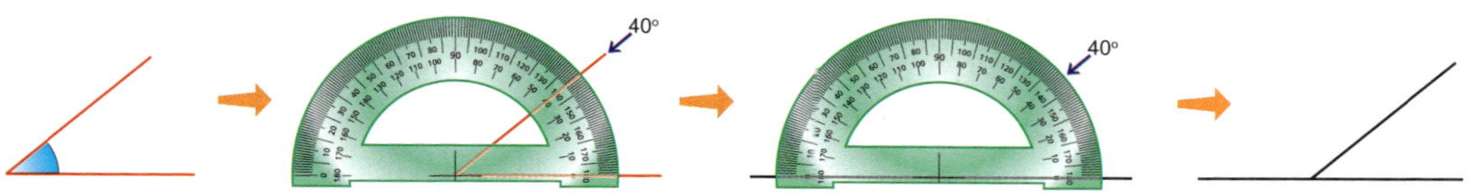

Fig. 3.30. Com mesurar i dibuixar un angle

H. El compàs

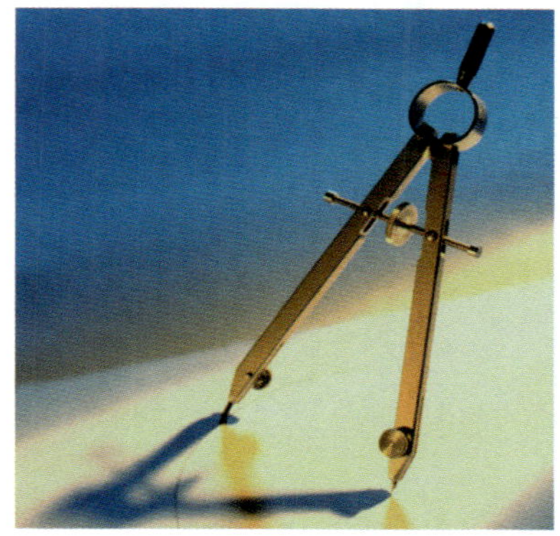

Fig. 3.31. El compàs

El compàs és un estri de dibuix normalment metàl·lic que serveix per traçar arcs i circumferències.

Un dels braços suporta l'agulla que servirà per fixar el centre, i l'altre braç del compàs incorpora l'accessori per suportar la mina o el llapis, o el retolador.

Per fer una circumferència, has de dibuixar els eixos de simetria amb els escaires. L'encreuament dels eixos et dóna el centre de la circumferència. Després, marcaràs amb el regle la mida del radi en un dels eixos.

Tot seguit, has de col·locar la punta de l'agulla del compàs al centre, i la mina, a la marca que has fet a la mida del radi; l'agulla i la mina han d'estar al mateix nivell. Agafa el compàs per l'extrem superior, no pels braços, i traça l'arc o la circumferència girant el compàs suaument i sense aixecar-lo del paper.

Si fas servir retoladors, necessitaràs un adaptador. El retolador i l'agulla del compàs han d'estar ben perpendiculars al paper.

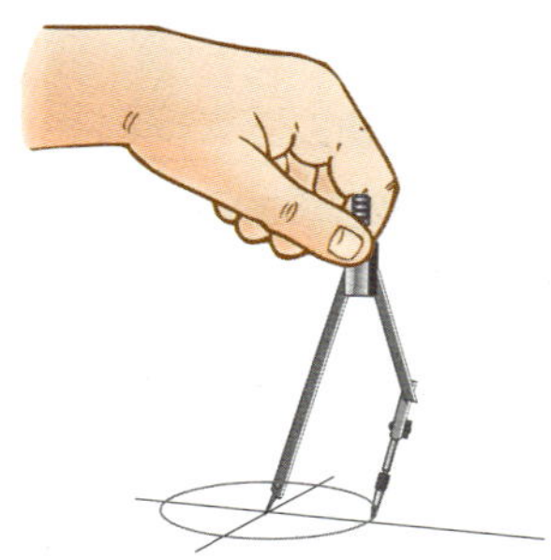

Fig. 3.32. Manera d'agafar el compàs per dibuixar circumferències

Normes de conservació

- La mina del compàs ha d'estar sempre ben esmolada.
- No greixis els engranatges del compàs.

ACTIVITATS

4. Indica la numeració d'un llapis amb mina dura i un amb mina mitjana. Quan cal fer servir l'un o l'altre?

5. En quins casos cal utilitzar un retolador amb un gruix de línia de 0,8 mm?

6. Amb l'ajuda del transportador d'angles, dibuixa tres angles: un de 80°, un de 115° i un de 155°.

2 LA REPRESENTACIÓ DE LES FORMES GEOMÈTRIQUES BÀSIQUES

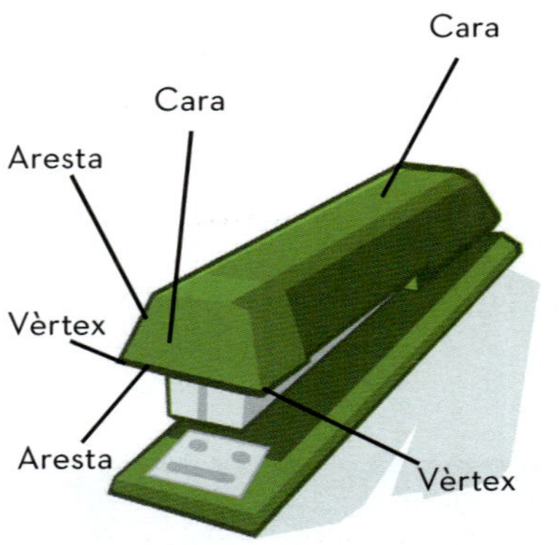

Fig. 3.33. Elements de les formes geomètriques

El dibuix tècnic representa objectes que tenen formes geomètriques definides, com ara triangles, quadrats, rectangles, hexàgons, etc. Fixa't que normalment un televisor és rectangular, hi ha senyals de trànsit triangulars o la cabota d'un cargol té forma hexagonal. Per això és important que sàpigues com dibuixar aquestes formes geomètriques bàsiques.

A l'hora de dibuixar un objecte, has de tenir present quina és la cara més important, tot i que moltes vegades has de dibuixar també les altres cares per poder definir bé l'objecte.

> Les **cares** d'un objecte queden definides per les seves **arestes**, que són les que *limiten el contorn de la cara i, per tant, la seva forma geomètrica.*

Per determinar bé la forma, has de mirar la cara des del davant, amb la vista ben perpendicular a la seva superfície.

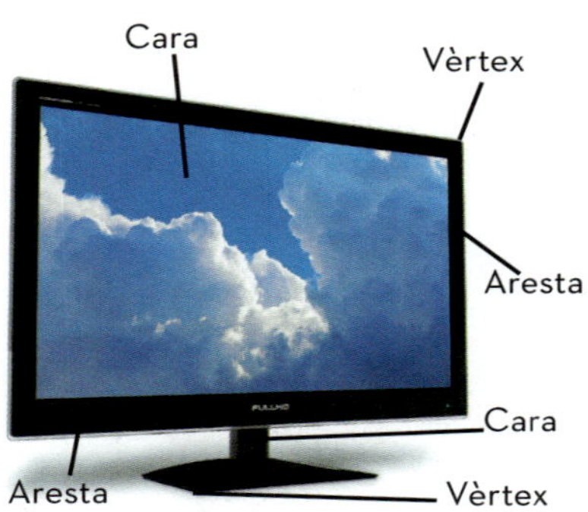

Fig. 3.34. Elements de les formes geomètriques

A. Traçar triangles

Per dibuixar un triangle a partir dels seus tres costats, primer dibuixa un costat qualsevol, que serà la base, com ara el segment c. Amb el compàs, traça un arc que tingui per radi la longitud d'un dels altres costats, per exemple el segment *a*; fes-ho des de l'extrem B del segment c. Fes el mateix amb el costat que queda, en aquest cas el *b*; traça un arc que tingui per radi la longitud del costat *b* i amb centre a l'extrem A del costat c. El punt on es tallen els dos arcs et dóna el vèrtex on has de tancar el triangle. Fixa't en els passos del dibuix.

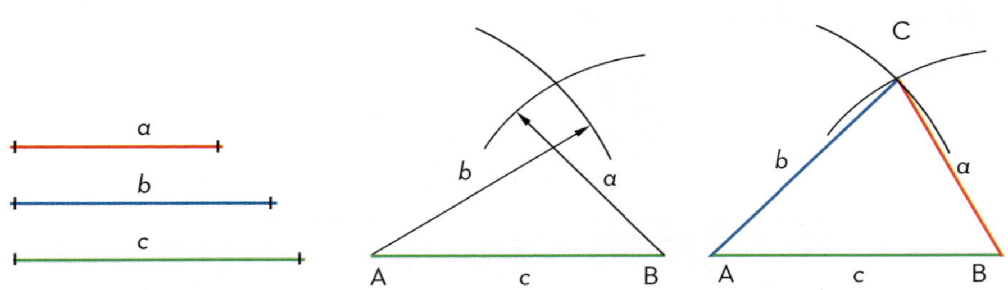

Fig. 3.35. Traçat de rectangles, coneixent la longitud dels costats

SABIES QUE...

Tots els angles interiors d'un triangle han de sumar sempre 180°.

B. Traçar quadrats i rectangles

Per traçar un quadrat o un rectangle a partir dels seus costats, fes-ho de la manera següent.

Primer, dibuixa un costat a la mida corresponent, en aquest cas el costat *b*, que serà la base. Amb l'ajuda de l'escaire i el cartabó, traça dues perpendiculars que passin pels seus extrems. Després, fes dos arcs de radi la longitud del costat *a* del rectangle, amb centre als extrems del costat *b*. Els punts on es tallen els arcs amb les dues perpendiculars et donen els dos punts, C i D, que són els vèrtexs del rectangle. Fixa't en el dibuix.

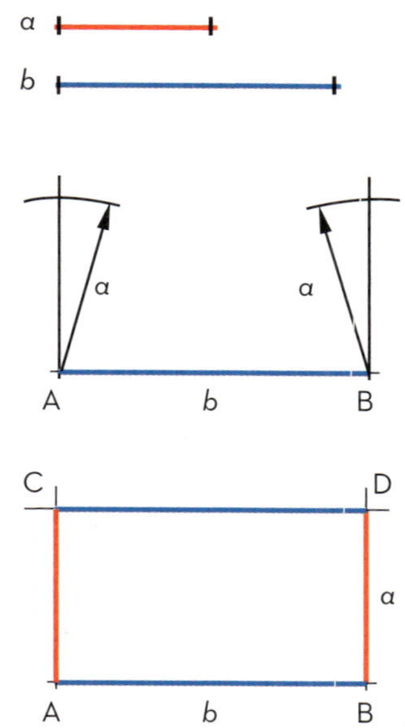

Fig. 3.36. Traçat de rectangles, coneixent la longitud dels costats

C. Traçar un hexàgon regular

Per traçar un hexàgon, primer dibuixa l'eix horitzontal i vertical, és a dir, els seus eixos de simetria. Després, dibuixa una circumferència amb centre on es tallen els eixos de simetria i radi la mida del costat de l'hexàgon, en aquest cas *a*. A continuació, traca dos arcs amb mida el radi de la circumferència i centres on es talla la circumferència amb l'eix horitzontal, punts F i C; ara es generen quatre nous punts A, B, E i D. Unint els sis punts obtens l'hexàgon. Fixa't en els passos del dibuix.

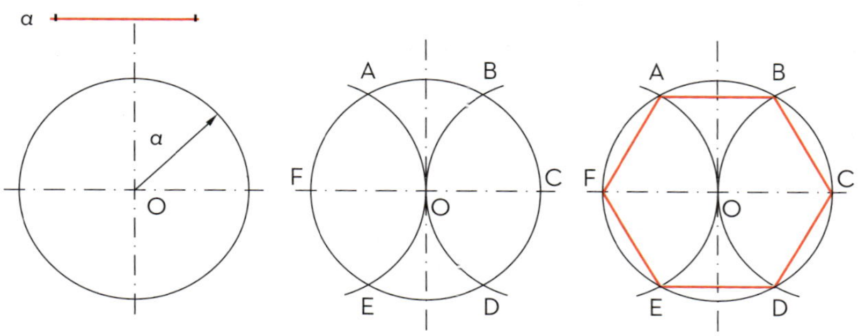

Fig. 3.37. Traçat d'un hexàgon, coneixent la longitud d'un costat

ACTIVITATS

7. **Amb els coneixements adquirits en el traçat de figures geomètriques bàsiques, reprodueix el model de vehicle Ford T, fabricat als EUA (1908-1927).**

Fig. 3.38. Ford T amb figures geomètriques bàsiques

SERIES CAPAÇ...

A partir del procés de traçat d'un hexàgon, dibuixar un dodecàgon (12 costats)?

I a partir del procés de traçat d'un quadrat, dibuixar un octàgon (8 costats)?

SABIES QUE...

Les normes de dibuix més importants són les anomenades normes ISO (iso.org). ISO és la sigla d'International Organization for Standardization, organització en què l'Estat espanyol és representat per l'AENOR (aenor.es), Associació Espanyola de Normalització i Certificació.

3 LA NECESSITAT DE LES NORMES

Perquè el dibuix d'un objecte o un aparell que hem de construir pugui ser ben interpretat per tothom cal seguir una sèrie de normes. Les normes de dibuix donen informació des de la manera com s'han de fer els dibuixos o els símbols de representació fins als detalls més insignificants, com ara el gruix d'una línia. Evidentment, no cal que ara sàpigues totes les normes, però sí les elementals.

> Les **normes** són una sèrie de pautes que indiquen com s'han de realitzar els plànols.

Les normes són universals, i qualsevol tècnic, sigui del país que sigui, les coneix i les aplica. Aquestes normes les elaboren organismes de caràcter internacional on hi ha representats els diferents països, els quals tenen organitzacions nacionals que vetllen per actualitzar i comunicar les normes als seus tècnics.

3.1. Coneixements bàsics sobre l'acotament

Quan es representa gràficament un objecte o aparell en un plànol, cal posar-hi les mides o dimensions per poder-lo construir. La manera d'indicar les mides en els plànols és l'acotament. És una operació molt important; s'ha de posar atenció a l'hora d'acotar un objecte.

El primer dibuix representa la vista d'alçat d'un rellotge d'arena sense acotament. L'altre és la mateixa vista, però amb **acotament**. En la figura acotada, el conjunt de les línies auxiliars, les línies de cotes i les xifres de cota s'anomenen **cotes**.

> **Acotar** és posar un conjunt de línies, xifres i símbols sobre un dibuix per indicar-ne les dimensions.

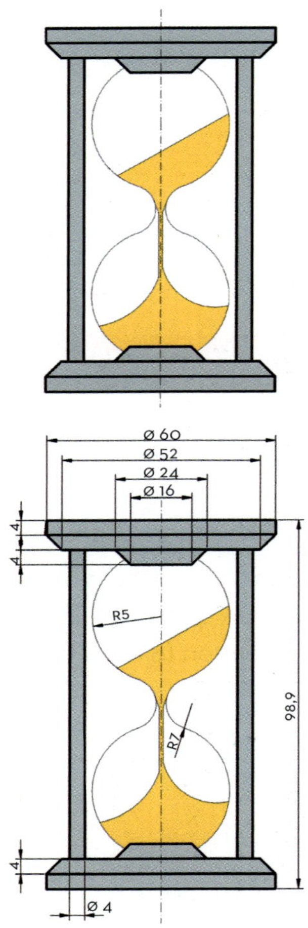

Fig. 3.39. Exemple d'acotament

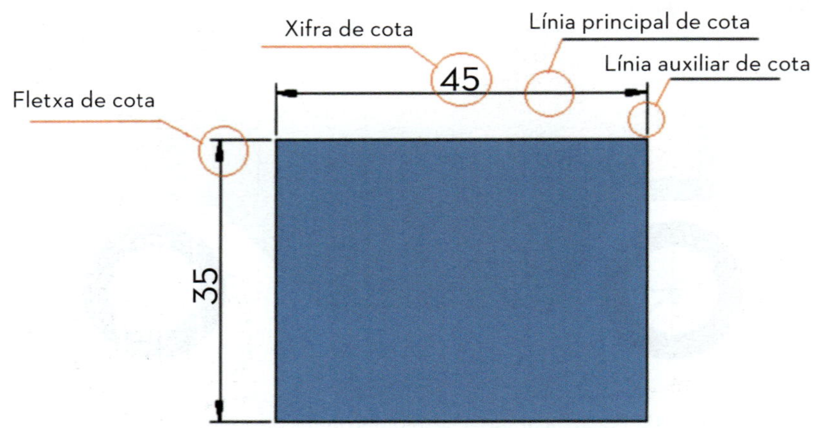

Fig. 3.40. Elements d'acotament

Normes d'acotament

Hi ha diferents normes per acotar. Aquí t'indiquem les més importants:

- Les línies de cota han de ser primes i, tant com es pugui, s'han de col·locar fora del dibuix (1).
- La línia principal de cota ha de ser paral·lela a l'aresta de la qual es dóna la longitud i n'ha d'estar separada uns 8 o 10 mil·límetres (2).
- Les fletxes de cota han de ser primes —màxim 1 mm— i no gaire llargues —uns 2 o 3 mm— (3).
- Les línies auxiliars de cota han de ser perpendiculars a l'aresta de l'objecte de la qual es vol donar la mida; han d'arribar als seus extrems i han de sobresortir uns 2 o 3 mm per damunt o pel costat de la línia principal de cota (3, 4).
- Les fletxes han d'arribar just a la línia auxiliar de cota. No s'han de quedar curtes ni sobrepassar-la (4).
- Les xifres de cota s'han d'escriure de manera clara i entenedora al mig de la línia principal de cota, o just al costat quan no càpiga al mig. No cal indicar-hi les unitats, que se sobreentenen (5).
- En l'acotament horitzontal, les xifres de cota s'han de col·locar sobre la línia principal de cota. En l'acotament vertical, al costat esquerre i de baix a dalt (6).
- En l'acotament en paral·lel, la separació de les línies principals de cota ha de ser sempre la mateixa: uns 8 o 10 mm.
- En l'acotament entre circumferències, entre arcs o entre arcs i una aresta, l'acotament s'ha d'indicar sempre des dels centres de les circumferències o arcs, mai des dels extrems (7).
- En l'acotament de circumferències o arcs, la línia principal de cota sempre s'ha de col·locar com un radi o un diàmetre dins de la circumferència, amb la xifra de cota fora, si no hi cap (8).
- En els dibuixos fets a escala de reducció o d'ampliació, el valor de la xifra de cota sempre és el real, mai el de la mida del dibuix.

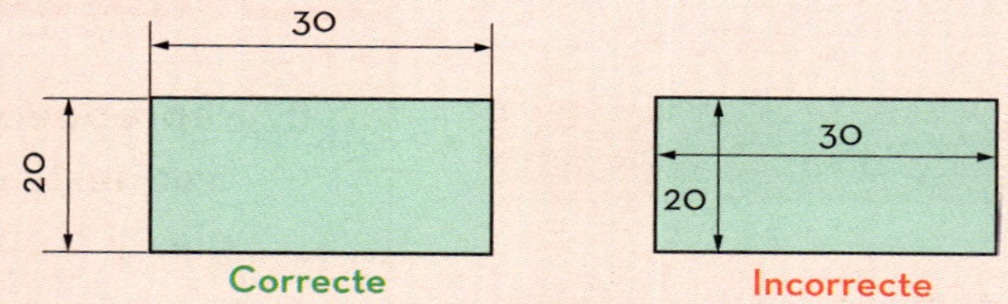

Dibuix 1

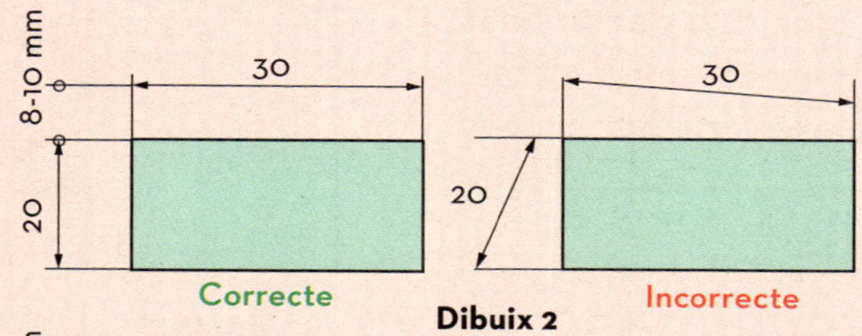

Dibuix 2

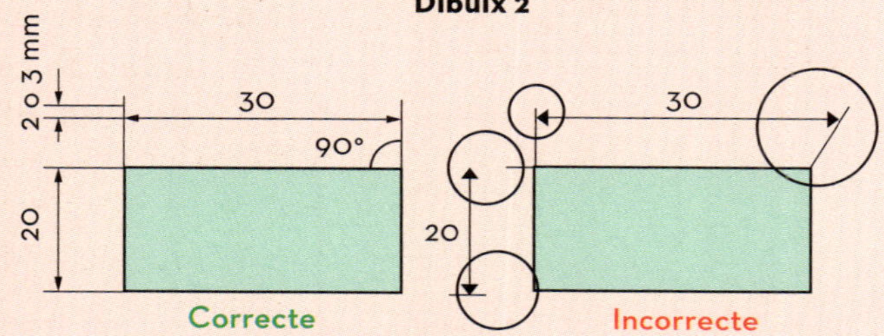

Dibuix 3

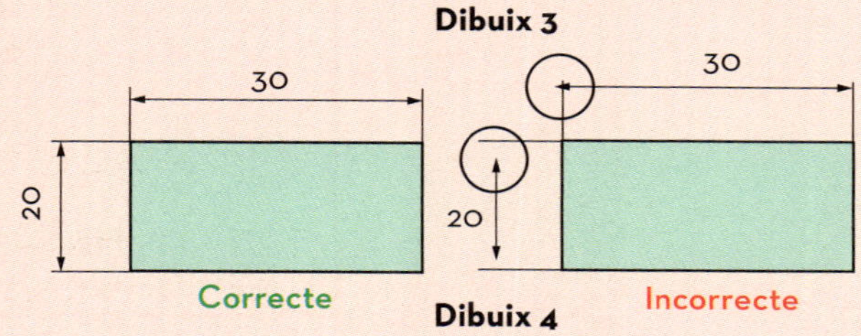

Dibuix 4

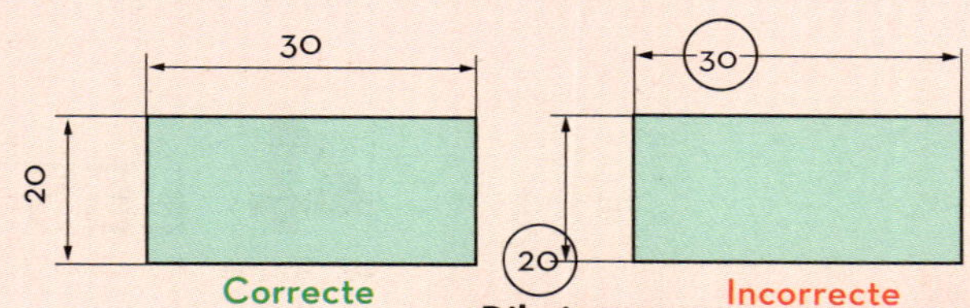

Dibuix 5

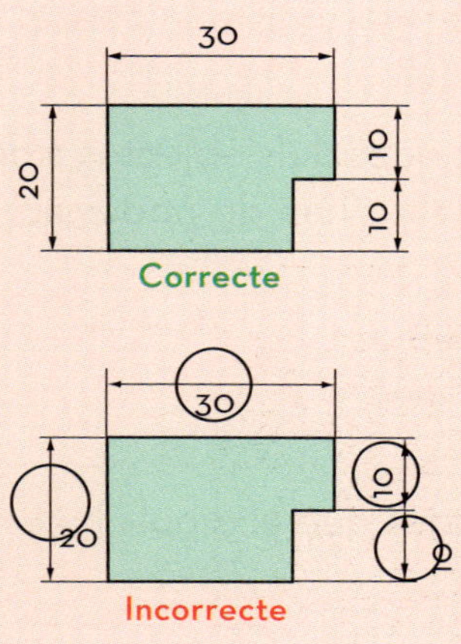

Dibuix 6

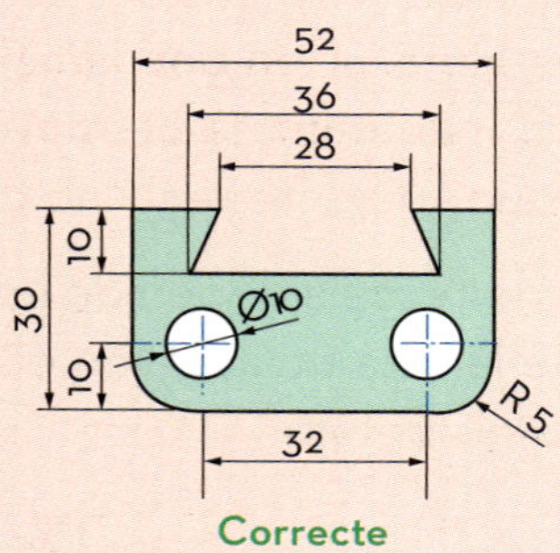

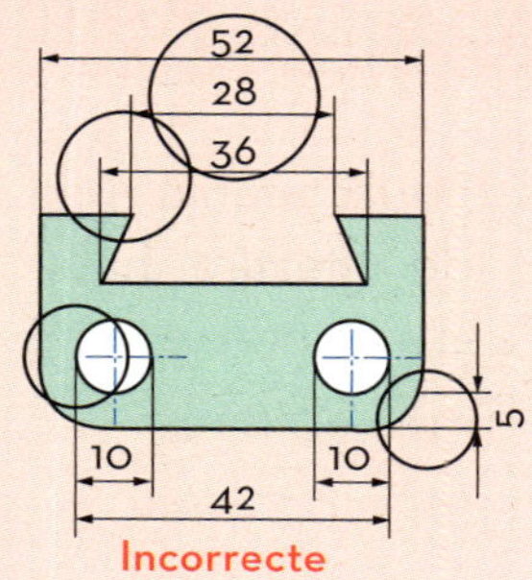

Dibuix 7

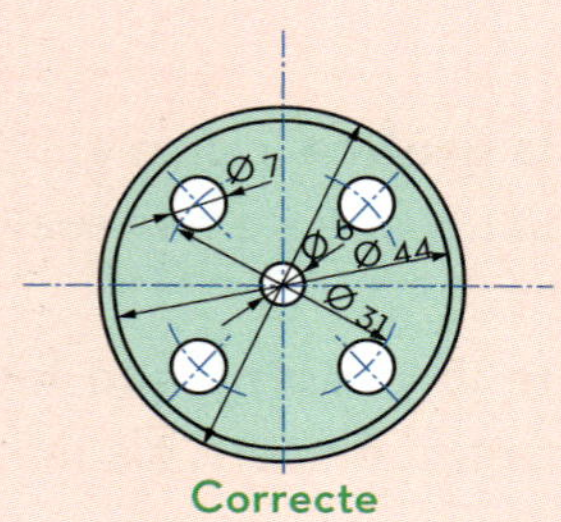

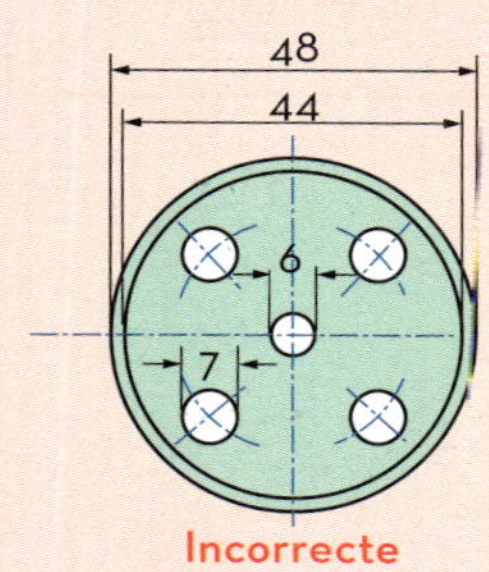

Dibuix 8

RECURS

A la web de recursos trobaràs un fitxer anomenat «acotament» per imprimir, amb exercicis per acotar.

ACTIVITATS

8. **Reprodueix amb els estris de dibuix les vistes d'alçat, planta i perfil d'aquests objectes i acota'ls amb valors reals. A l'aula de tecnologia, hi trobaràs objectes que et poden servir de referència.**

Fig. 3.41. Vistes i acotament d'objectes

9. **Amb els estris de dibuix, reprodueix les figures de sota i posa les línies de cota als objectes representats. Per determinar els valors de cota, posa uns valors de mesures adequats a la realitat.**

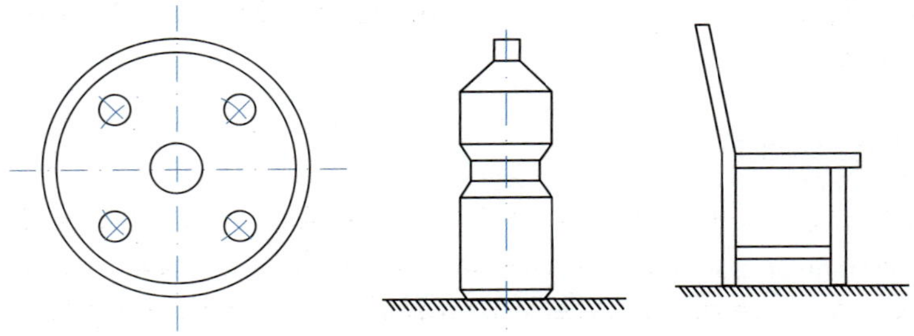

Fig. 3.42. Dibuixos d'objectes per acotar

4 LES ESCALES DE DIBUIX

De vegades, les dimensions d'un objecte són molt grans o molt petites per poder-les dibuixar en una làmina. Per poder-ho fer cal reduir o ampliar el dibuix, però mantenint la **proporcionalitat** per garantir que conservi el mateix aspecte que l'objecte real i no quedi deformat.

L'elecció de l'escala depèn de les característiques dels objectes a dibuixar i del format de làmina utilitzat; en el dibuix realitzat s'han de poder apreciar clarament tots els detalls.

$$\text{Escala} = \frac{\text{Mida dibuix}}{\text{Mida real}}$$

L'**escala gràfica** indica el nombre de vegades que el dibuix ha estat reduït o ampliat respecte a la realitat.

Has de tenir present que les escales no afecten els angles de l'objecte; els angles continuen sent els mateixos en qualsevol escala.

Hi ha tres tipus d'escala: de reducció, natural i d'ampliació.

RECORDA!

En el dibuix tècnic, una unitat de mesura habitual és el mil·límetre (mm)

1 cm = 10 mm

1 dm = 100 mm

1 m = 1000 mm

A. Escala de reducció

En l'escala de reducció, l'objecte es dibuixa més petit del que és a la realitat. És el tipus d'escala més habitual i s'aplica quan s'ha de dibuixar un edifici, una casa o qualsevol objecte de mides tan grans que no cap en un format de paper normalitzat. En l'exemple de la figura pots observar una escala de reducció, E = 1:2

E = 1/2

E = 1:2

Fig. 3.43. Escala de reducció

Aquesta escala significa que el dibuix es redueix 2 vegades respecte a la realitat o, el que és el mateix, que una unitat de longitud en el dibuix equival a 2 unitats de la realitat.

> **SABIES QUE...**
>
> Per fer una reducció cal seguir unes escales normalitzades. Les escales de reducció normalitzades més usuals són les següents:
>
> 1:2, 1:2.5, 1:5, 1:10, 1:20, 1:50, 1:100, 1:200, 1:500, 1:1000

B. Escala natural

Quan un objecte es pot dibuixar tal com és, sense necessitat d'ampliar-lo ni reduir-lo, diem que el dibuixem a escala natural. En aquesta escala, una unitat de longitud en el dibuix equival a la mateixa unitat de longitud a la realitat. L'escala natural s'indica així:

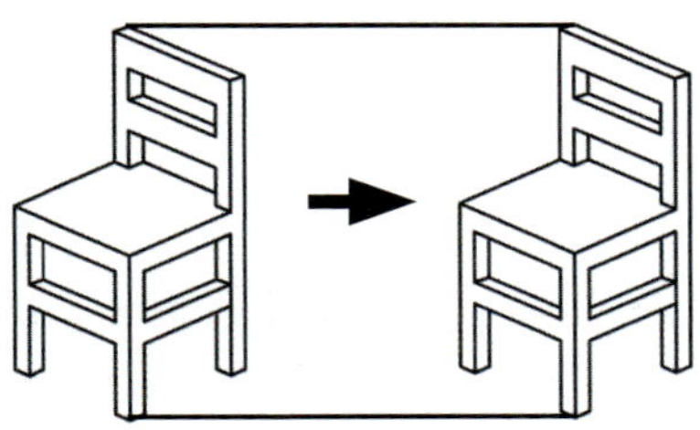

E = 1/1

E = 1:1

Fig. 3.44. Escala natural, 1:1

C. Escala d'ampliació

Quan s'ha de dibuixar un objecte molt petit per poder-ne apreciar els detalls, cal dibuixar-lo més gran del que és. En aquest cas, s'ha d'utilitzar una escala d'ampliació.

El numerador de la fracció indica el nombre de vegades que s'ha ampliat el dibuix, i el denominador, la unitat. L'escala d'ampliació s'indica així:

E = 2/1

E = 2:1

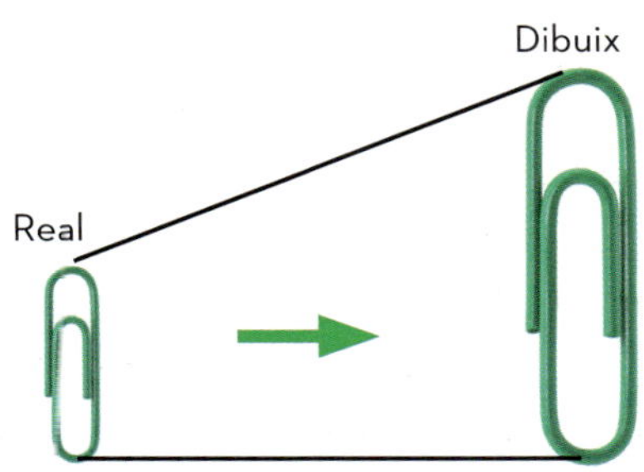

Fig. 3.45. Escala d'ampliació

> **SABIES QUE...**
>
> Algunes de les escales d'ampliació normalitzades en dibuix tècnic són les següents:
>
> 2:1, 5:1, 10:1

Fig. 3.46. Mapa a escala

ACTIVITATS

10. Completa la taula següent amb les dades que hi falten.

Tipus escala	*Escala*	*Mida real*	*Mida dibuix*
Reducció	1:50	2 500 mm	
		700 mm	70 mm
	1:1		43 mm
Natural		178 mm	
Ampliació	2:1	30 mm	
	5:1		50 mm

11. Dibuixa a escala 1:50 la vista de planta de la teva aula.

12. El pati d'un institut fa 100 m de longitud per 40 m d'amplada. Determina quines mides ha de tenir en un dibuix a escala 1:500. I a escala 1:1 000?

5 PROCÉS DE DISSENY GRÀFIC D'UN OBJECTE

Una important empresa d'equipament informàtic especialitzada en sistemes d'emmagatzematge digital t'ha demanat que li proposis un disseny per al seu nou llançament de llapis de memòria USB.

En primer lloc, els has presentat diferents esbossos dels possibles dissenys.

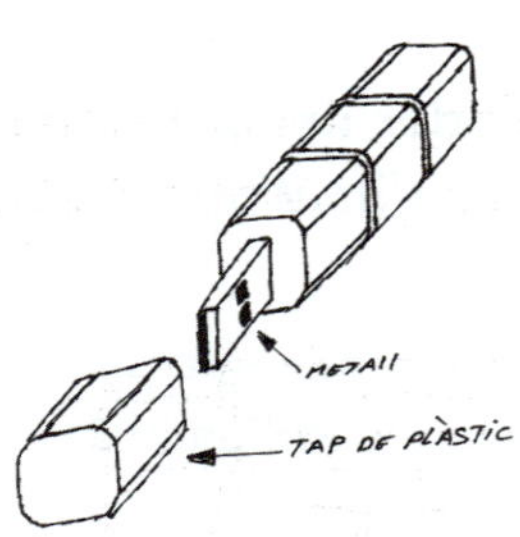

Fig. 3.47. Esbós de llapis de memòria. Proposta 1

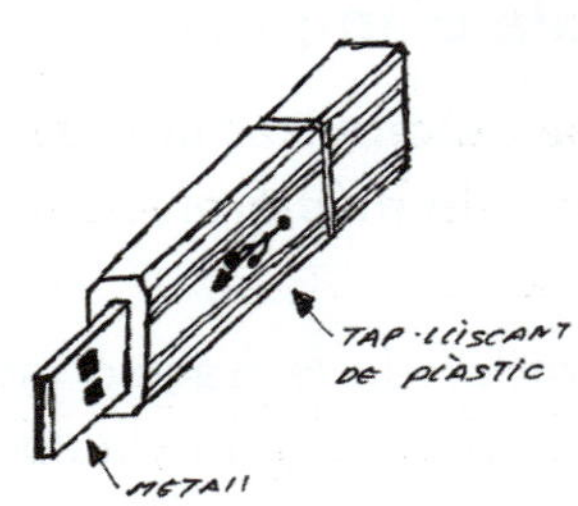

Fig. 3.48. Esbós de llapis de memòria. Proposta 2

Analitzant aspectes de funcionalitat, ergonomia i tecnològics, els responsables del producte han valorat molt positivament la proposta 2.

S'ha de procedir a preparar els croquis i plànols tècnics necessaris per enviar-los a l'empresa de fabricació del producte perquè ajustin i programin les seves màquines per aconseguir fabricar aquest model.

SABIES QUE...

En mapes i plànols cartogràfics, les escales de reducció tenen valors elevats.

Podem trobar escales de: 1:50 000, 1:100 000, etc.

A l'Institut Cartogràfic de Catalunya (icc.cat) pots trobar mapes a escala.

Per dibuixar el plànol d'un objecte, el primer que has de fer és realitzar el croquis corresponent. Per tant, t'has de fixar en la cara de l'objecte que és més important o que conté més informació de com és l'objecte.

Una vegada triada aquesta cara, que serà la vista d'**alçat**, situa't al davant, amb la vista ben perpendicular a la superfície per poder-ne determinar la forma, i dibuixa les arestes que delimiten la cara. Fixa't en la fig. 3.49.

Fig. 3.49. Vista d'alçat

Després de dibuixar l'alçat, dibuixa la vista de **planta**. Per fer-ho has de mirar la cara de damunt de l'objecte i dibuixar les arestes d'aquesta cara just a sota de l'alçat. Fixa't en la fig. 3.50.

Fig. 3.50. Vista d'alçat i vista de planta

Per acabar, dibuixaràs la vista de **perfil**, miraràs l'objecte normalment des del costat esquerre, i la cara que veus la dibuixaràs just al costat dret de l'alçat. Fixa't en la fig. 3.51.

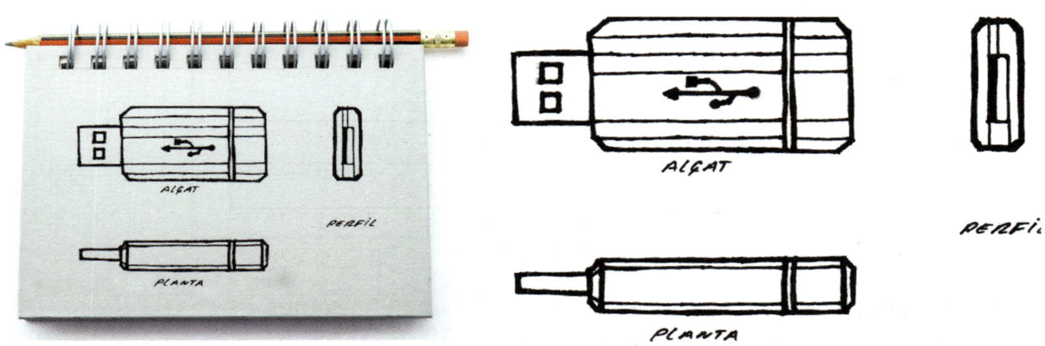

Fig. 3.51. Vistes d'alçat, planta i perfil

SABIES QUE...

Abans d'iniciar la fabricació d'un objecte o producte se'n construeix un prototip.

Actualment, s'utilitzen impressores 3D per fabricar aquests prototips i poder fer les proves necessàries abans d'iniciar-ne la fabricació en sèrie.

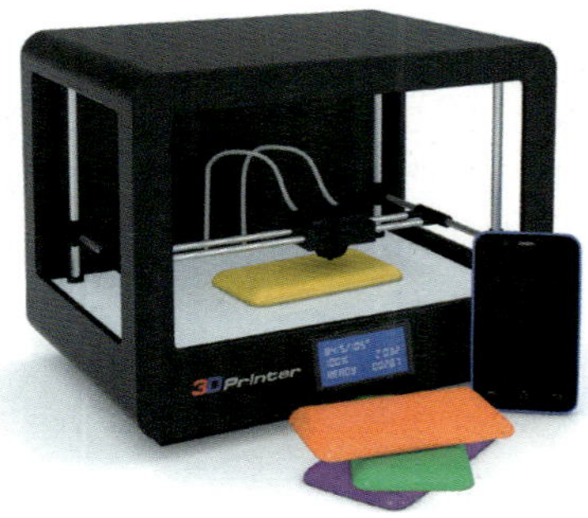

Fig. 3.52. Impressora 3D en procés de modelatge d'un objecte

RECURS CEO

A la web de recursos trobaràs un model de làmina A4 amb caixetí.

Ja tens les tres vistes dibuixades i alineades; ara només et falta posar les línies auxiliars, línies de cota i el valor de les mides, és a dir, la **cota**, en aquest cas en mil·límetres. Fixa't en la fig. 3.53.

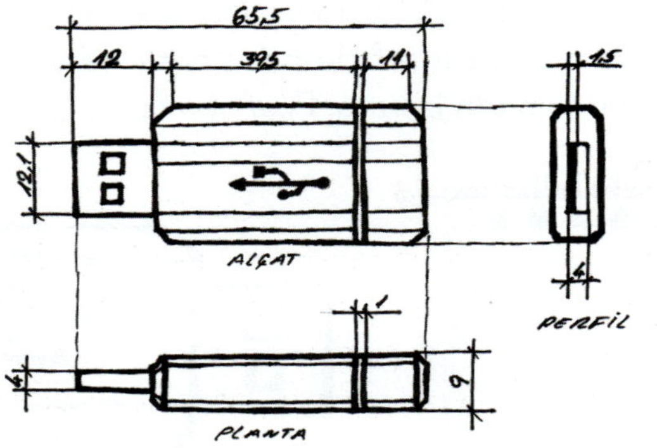

Fig. 3.53. Croquis del llapis de memòria

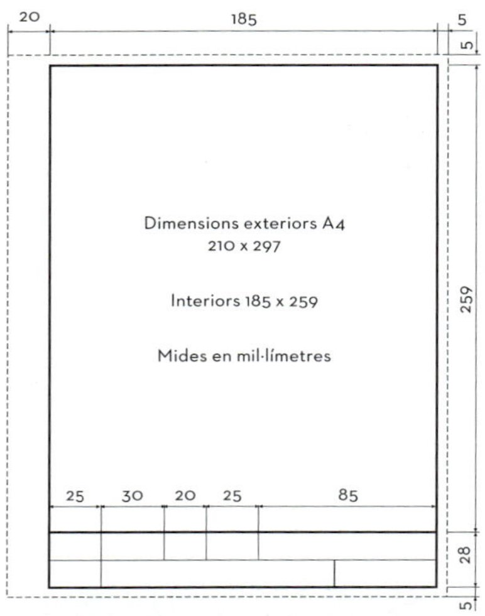

Fig. 3.54. Dimensions d'un full normalitzat A4 amb caixetí

Una vegada acabat el croquis, ja pots realitzar el **plànol** en una làmina A4 amb caixetí.

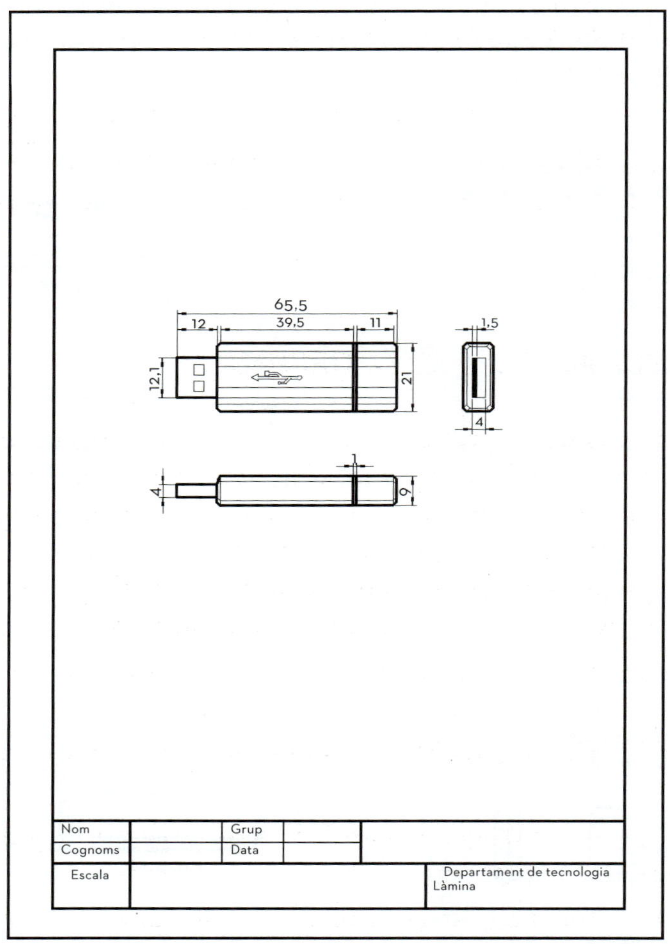

Fig. 3.55. Plànol del llapis de memòria USB

Fig. 3.56. Llapis de memòria USB acabat

Amb aquesta documentació, l'empresa que ha de fabricar el producte té prou informació per fer l'especejament i iniciar el procés de fabricació.

POSA'T A PROVA!

1. DISSENYA

A casa teva les eines estan molt desendreçades, i t'han encarregat que busquis una solució a aquest problema. El teu oncle, que és fuster, et podria ajudar a construir una caixa d'eines, però et demana que li preparis el disseny de com vols que sigui aquesta caixa.

La caixa ha de complir un seguit de requeriments:

- El material utilitzat ha de ser fusta.
- Ha de tenir una tapa que s'uneixi a la caixa amb frontisses.
- Ha de disposar d'una nansa per poder-la agafar i transportar.
- S'ha de tenir en compte que l'eina més gran és una serra d'arc, com la que tens a l'aula de tecnologia.

Fig. 3.57. Model de caixa d'eines amb fusta

Perquè el teu oncle la pugui construir, has de ser capaç de fer-li:

a) Un croquis acotat amb les vistes d'alçat, planta i perfil de la caixa d'eines.

b) Un croquis acotat de totes les peces de fusta necessàries per construir la caixa.

2. PROPOSA UNA IDEA ORIGINAL

Els teus pares treballen en una empresa de perfums. El seu departament ha estat treballant en la preparació d'un nou perfum per a la nova temporada. Han descobert unes aromes provinents d'una flor que creix en una zona de l'Amazònia. La propera setmana tindran una reunió al seu departament per tal de realitzar una pluja d'idees i trobar el disseny més original per contenir el perfum.

Què et semblaria poder fer alguns esbossos d'una ampolla per ajudar als teus pares en la seva feina?

Aquests esbossos han de reunir un conjunt de característiques:

- Ha de ser d'unes dimensions adequades. El contingut de perfum és de 50 ml.
- El material de l'ampolla ha de ser de vidre de color.
- L'ampolla i el tap han de tenir una forma original.

Fig. 3.58. Mostres d'ampolles de perfum

ACTIVITATS FINALS

1. **Fes un esbós que inclogui les idees bàsiques per construir una bústia de correu per a una casa que tingui el plàstic com a material bàsic.**

2. **Dibuixa l'esbós de dos objectes per als quals fos suficient representar-ne dues vistes.**

3. **Representa les formes geomètriques següents en una làmina de dibuix, seguint les instruccions:**
   a) Un triangle que tingui els costats de 30, 45 i 65 mm.
   b) Un quadrat de 40 mm de costat.
   c) Un rectangle de 30 i 60 mm.
   d) Un hexàgon de 30 mm de costat.

4. **Dibuixa l'alçat d'un objecte en què es representi l'acotament d'una aresta vertical, d'una circumferència, i d'una aresta obliqua.**

5. **Utilitza només l'escaire i el cartabó per reproduir els dibuixos següents. La distància entre línies és de 10 mm.**

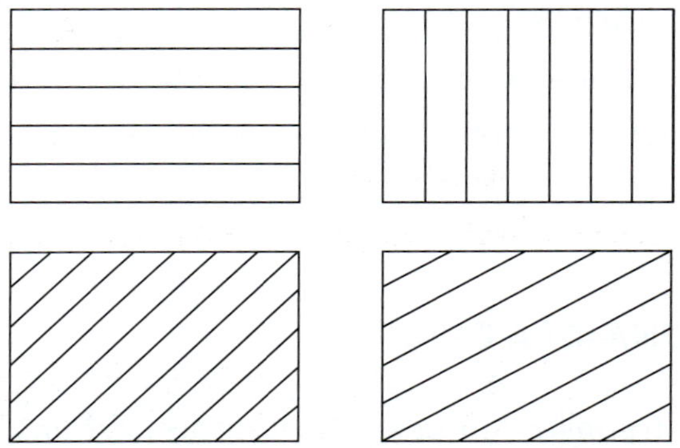

Fig. 3.59. Exercici amb escaire i cartabó

6. **Reprodueix les circumferències següents. Prèviament, amb un llapis dur (2H), fes la graella amb una separació de 10 mm entre línies.**

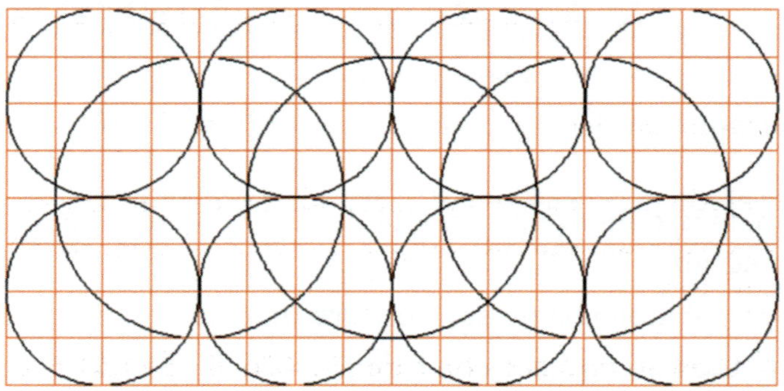

Fig. 3.60. Exercici de circumferències

7. **Traça els triangles següents coneixent només un costat i dos angles.**
   a) Un costat de 60 mm i dos angles de 45°.
   b) Un costat de 75 mm i dos angles de 60°.

8. **En un plànol a escala 1/20 hi ha representada una peça de la qual no s'indica la longitud real. Mesurant la longitud de la peça sobre el dibuix, resulta que fa 85 mm. Quina longitud real té la peça?**

9. **Reprodueix a escala natural aquest objecte, que està acotat en mil·límetres.**

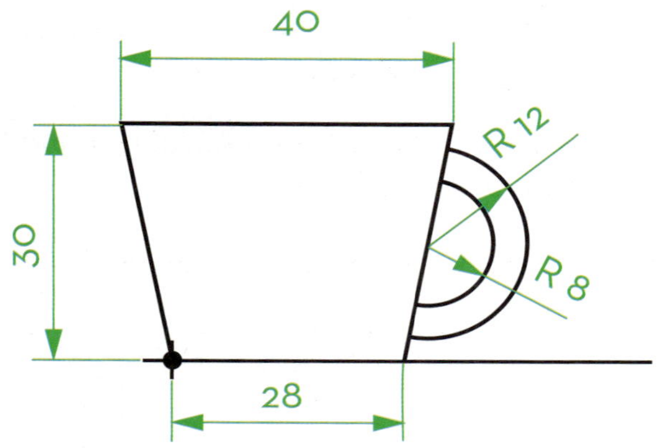

Fig. 3.61. Objecte acotat

10. **Dibuixa a escala natural el tub d'adhesiu i acota'l amb els valors mesurats de la figura.**

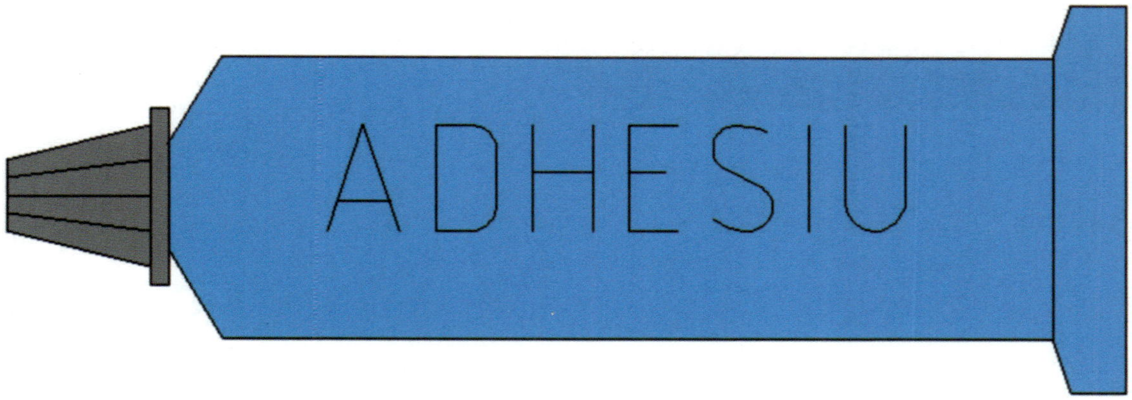

Fig. 3.62. Objecte per acotar

11. **Ara, amb l'ajuda de l'escaire i el cartabó, dibuixa els angles: 75°,105°,120°,135°, 150°. Tingues en compte que aquests angles els pots obtenir sumant els diferents angles de l'escaire i el cartabó.**

12. **La distància que separa casa teva de l'institut és de 1,5 km en línia recta. Mesurant un mapa de la teva ciutat, aquesta distància és de 75 mm. Quina seria l'escala en què s'ha realitzat aquest mapa?**

4 MATERIALS D'ÚS TÈCNIC: PAPERS I FUSTES

Objectius

- ✓ Reconèixer la gran varietat de materials que existeix com una necessitat de la tecnologia.
- ✓ Identificar quines són les propietats d'un material que el fan útil per a una determinada aplicació.
- ✓ Descriure com afecta el medi ambient l'obtenció, l'ús i el reciclatge de papers i fustes.

QUÈ EN SAPS?

El paper és per a tu un material que utilitzes habitualment des de fa molt de temps. Segur que has manipulat molts tipus. Potser en alguna ocasió t'han explicat com es fabrica o, fins i tot, potser has fet algun taller de fabricació artesanal.

Podries explicar com es fabrica el paper? Sabries dir més de deu usos o aplicacions diferents on s'utilitzi? Quan has de fer alguna cosa que necessita paper, en què et fixes a l'hora de triar el tipus que utilitzaràs?

Diries que el cartró és un derivat del paper o de la fusta? Quants tipus de cartró coneixes?

Pots identificar el material principal que s'ha utilitzat en la construcció que apareix a la fotografia? Les fustes no només s'utilitzen en l'àmbit del mobiliari. La construcció és un altre àmbit d'aplicació d'aquests materials.

Segurament que a l'aula de tecnologia faràs servir fustes, i pensaràs que és un material natural. Però tota la fusta que hi ha avui dia és «natural»?

«Com que les fustes i els papers provenen de recursos naturals, la seva obtenció, el seu ús i el seu reciclatge no afecten negativament el medi natural». Què opines tu d'aquesta afirmació?

Sumari

1 ELS MATERIALS: UNA NECESSITAT DE LA TECNOLOGIA

Sabries dir què tenen en comú els objectes de la fig. 4.1 i quines són les seves diferències?

Fig. 4.1. Recipients

Segur que ho has encertat. Tenen en comú que tots són útils per contenir líquids. Les diferències són: la forma, la capacitat, l'època en què s'han utilitzat, el tipus de producció (artesanal o industrial), els **materials** amb què han estat fets...

Efectivament, aquests recipients estan fets de diferents materials: plàstic, fusta, acer o ceràmica. També pots dir que recorden diferents **èpoques** històriques: n'hi ha que són més antics i altres de més actuals. Recordes quins eren els materials que utilitzava la humanitat a la prehistòria? Doncs roques, fustes, ossos, pells d'animals i poca cosa més. Actualment, la nostra societat coneix i utilitza molts tipus diferents de materials: metalls, plàstics, fustes, ceràmiques, fibres...

Fig. 4.2. Trípode de fibra de carboni

La fibra de carboni, per exemple, és un material relativament nou que es comença a utilitzar a finals del segle XX. El trípode de la fig. 4.2 serveix de suport a càmeres fotogràfiques o de vídeo i està fet amb fibra de carboni. Aquest material és molt *lleuger*, *rígid* i *resistent;* propietats que el fan molt **útil** per fabricar trípodes.

El progrés de la **tècnica** i els descobriments **científics** han permès l'ús d'una varietat cada cop més gran de materials. La tecnologia necessita disposar de materials amb propietats molt variades per poder construir objectes cada cop més perfeccionats.

SABIES QUE...

Rigidesa

Un material és **rígid** quan costa molt deformar-lo.

La paella de la fig. 4.3 utilitza diferents materials: metall per al cos i plàstic per al mànec. Creus que podríem intercanviar els materials? Què passaria si féssim el cos de plàstic i el mànec d'alumini? I si utilitzéssim altres materials com ara la fusta? Quina part de la paella podríem fer amb fusta? Per què? Les respostes a totes aquestes preguntes ens indiquen que cada material serveix per a unes **aplicacions** i no per a unes altres. La utilitat d'un material, doncs, està relacionada amb les seves **propietats**.

Fig. 4.3. Paella amb el recipient de metall i el mànec de plàstic rígid

Les **propietats** d'un material ens indiquen com es comporta i ens permeten distingir-lo d'un altre material.

Les **aplicacions** d'un material són tots els objectes, productes o usos per als quals són útils.

1.1. Els materials i el procés tecnològic

Recorda que a la fase de **projecte** del procés tecnològic és quan es fa el **disseny** de la solució que ha de satisfer la necessitat. És precisament durant el disseny quan cal prendre una de les decisions més importants: **quins materials utilitzarem**?

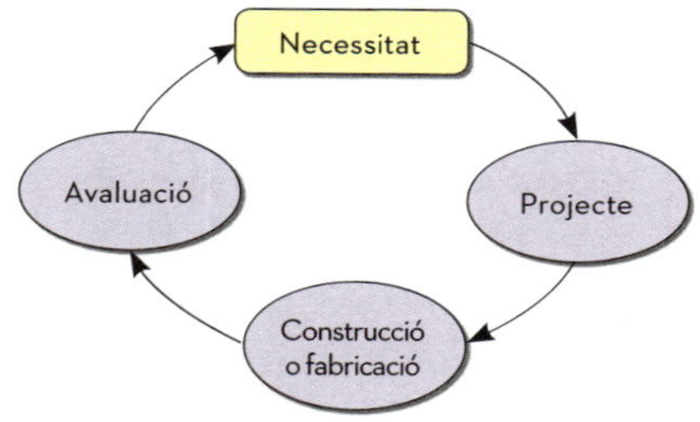

Fig. 4.4. Cicle del procés tecnològic

> Per **triar els materials** tindrem en compte les seves propietats: procurarem triar aquells que serveixin millor per al que volem aconseguir.

Tot i que avui dia coneixem i utilitzem molts materials diferents, tots els **obtenim** del mateix lloc: de la natura. Algun d'aquests, com ara la fusta, necessiten pocs canvis perquè els puguem utilitzar. D'altres, com ara els metalls, han de passar per un complex procés de **transformació** abans de poder-los utilitzar. Podem dir, per exemple, que la fusta és un material *natural* i que l'alumini és un material *transformat*.

Segueix l'exemple de les imatges de la fig. 4.6: del **medi natural** (les mines) *obtenim* les **matèries primeres** (els minerals). Aquestes les *transformem* en **materials** (metall) amb els quals podrem *fabricar* els **objectes** (llantes de rodes).

a b c d

Fig. 4.6. *a)* De les mines extraiem els minerals, *b)* Mineral obtingut d'una mina, *c)* El mineral es transforma en metall, *d)* Amb el metall es fabriquen, per exemple, llantes de rodes.

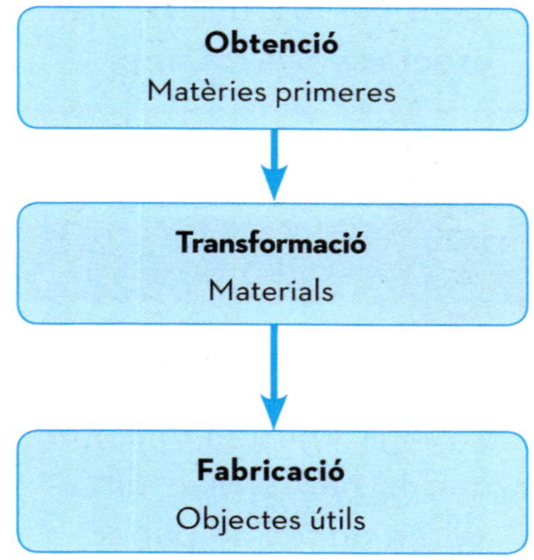

Fig. 4.5. Obtenció i utilització dels materials

ACTIVITATS

1. **Quins materials coneixes? Fes una llista de cinc materials que coneguis i, per a cadascun d'aquests, posa un exemple d'algun objecte que l'utilitzi.**
2. **Avui dia disposem de molts materials diferents, explica per què creus que ens ha estat possible anar descobrint i utilitzant cada cop més materials al llarg de la nostra història.**
3. **Classifica els conceptes següents: duresa, trípode, alumini, llanta, rígid, fusta, pell, roca, fibra de carboni en diferents categories segons siguin una *aplicació*, un *material* o una *propietat*.**
4. **Si et proposem que inventis i construeixis un llum per a una tauleta de nit, en quina fase del procés tecnològic triaràs els materials que utilitzaràs? Què et farà decidir entre un o un altre material?**
5. **Quin diries que és l'origen de tots els materials? Els podem utilitzar tal qual els obtenim d'aquest origen? Justifica les teves respostes.**

RECORDA!

No és fàcil mesurar el **gruix d'un sol full** de paper. Per fer-ho més fàcil, utilitza un bon grapat de fulls (per exemple 10) i mesura amb el peu de rei el gruix d'aquest grapat. Divideix la lectura de peu de rei per la quantitat de fulls que has mesurat i obtindràs el gruix d'un sol full.

Com més fulls utilitzis, més exacta serà la mesura.

SABIES QUE...

Contrast és la facilitat per distingir entre el fons i el que hi ha escrit o dibuixat en un full de paper.

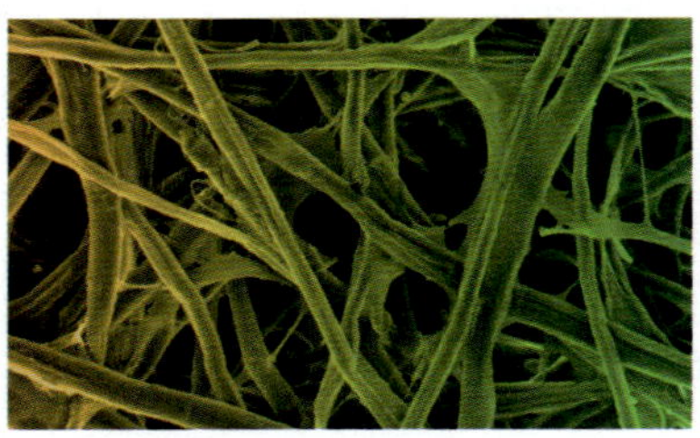

Fig. 4.8. Fibres de cel·lulosa d'un paper vistes amb 140 augments

SABIES QUE...

La textura es refereix a la sensació que pots notar quan toques una superfície. Així doncs, pots parlar de textura rugosa, llisa, aspra...

2 DIFERENTS TIPUS DE PAPERS I FUSTES

En aquesta unitat estudiaràs dos dels materials més bàsics: els papers i les fustes. Començaràs analitzant algunes aplicacions dels papers i dels cartrons.

2.1. Papers i cartrons

Mentre llegeixes aquest text estàs envoltat de papers de diferents tipus. El llibre que ara tens a les mans n'és un exemple. També tindràs a prop fulls blancs i alguna llibreta. Els cartrons també et són familiars; si t'hi fixes, segur que en trobaràs arreu.

Analitza un full blanc de mida A4.

Fig. 4.7. Fulls blancs per escriure o imprimir de mida A4

Dimensions. Els valors obtinguts haurien de ser els següents:

Amplada	*Llargària*	*Gruix*
210 mm	297 mm	0,1 mm

Taula 4.1. Dimensions d'un full A4

Quines característiques ha de tenir el paper perquè serveixi per escriure?

Color. Normalment, s'utilitza el blanc, tot i que també podem trobar fulls de colors molt variats. També trobaràs diferències entre els fulls blancs, ja que no tots tenen el mateix nivell de blancor. Compara diferents fulls blancs i apreciaràs aquesta diferència. El color blanc és el que ofereix millor **contrast** a l'hora d'escriure i el que permet la utilització de tota mena de colors a l'hora d'escriure o de dibuixar.

Transparència. Si poses el paper a contrallum, davant una finestra o una làmpada, veuràs que deixa passar una mica de llum. Si compares diversos tipus de paper, podràs apreciar que tenen diferents graus de transparència. Posant el paper a contrallum, també podràs veure que hi ha zones més clares i unes altres de més fosques. Això vol dir que aquest material no és *homogeni*, les zones més clares són les que contenen menys *fibres*. Per poder utilitzar un full per les dues cares és millor que no tingui gaire transparència.

Textura. És convenient que el paper tingui una mica de rugositat per facilitar que la mina del llapis hi deixi marca o que la punta del bolígraf pugui rodar i dipositar-hi la tinta. Llapis i bolígrafs no funcionen bé en papers molt llisos.

Porositat. És la capacitat per absorbir líquids. Aquesta característica és important si volem utilitzar bolígrafs o retoladors amb tinta líquida. Si no té gens de porositat, la tinta no es fixarà damunt el paper. Però si té massa porositat, la tinta s'escamparà i no podrem fer un traç fi. La marca quedarà en forma de taca.

Analitza un objecte de cartró, com podria ser l'embalatge de la fig. 4.9.

Fig. 4.9. Embalatge amb cartró ondulat

Gruix. 2,7 mm, per exemple. El cartró utilitzat per a embalatges pot tenir diferents gruixos, segons les capes utilitzades per fabricar-lo. Com més gruixut, més *rígid* i *resistent*.

Resistència. És necessària per suportar el pes dels objectes que ha de contenir i per protegir-los de cops, de brutícia, etc.

Lleugeresa. Els embalatges no han de tenir gaire pes perquè així es facilita el transport. Les ondulacions de les capes interiors li donen *resistència* i *rigidesa* al cartró sense afegir-hi gaire pes.

Fig. 4.10. Detall del cartró ondulat de diferents gruixos

Tipus de papers i cartrons

Hi ha infinitat de papers i cartrons diferents, cadascun d'aquests amb les seves característiques o *propietats* que el fan útil per a diverses aplicacions. No te'ls podem explicar tots, així que només et parlarem d'alguns dels més utilitzats.

Paper per escriure i imprimir: normalment blanc, s'utilitza en escoles i oficines.

Paper kraft: normalment de color marró, més *gruixut* i *resistent*, s'utilitza per a bosses i embalatges.

SABIES QUE...

Lleugeresa

És la propietat que tenen els materials lleugers. Un material és **lleuger** quan pesa poc si es compara amb el volum que ocupa.

Fig. 4.11. Rotlles de paper tissú

Paper tissú: molt *fi, suau, porós i absorbent*, s'utilitza per a neteja i higiene.

Paper de filtre: molt *porós*, s'utilitza en laboratoris, per a bosses d'infusions o com a filtre d'aire en motors i aspiradores.

Fig. 4.12. Bossa de paper kraft

Cartolina: més gruixuda i resistent que el paper, amb un gramatge superior als 200 g/m^2, s'utilitza per a targetes o altres productes que hagin de durar.

Cartró ondulat: *gruixut*, *resistent* i *lleuger*, s'utilitza en tota mena d'embalatges.

Cartonet: *prim* i *resistent*, s'utilitza en embalatges petits.

Cartró ploma: format per dues capes exteriors de paper separades per una capa interior d'escuma de poliuretà, *rígid* i *tou* (fàcil de tallar amb cúter), s'utilitza per fer maquetes.

Fig. 4.13. Embalatge de cartonet

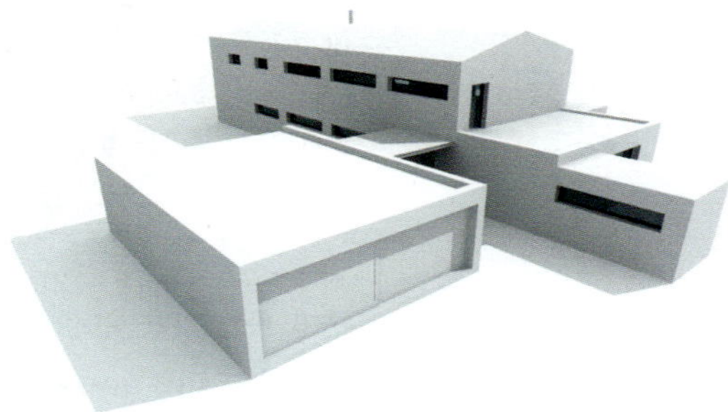

Fig. 4.14. Maqueta realitzada amb cartró ploma blanc

ACTIVITATS

6. **Quan mires un paper a contrallum, observes que hi ha zones més clares i altres de més fosques. Com explicaries aquest fenomen?**

7. **Has intentat algun cop pintar amb aquarel·les damunt d'un full de paper normal com els que s'utilitzen per escriure? Quines característiques creus que hauria de tenir un paper perquè sigui útil per pintar amb aquarel·la?**

Fig. 4.15. Quadern d'aquarel·la

8. **Quin tipus de paper o cartró creus que s'ha utilitzat en cadascuna de les aplicacions de la fig. 4.16?**

Fig. 4.16.

2.2. Fustes

La fusta és un material que es coneix fa molt de temps i que té moltes aplicacions. Et proposem fer l'anàlisi d'un objecte fabricat amb aquest material: la guitarra clàssica.

Aquest instrument està fabricat majoritàriament amb fusta, tot i que també inclou alguns elements metàl·lics com les clavilles d'afinació, els trasts i algunes cordes. Els torns i algunes cordes també poden ser de plàstic.

Fig. 4.17. Guitarra clàssica

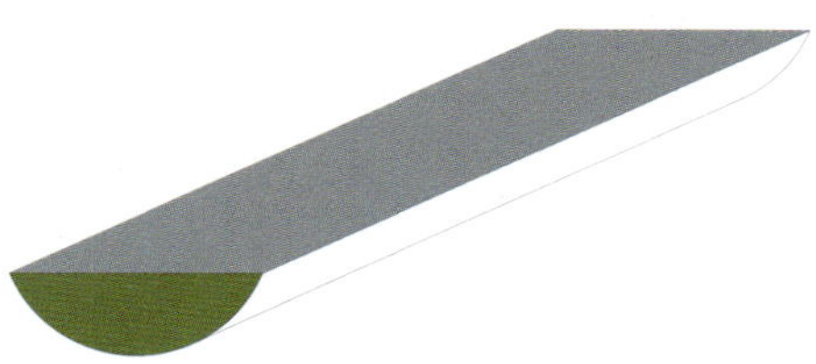

Fig. 4.18. Peça llarga amb secció de mitja canya

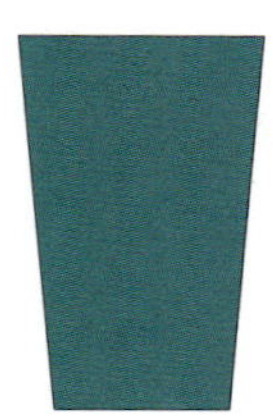

Fig. 4.19. Trapezi

Fig. 4.20. Detall del claviller amb els seus mecanismes, els torns i les cordes

Tipus de fustes

Totes les fustes utilitzades en la construcció de la guitarra que acabes d'analitzar són **naturals**. Si observes algun moble que tinguis a prop (potser la taula que estàs utilitzant en aquests moments), veuràs que el material és força diferent del de la guitarra. Segurament, la taula estarà feta amb fusta **transformada**.

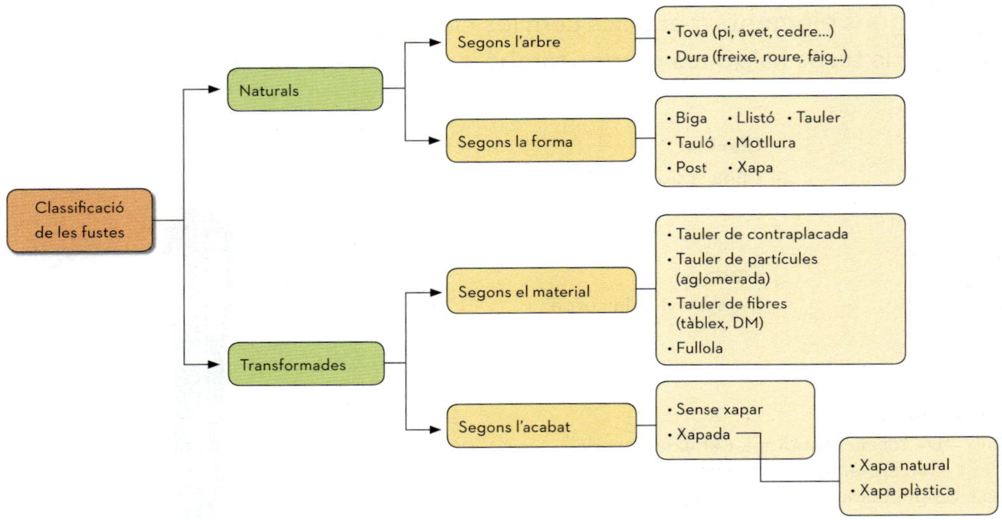

Fig. 4.21. Esquema de classificació dels tipus de fustes

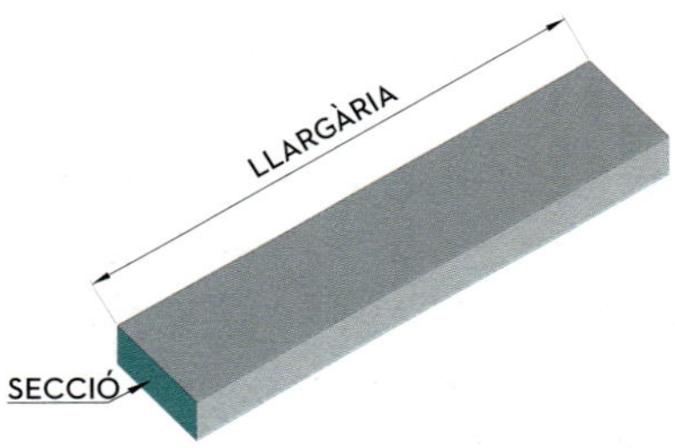

Fig. 4.22. Peça allargada de secció rectangular

Les fustes *naturals* són aquelles que, un cop obtingudes dels arbres, només han estat serrades i assecades. Les fustes *transformades*, en canvi, han tingut un procés de transformació més complex.

A l'anàlisi de la guitarra t'hem explicat els diferents tipus de fustes utilitzats. Aquests tipus de fustes tenen els noms dels arbres dels quals s'han obtingut. Per tant, els **tipus d'arbre** és una de les maneres de classificar les fustes naturals.

Hi ha una altra manera de classificar les fustes naturals i que es basa en la **forma** que se'ls ha donat en tallar-la. Normalment, són peces allargades que es distingeixen per la forma de la seva **secció**. Entre les més gruixudes trobaràs la *biga*, el *tauló* i la *post*. Les fustes més primes són el *llistó* i la *motllura*. El *tauler* és prim i molt ample.

SABIES QUE...

Llistons i motllures

Els **llistons** tenen una secció amb una forma geomètrica senzilla, com ara un quadrat o un rectangle. Les **motllures**, en canvi, tenen una secció amb una forma complexa.

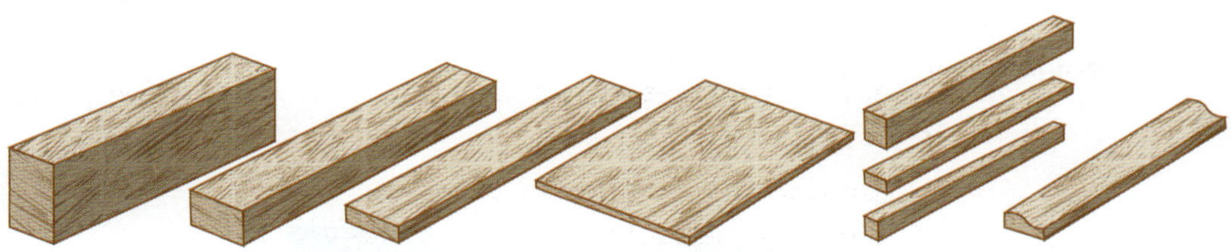

Fig. 4.23. Classificació de la fusta natural segons la forma comercial

Les fustes transformades acostumen a tenir forma de **tauler**. Les més comunes són la *contraplacada*, la de *partícules* (que també s'anomena *aglomerada*) i la de fibres, que pot ser *tàblex* o *DM*.

Fig. 4.24. Tauler de fusta contraplacada. Molt resistent, utilitzada en construcció i mobles.

Fig. 4.25. Tauler de partícules (fusta aglomerada). Molt econòmica, té moltes aplicacions. Es pot utilitzar per a mobles si li posem una xapa decorativa a les cares exteriors.

Fig. 4.26. Textura típica de la part del darrere dels taulers de fibres o tàblex. Molt econòmica i dura però poc resistent. La trobem en fons d'armaris i de calaixos.

Fig. 4.27. Textura típica del tauler de fibres (DM). De millor qualitat que l'aglomerada, també s'utilitza en construcció i per fer mobles.

Fig. 4.28. Els taulers de fusta artificial poden tenir xapes a les cares exteriors que li donen diferents aspectes, com pot ser el de fusta natural o altres de colors llisos. Aquestes xapes, molt primes, poden ser de fusta natural o bé de plàstic.

ACTIVITATS

9. Seguint l'exemple de la guitarra clàssica (fig. 4.17), analitza l'objecte de la fotografia. L'anàlisi ha de tenir un croquis i donar resposta a preguntes com ara: quina utilitat té? Quines parts té i com s'anomenen? Quines formes tenen aquestes parts? Quina funció té cada part? De quins materials està fet? (si es tracta de fusta, digues el tipus de fusta utilitzada) Quines són les seves dimensions? (si pots mesurar un *skateboard* real).

Fig. 4.29. *Skateboard*

10. Identifica els «materials impossibles» entre les denominacions següents i justifica les teves respostes:

a) Un tauler d'aglomerada amb xapa natural
b) Una biga de tàblex
c) Una motllura de roure
d) Un DM de pi

11. Visitant un magatzem de materials de construcció i ferreteria, et trobes amb un cartell que diu «Bigues, taulons i posts». Com distingiries cadascun dels productes que hi ha en aquesta secció?

3 PROPIETATS I APLICACIONS DE PAPERS I FUSTES

Com que hi ha tants tipus diferents de papers i de fustes és difícil dir quines són les seves propietats, ja que poden variar molt segons el tipus de material. De tota manera, ara t'exposarem algunes de les propietats més comunes que es poden trobar en aquests materials.

SABIES QUE...

La **densitat** d'un material és la relació que hi ha entre la seva *massa* i el *volum* que ocupa. S'expressa en kg/m^3.

Col·loquialment diem que un material «pesa molt» quan és molt **dens** i que «pesa poc» quan és poc **dens**.

3.1. Propietats i aplicacions de papers i cartrons

Fig. 4.30. Paquet de 500 fulls A4 de 80 g/m^2

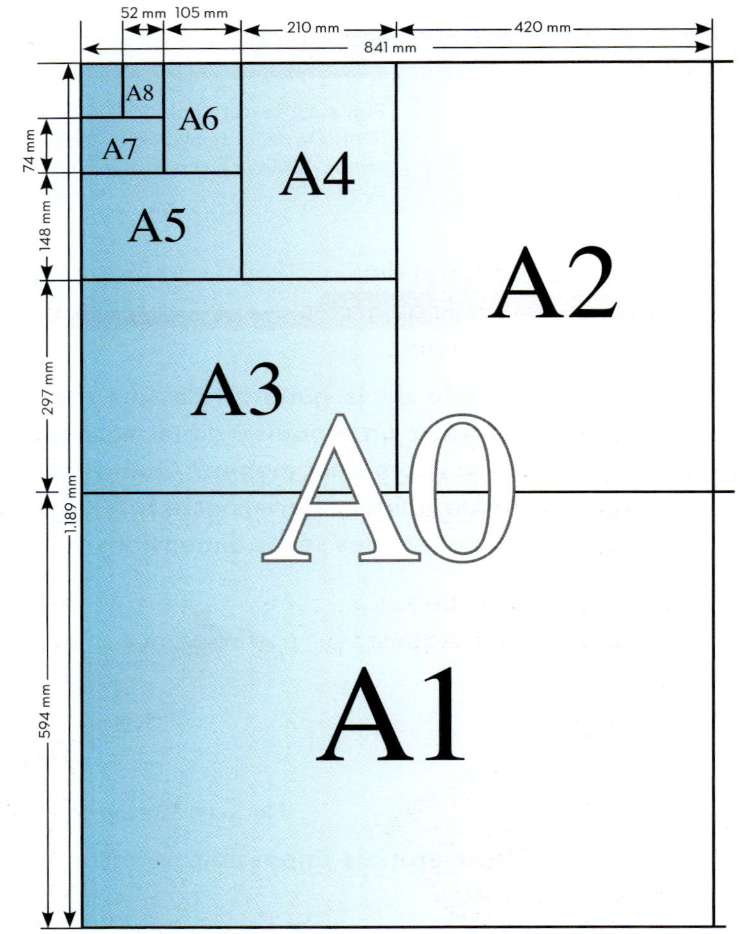

Fig. 4.31. Esquema dels diferents formats normalitzats de paper de la sèrie A

SABIES QUE...

Gramatge

El **gramatge** és una mesura que ens indica la massa que tindria un full que fes 1 m^2 de superfície.

El gramatge utilitza les **unitats**:

g/m^2

Gramatge. En els productes de papereria, no acostuma a utilitzar-se la **densitat**. S'utilitza una altra magnitud, que relaciona la *massa* amb la *superfície* del paper. Així, doncs, podràs observar que els paquets de fulls per a escriptura indiquen, per exemple, «80 g/m^2» o bé, els de paper fotogràfic, «260 g/m^2». Aquesta mesura es coneix com el **gramatge** del paper. Normalment, com més gran és el gramatge d'un paper, trobaràs que és més **gruixut** i **rígid**.

Dimensions. Quan compres fulls de paper, pots observar que es venen amb unes dimensions concretes i no pas amb unes altres. Tots els fabricants fan els fulls amb uns **formats normalitzats**.

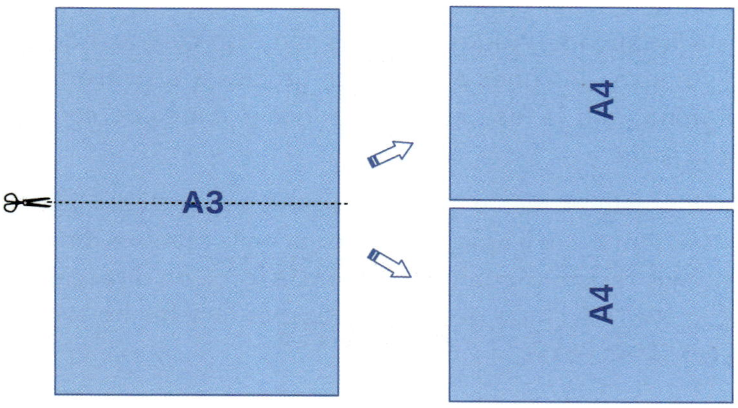

Fig. 4.32. Els fulls A4 tenen una llargària igual a l'amplada de l'A3. Dos fulls A4 units pels seus costats més llargs formen un A3.

RECORDA!

El format més gran és l'**A0**. Els formats següents mesuren justament la meitat de l'anterior i conserven una de les seves dimensions. El format de paper d'oficina més habitual és l'**A4**, amb unes dimensions de 297 mm de llarg i 210 mm d'ample.

EXPERIMENTA!

Mesura els fulls del teu quadern i digues si tenen un **format normalitzat** de la sèrie A. En cas afirmatiu, de quin format són? Fes el mateix amb altres fulls que tinguis a mà (llibre, agenda, dossier...).

Porositat. Si mires pel microscopi un full de paper, hi observaràs **fibres** de cel·lulosa entrecreuades entre si sense cap ordre fix. Com més llargues siguin les fibres, més **resistent** és el paper. Com menys atapeïdes estiguin aquestes fibres, més **porós** serà.

Fig. 4.33. Imatge de paper vist al microscopi

El paper porós té la capacitat de deixar passar els gasos, com l'aire, i els líquids, com l'aigua, però reté els sòlids. Aquesta propietat fa útil el paper per fabricar filtres de tota mena.

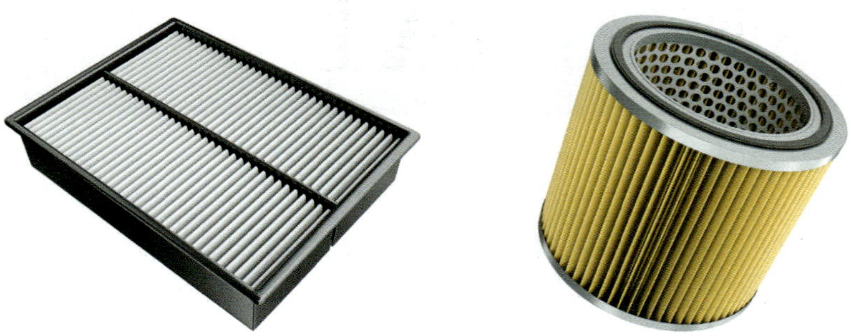

Fig. 4.34. Filtres d'aire a base de paper formant plecs. El de l'esquerra podria ser d'una aspiradora, i el de la dreta, d'un motor d'automòbil.

El paper **setinat** mostra una superfície molt llisa i lluent, que el fa útil per imprimir fotografies amb molta qualitat, però dificulta l'escriptura. El setinat no és una propietat del paper, sinó un tipus de tractament final que se li dóna un cop fabricat.

Fig. 4.35. El paper setinat és útil per a la impressió de fotografies amb qualitat.

3.2. Propietats i aplicacions de les fustes

Fig. 4.36. Detall microscòpic d'un tall de fusta. S'hi poden apreciar els tubs de cel·lulosa units per lignina.

Si mires la fusta amb una lupa potent, veuràs que està formada per **fibres** (fig. 4.36). Són una mena de tubs llargs que segueixen la direcció del tronc, de les arrels a la capçada. Aquestes fibres són d'un compost químic anomenat **cel·lulosa** i s'uneixen les unes a les altres gràcies a un altre compost químic anomenat **lignina**, que fa les funcions d'adhesiu, a més de ser el responsable del color de la fusta.

Resistència. La fusta és més o menys resistent segons com li apliquem la força. És molt resistent quan li apliquem la força en la mateixa direcció que tenen les fibres, i menys resistent quan li apliquem la força en direcció perpendicular a les fibres (fig. 4.37). A l'hora de tallar-la, és més fàcil fer-ho seguint la mateixa direcció de les seves fibres.

La resistència de la fusta fa que sigui útil per construir **estructures** com, per exemple, les dels edificis o dels ponts i antigament de vaixells.

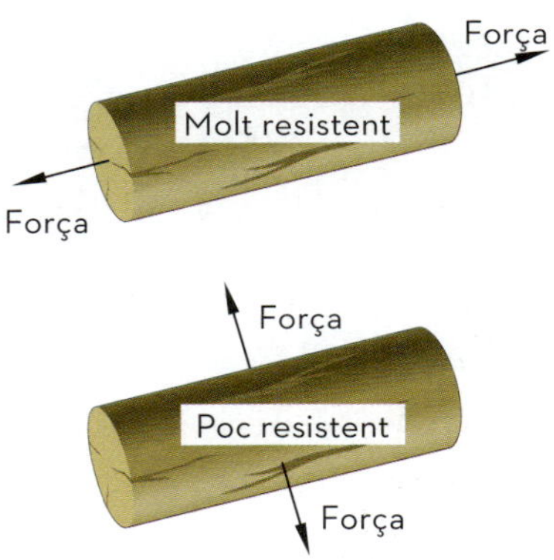

Fig. 4.37. La resistència de la fusta depèn de com li apliquem la força.

Fig. 4.38. Pont construït amb fusta

Fig. 4.39. La lleugeresa i la resistència de la fusta són útils per a embalatges de productes delicats.

Densitat. Segur que si et preguntem si la fusta sura a l'aigua contestaràs que sí. Doncs bé, la majoria de fustes suren, però hi ha algunes fustes tropicals, com la de *guaiac* o la de *banús*, que no suren. Les fustes acostumen a ser **lleugeres**, això vol dir que tenen una baixa densitat, que pesen poc si es comparen amb el volum que ocupen. La fusta més lleugera és la de *balsa*, amb una densitat de 160 kg/m^3, i la més pesant, la de guaiac, que té una densitat de 1 250 kg/m^3.

La lleugeresa de la fusta, juntament amb la seva resistència, fa que sigui útil, per exemple, per construir embalatges de transport, especialment de productes delicats, com les fruites, o fràgils, com el vidre.

Duresa. La fusta és generalment un material **tou**. La majoria de fustes es poden ratllar amb facilitat. Aquesta propietat fa que sigui molt fàcil de treballar amb eines senzilles per donar-li moltes formes.

Higroscopicitat. Les fustes es **dilaten** (augmenten el seu volum) i es **contrauen** (redueixen el seu volum) segons la **humitat** de l'ambient on es troben. En ambients humits, es dilaten perquè absorbeixen la humitat, i en ambients secs, es contrauen. Per això es diu que és un material **higroscòpic**. Aquest canvi de dimensions, més que un avantatge, de vegades, representa un inconvenient.

Si la fusta no està prou protegida de la humitat, els objectes que es fabriquen amb ella poden deformar-se o esquerdar-se.

Conductivitat tèrmica. Les fustes són **aïllants** de la calor. Aquesta propietat les fa útils, per exemple, per fabricar mànecs d'estris de cuina o portes i finestres, ja que no deixen passar la calor a través seu.

Fig. 4.40. La fusta pot treballar-se amb eines senzilles perquè és tova.

ACTIVITATS

12. Quin format tindrem si tallem un full A4 per la meitat del seu costat llarg? I si fem el mateix amb un A3?
13. En un taller de dibuix i pintura hi ha fulls A4 de 80 g/m² i fulls A3 de 120 g/m². Quin dels dos té menys gramatge? Quin és més petit? Quin dels dos serà més gruixut i rígid? Quin dels dos triaràs per fer una pintura amb aquarel·les? Per què?
14. A l'activitat anterior, si els papers estan en paquets de 500 fulls, quin paquet serà més lleuger? Per què?
15. Com s'aconsegueix que un paper sigui més resistent? I més porós?
16. Quina utilitat principal tenen els papers porosos?
17. Com pots saber si un paper és setinat?
18. Quins són els components principals de la fusta?
19. Quines són les «aplicacions» de les fustes que t'hem explicat en aquest apartat? Amb quines propietats estan relacionades?
20. Què hem de tenir en compte quan fem servir la fusta per construir objectes que hagin de ser resistents? Per què?
21. Fes una taula com la proposada a la taula 4.2, i indica la qualitat o la propietat contrària de: tou, dens, dilatació, conductor (de la calor).

Qualitat o propietat	*Contrària*
Tou	Dur
....	....
....	....
....	....

Taula 4.2.

Fig. 4.41. Els canvis d'humitat provoquen deformacions que poden arribar a esquerdar la fusta.

4 OBTENCIÓ I RECICLATGE DE PAPERS I FUSTES. IMPACTES AMBIENTALS

Papers i fustes tenen en comú que estan formats per fibres de cel·lulosa. A les fustes, totes les fibres estan **alineades** i unides amb lignina. En el cas dels papers, aquestes fibres estan **desordenades** i no s'uneixen amb cap adhesiu, sinó que simplement estan entrellaçades. Es pot dir que els papers són un derivat de la fusta.

SABIES QUE...

La fusta conté un 55% de **cel·lulosa**. La resta és **lignina**, resines, sucres...

4.1. Obtenció de fustes i papers

El procés d'**obtenció** de les fustes comença al bosc, seleccionant i *talant* els arbres més apropiats. Un cop a terra, se'n *tallen les branques* (esbrancament) i es *trossegen els troncs* (tall) a unes llargàries adequades per *transportar-los* fins a la serradora.

Un cop a la serradora, comença la **transformació**. Els troncs són tallats per obtenir les diferents *formes comercials* (bigues, taulons, posts...) i, després, passen per un procés d'assecatge on redueixen el seu contingut d'humitat. Un cop la fusta està prou seca, ja està llesta per ser utilitzada en la **construcció** d'objectes i de productes.

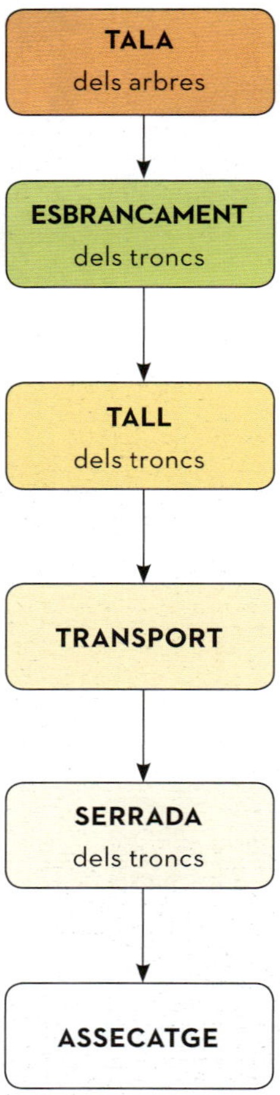

Fig. 4.46. Procés d'obtenció de les fustes

Fig. 4.42. Tala dels arbres

Fig. 4.43. Esbrancament dels troncs

Fig. 4.44. Serrada dels troncs

Fig. 4.45. Assecatge de la fusta tallada

SABIES QUE...

Pastes de paper

La pasta de millor **qualitat** és aquella que aporta les fibres més llargues. La pasta química és, doncs, de millor qualitat que la mecànica.

Les matèries primeres que s'utilitzen en el **procés d'obtenció del paper** són la fusta dels arbres i el paper usat. La transformació consisteix a separar les fibres de cel·lulosa i deixar-les dissoltes en aigua. Aquesta dissolució rep el nom de **pasta de paper**. El full de paper s'obté filtrant aquesta pasta de paper i comprimint i eixugant les fibres.

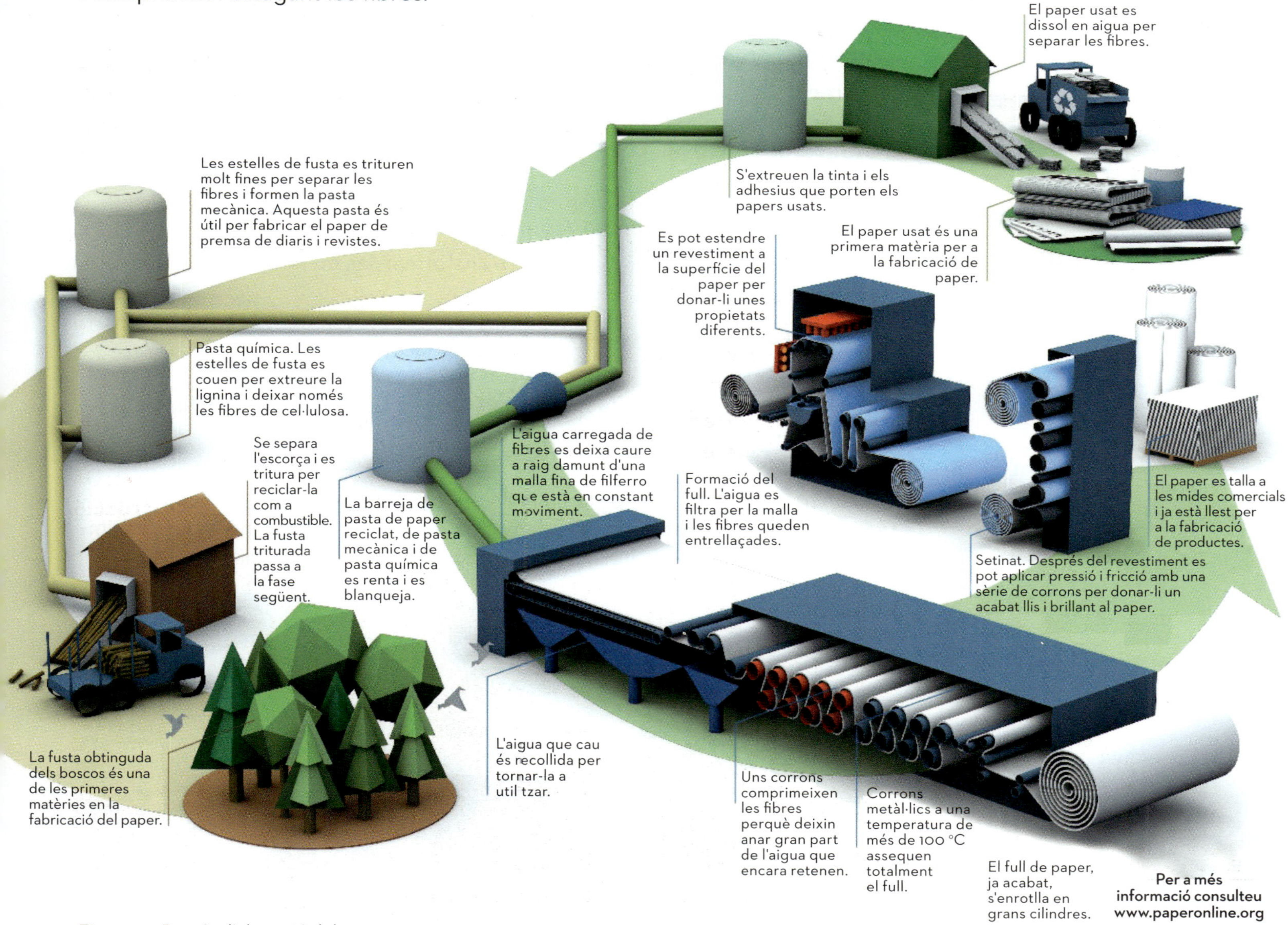

Fig. 4.47. Procés d'obtenció del paper

ACTIVITATS

22. Explica, de forma ordenada, els passos que cal seguir des que se selecciona un pi adult en un bosc fins que s'obté un llistó com els que pots fer servir a les teves construccions a l'aula de tecnologia.

23. Fes un diagrama de flux similar al de la fig. 4.46 i que representi els passos que cal seguir per obtenir paper.

4.2. Reciclatge i impactes ambientals

Per fabricar objectes calen matèries primeres que obtenim de la natura. Això ens porta a fer-nos algunes preguntes:

Duraran per sempre les matèries primeres naturals que ens permeten obtenir els materials?

De recursos naturals n'hi ha que són més abundants i altres de més escassos. Si el **ritme d'extracció** d'aquests recursos és molt alt, podem arribar a **esgotar-los** ràpidament.

Què es necessita, a part dels vegetals o els minerals, per obtenir les matèries primeres i transformar-les en materials?

Per obtenir les matèries primeres i transformar-les en materials, es necessita **energia** i **aigua**.

Què fem amb els objectes quan deixen de ser útils?

Si llencem els objectes quan ja no són útils, acaben en abocadors o incineradores de residus, amb la qual cosa tornen a la natura, però en forma de **contaminació** del sòl o de l'aire.

Fig. 4.48. La recollida selectiva de residus és imprescindible per poder reciclar bé.

L'obtenció, l'ús i l'eliminació de materials pot arribar a ser un problema important per al **medi ambient**. Si volem que aquest problema no sigui tan important, hem d'aplicar la norma de les tres «R»: Reduir – Reutilitzar – Reciclar.

Fig. 4.49. La regla de les tres R

Reduir significa consumir menys, adquirint productes amb el mínim d'embalatge o d'envasos. Els embalatges innecessaris, tant de fusta com de paper, són exemples d'un consum excessiu de materials.

Fig. 4.50. Exemple de reutilització

Reutilitzar significa tornar a utilitzar un objecte en comptes de llençar-lo. Les caixes de fusta o de cartró poden tenir altres usos diferents dels que tenien quan eren noves. Això redueix la quantitat de residus i el consum de matèries primeres.

Reciclar significa recuperar els materials que contenen els residus per tornar a fer objectes nous. El reciclatge es fa amb processos industrials que consumeixen energia i aigua però, tot i així, no es consumeixen tants recursos com quan els materials es fan a partir de matèries primeres noves.

La primera «R» (Reduir) **sempre és millor opció** que la segona (Reutilitzar) i aquesta sempre és millor que la tercera (Reciclar). Si no apliquem cap de les tres opcions, el residu acabarà en una incineradora o en un abocador a la natura.

Fig. 4.51. Símbol del reciclatge

A. Reciclatge de fustes i papers

Els objectes de fusta, un cop han deixat de ser útils i s'han convertit en residus, cal portar-los a la **deixalleria**. Aquest residu es pot transformar en **taulers** de partícules (fusta aglomerada) o taulers de fibres (tàblex o DM). Aquests taulers poden arribar a contenir fins a un 75% de fusta reciclada.

Una altra manera de reciclar la fusta és convertir-la en **combustible** (biomassa) per ser cremat en calderes. D'aquesta manera, no obtenim una nova matèria primera però sí que recuperem **energia**.

La manera de reciclar el paper usat és utilitzar-lo com a matèria primera per elaborar **pasta** amb la qual es pot tornar a fabricar paper o cartró. A Catalunya, en la fabricació de paper nou i de cartró, s'utilitza aproximadament un 70% de paper usat.

Quan compris paper, fixa't bé en l'etiqueta, ja que t'indicarà el percentatge de pasta de paper usat que s'ha utilitzat en la seva fabricació. Només és totalment reciclat el que indica «**100% reciclat**».

SABIES QUE...

Fusta reciclada

Aproximadament el **65%** de la fusta que s'utilitza a Catalunya és **reciclada**.

SABIES QUE...

Que no et confonguin

Si a l'etiqueta indica «**100% reciclable**» no és cap garantia de paper reciclat. No és el mateix «reciclable» que «reciclat».

B. Impactes ambientals

L'obtenció de fustes i papers, com tota activitat tecnològica, incideix en el medi ambient. Tot seguit t'expliquem alguns d'aquests impactes ambientals.

Fig. 4.52. La desforestació és un impacte que es pot evitar si es fa una explotació sostenible dels boscos.

Fig. 4.53. El consum excessiu d'aigua pot provocar sequera.

Fig. 4.54. Les aigües utilitzades a les indústries papereres han de ser depurades i reutilitzades abans de ser abocades al medi ambient.

Una **explotació sostenible** dels boscos consisteix, entre altres coses, a donar-li temps perquè recuperi de forma natural els arbres tallats. Si no es fa així, hi ha el perill de la **desforestació**.

Les indústries papereres poden disposar de **depuradores**. Això els permet reutilitzar l'aigua i, d'aquesta manera, es redueix el consum i l'abocament de residus contaminants. Aquestes indústries també poden utilitzar l'escorça dels arbres com a combustible per generar la **calor** i l'**electricitat** que necessiten per funcionar.

Les institucions, com la Unió Europea o la Generalitat de Catalunya, concedeixen distintius als productes que han estat elaborats respectant criteris de **baix impacte ambiental**.

Fig. 4.55. Ecoetiqueta de la Unió Europea

Fig. 4.56. Distintiu de garantia de qualitat ambiental

Fig. 4.57. Distintiu d'ús sostenible dels boscos

El **distintiu «FSC»**, com el de la fig. 4.57, només el pots trobar en productes que hagin utilitzat la fusta o altres productes del bosc com a matèria primera. Significa que les matèries primeres del **bosc** han estat obtingudes de forma sostenible segons unes normes internacionals.

ACTIVITATS

24. **Fes un resum dels problemes sobre el medi ambient que pot provocar l'ús de matèries primeres per obtenir materials.**

25. **En quina fase del procés tecnològic es pot aplicar la «R» de «Reduir»?**

26. **Relaciona cadascuna de les accions següents amb la «R» que li correspon segons la norma de les 3R:**

Obtenir primeres matèries a partir de residus.
Utilitzar només el material necessari.
Donar un altre ús a un objecte.

27. **Quines mesures prenen les indústries papereres per reduir l'impacte ambiental de la seva activitat?**

28. **Quina garantia t'ofereixen els productes que porten l'«Ecoetiqueta»?**

29. **Quina diferència hi ha entre els productes que porten el distintiu de «Qualitat ambiental» i el «FSC»?**

POSA'T A PROVA!

1. PREPARA'T!

Ahir vas anar a casa d'un amic i vas veure que tenia una maqueta en fusta de l'estadi del teu equip favorit. Li vas demanar el projecte i ara la construiràs tu també.

Fig. 4.58. Estadi

A l'especejament, entre el material necessari, hi ha una peça de fusta de faig que fa 230 mm de llarg, 27 mm d'ample i 7 mm de gruix.

Quina forma comercial et serà més útil?

Quan vagis al magatzem de fusta, com demanaràs el material necessari per fer aquesta peça?

Malauradament, el projecte està incomplet i no trobes informació de la base damunt la qual has de muntar la teva maqueta. Quin dels materials estudiats en aquesta unitat triaràs per fer la teva base? Justifica la teva resposta.

Per fer la part superior de la coberta, has d'utilitzar paper. A les grades que hi ha just a sota de la coberta, els ha d'entrar llum però no el sol directe. Tenint en compte aquestes condicions, quin tipus de paper faràs servir? Com serà el valor del gramatge d'aquest paper, alt o baix? Justifica les teves respostes.

2. CALCULA!

Un full de format A4 fa 210 mm d'ample i 297 mm de llarg o, el que és el mateix, 0,21 m d'ample i 0,297 m de llarg. La seva massa és de 5 g i el seu gramatge és de 80 g/m^2.

Sabries dir quina és la superfície del full (en m^2)?

Quina serà la massa d'un paquet de 500 fulls d'aquest paper?

Si, en lloc del format A4, el paquet de 500 fulls és de format A3, quina serà la seva massa?

ACTIVITATS FINALS

1. Quina és la causa que avui dia disposem de tants materials diferents?
2. Per què creus que és necessari disposar de tants materials diferents?
3. Per quins motius un material és útil per a una aplicació i no ho és pas per a una altra?
4. Posa un exemple de material «natural» i un altre de material «transformat».
5. Classifica les fustes de la figura següent en naturals i transformades.

Fig. 4.59. Aplicacions de fustes naturals i transformades

6. Què fan les indústries papereres per aconseguir paper resistent? I perquè sigui porós? Quines aplicacions tenen els papers porosos?
7. Quines són les aplicacions principals dels papers setinats? Quines són les propietats d'aquests papers?
8. De quins components principals està formada la fusta?
9. Creus que és del tot correcte dir «la fusta és un material resistent»? Justifica la teva resposta.
10. Indica el nom de cadascuna de les formes comercials de les fustes de la fig. 4.60.

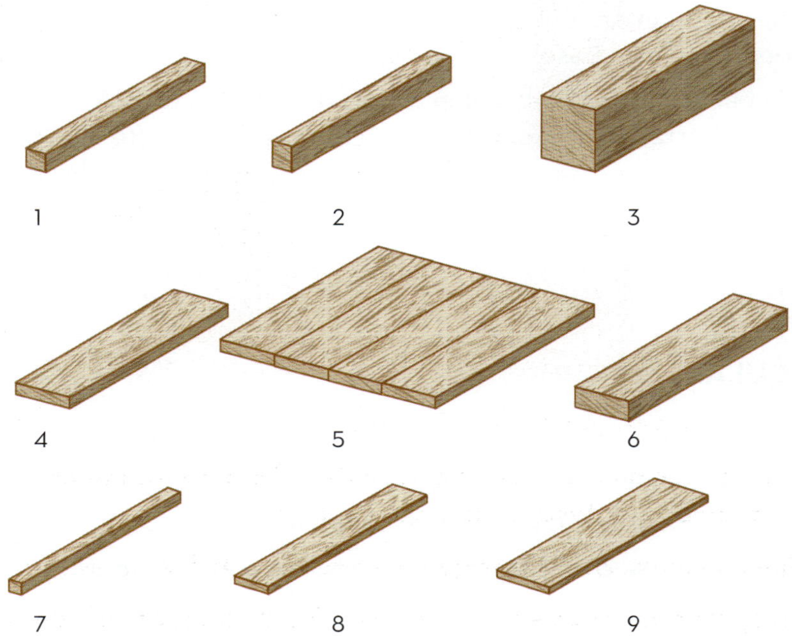

Fig. 4.60. Formes comercials de la fusta

11. Si agafes amb la mà dos fulls A4, un amb un gramatge de 80 g/m^2 i l'altre de 160 g/m^2, quines diferències hi notaràs?

12. Com explicaries l'afirmació «la fusta és un material higroscòpic»?

13. Quines operacions són necessàries per obtenir una biga de fusta?

14. Si talles per la meitat del costat llarg un full de format A2 (fig. 4.61), quin format tindran els dos trossos resultants?

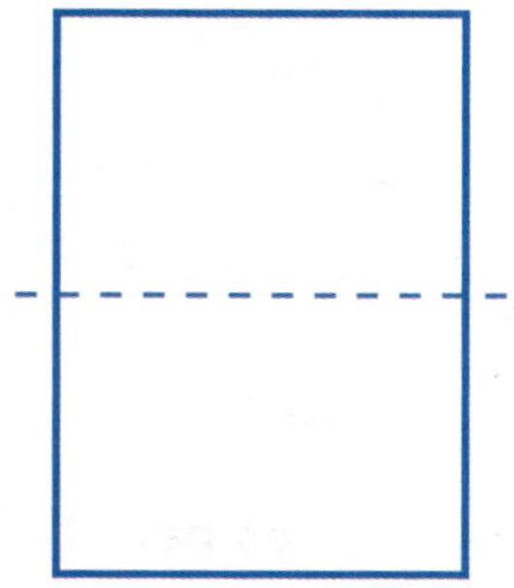

Fig. 4.61.

15. Quines operacions són necessàries en el procés d'obtenció per aconseguir fulls de paper per escriure?

16. Identifica el tipus de paper o cartró utilitzat en cadascun dels productes de la fig. 4.62 i digues quines propietats el fan útil per a cada aplicació.

Fig. 4.62. Objectes de paper i cartró

17. Quina és l'acció més eficient que podem fer amb els materials per reduir l'impacte sobre el medi ambient? Justifica la teva resposta.

18. Quines opcions són millors que el reciclatge de fustes, papers i cartrons?

19. Quin aprofitament es pot fer dels residus de fusta? I dels de papers i cartrons?

20. De quina manera afecta el medi ambient la producció de fustes, papers i cartrons?

5 METALLS, PLÀSTICS I ALTRES MATERIALS D'ÚS TÈCNIC

Objectius

- ✓ Explicar, a grans trets, els processos d'obtenció dels metalls i dels plàstics.
- ✓ Identificar metalls i plàstics d'ús quotidià a partir de les seves propietats i/o de les seves aplicacions.
- ✓ Relacionar l'ús dels aliatges amb la necessitat d'aconseguir noves propietats.
- ✓ Conèixer alguns exemples de materials ceràmics i fibres tèxtils i descriure mínimament les propietats bàsiques de les ceràmiques.
- ✓ Explicar alguns dels efectes mediambientals derivats de l'obtenció i del reciclatge de metalls i plàstics.

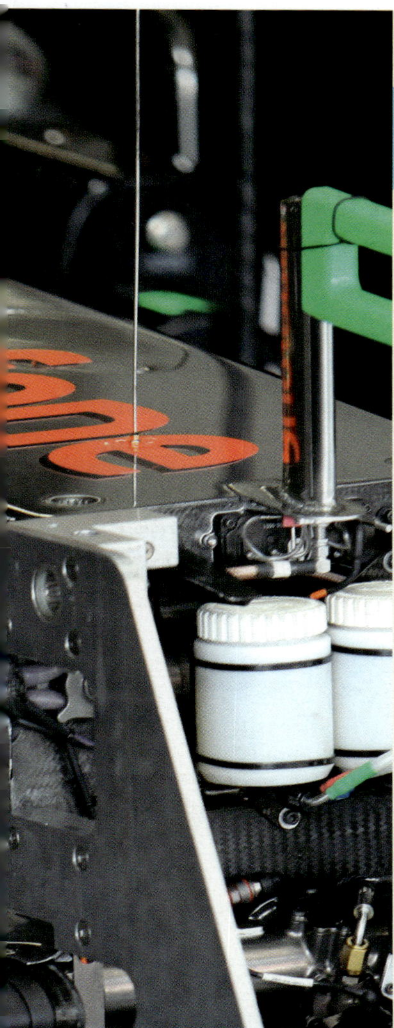

QUÈ EN SAPS?

La imatge de la fotografia és un detall de l'interior de la part davantera d'un automòbil de Fórmula 1 a Suzuka (Gran Premi de Japó). Es tracta del model MP4-26 de McLaren.

Les competicions esportives de primer nivell, com la Fórmula 1, són un excel·lent «laboratori» per provar noves descobertes, nous dissenys, noves millores, que després es traslladen als productes de consum ordinaris.

Les novetats que es posen a prova a les curses pertanyen a molts aspectes de l'enginyeria, com poden ser els motors, els combustibles, els sistemes de frenada, l'electrònica de control, les comunicacions..., i també els materials.

Un vehicle com el de la fotografia incorpora molts materials diferents: metalls, plàstics, fibres, ceràmiques... Les competicions són molt exigents amb les prestacions dels vehicles i, per tant, amb les propietats que han de tenir els materials utilitzats en la seva construcció.

Sabries dir quines característiques ha de tenir un automòbil de Fórmula 1 perquè sigui competitiu?

Sabries dir els noms d'alguns dels materials que apareixen a la fotografia? I citar algunes de les propietats que es necessiten per satisfer les característiques d'aquesta competició?

Saps com s'obtenen els metalls? I què són els aliatges? O què es pot fer amb els residus de plàstic? I com afecta el medi ambient la utilització de metalls i plàstics?

Al final d'aquesta unitat hauries de ser capaç de donar resposta a tots aquests interrogants.

Sumari

1 DIFERENTS TIPUS DE METALLS

Fig. 5.1. Maneta i pany metàl·lics en una porta de fusta

Per distingir els metalls de la resta de materials, has de fixar-te en les seves **propietats**. Normalment, quan vols saber si un material és metàl·lic, et fixes en l'*aspecte* i el *tacte*.

Observa una porta de fusta com la de la fig. 5.1 amb la seva maneta metàl·lica. La maneta ofereix un *aspecte* lluent si es compara amb la porta. Quan poses la mà a la maneta, trobes que té un *tacte* fred, mentre que, quan toques la porta, notes un tacte càlid. Si colpeges suaument la maneta, sentiràs un so brillant, diferent del so apagat que es produeix quan colpeges la fusta.

La classificació dels metalls ajuda a identificar-los. Hi ha moltes maneres de classificar els metalls. Tot seguit et proposem una de molt senzilla:

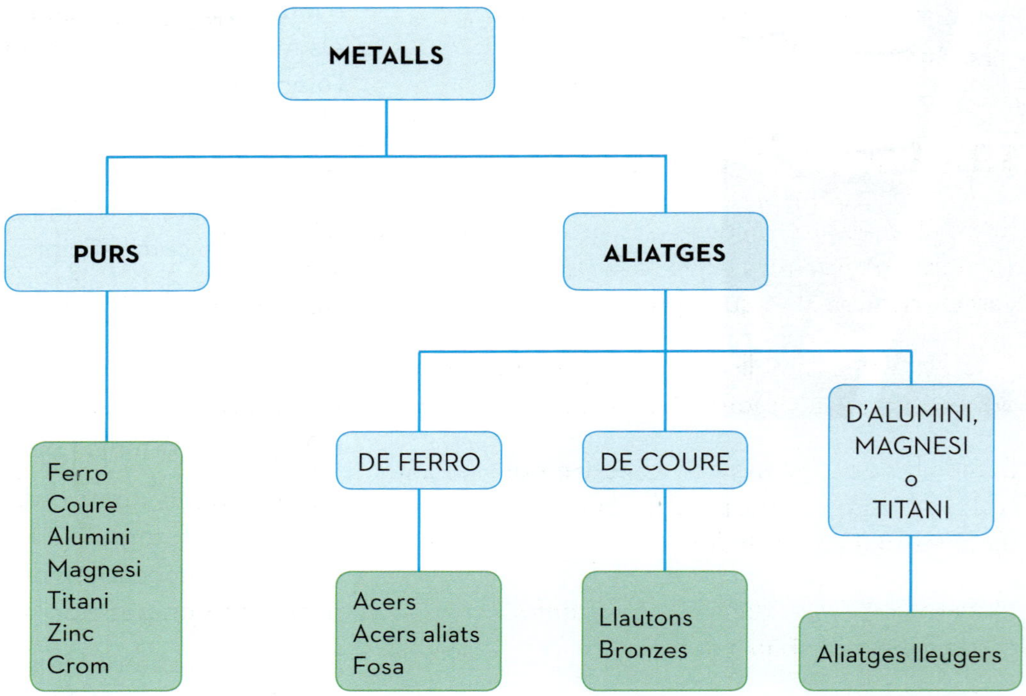

Fig. 5.2. Esquema de classificació dels metalls

Fig. 5.3. Bauxita. Mineral d'on s'obté l'alumini, que es troba combinat amb oxigen i hidrogen.

L'or és un dels pocs metalls que podem trobar en estat pur a la natura. Normalment, però, els metalls es troben combinats amb altres elements.

> Els **metalls** purs són elements químics. Habitualment, els trobem a la naturalesa combinats químicament amb altres elements, en forma de minerals.

Els metalls gairebé mai s'utilitzen en el seu estat natural. Primer, els cal passar per un procés d'**obtenció** que els separi dels altres elements amb els quals es troben combinats. Un cop s'ha aconseguit aquesta separació, és quan parlem de **metalls purs**.

Moltes vegades, però, necessitem materials amb unes propietats diferents de les que tenen els metalls purs. Això s'aconsegueix amb els **aliatges**.

Un **aliatge** és un material metàl·lic format a partir d'un metall pur, anomenat «metall base», al qual se li han afegit altres metalls purs o elements químics.

Per aconseguir els aliatges, cal mesclar els diferents metalls que el formen quan es troben en estat líquid, cosa que s'aconsegueix a **altes temperatures**. És per això que els aliatges es fan en forns a les indústries metal·lúrgiques.

Fig. 5.4. Aigüera d'acer inoxidable, un **aliatge** de ferro, carboni, crom i níquel

INVESTIGA!

Cerca informació a la xarxa i, per a cadascun dels metalls següents, indica quin és el principal mineral d'on es pot obtenir. Metalls: ***ferro***, ***coure***, ***zinc*** i ***estany***.

1.1. Metalls purs

Entre els metalls purs de la classificació de la fig. 5.2 hi ha el ferro. Aquest metall és molt *tou* i *fràgil* (es trenca amb facilitat). A més, s'oxida ràpidament. Aquestes característiques fan que el **ferro pur** no tingui gaires aplicacions tècniques.

Tots els altres metalls purs sí que tenen aplicacions tècniques. Tot seguit et donem algunes característiques que et poden ajudar a distingir-los.

El més fàcil de distingir és el **coure** pel seu color vermellós, tot i que, quan es troba a la intempèrie, perd lluentor i s'enfosqueix. Tots els altres metalls tenen un color platejat molt lluent.

La característica principal de l'**alumini** i del **titani** és que són molt lleugers a causa de la seva baixa *densitat*.

El **zinc** el pots trobar recobrint peces d'acer. Amb el pas del temps, perd lluentor a causa d'un procés d'oxidació superficial.

El **crom** resisteix molt bé l'oxidació i sempre manté un aspecte molt lluent.

a *b* *c* *d* *e*

Fig. 5.5. *a)* Tubs de **coure**. *b)* Anella d'**alumini** per obr r llaunes de beguda. *c)* Façana amb plaques de **titani** al Museu Guggenheim de Bilbao. *d)* Tub d'escapament amb una capa externa de **crom**. *e)* Galleda d'acer amb una capa externa de **zinc**.

1.2. Aliatges metàl·lics

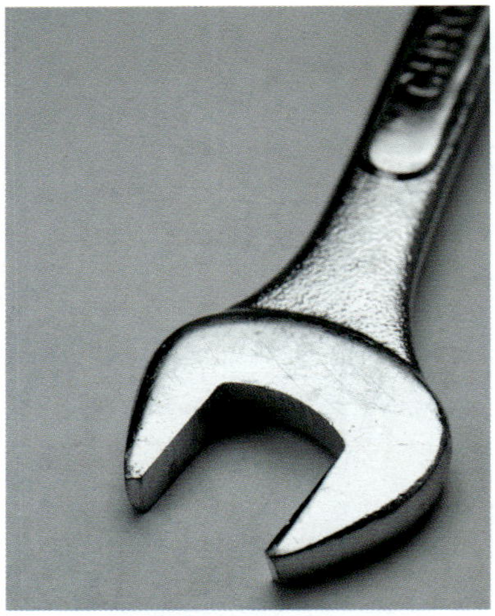

Fig. 5.7. Moltes eines, com aquesta clau fixa, estan fetes amb **acers aliats** que contenen crom i vanadi.

Els aliatges de ferro, com ara els **acers**, tenen unes propietats molt més bones que el ferro pur i, per això, tenen moltes aplicacions tècniques.

Els **acers** són aliatges de ferro amb una petita quantitat de carboni.

La petita quantitat de carboni que s'afegeix al ferro fa que aquest millori de forma important les seves propietats. Si la quantitat de carboni és una mica més gran, obtenim un altre aliatge metàl·lic anomenat **fosa**.

Fig. 5.6. Les tapes dels registres de clavegueram es fan amb **fosa**.

Per millorar encara més les propietats dels acers, a més de carboni, els podem afegir altres metalls. En aquests casos, parlem d'**acers aliats** (fig. 5.7). Hi ha un tipus d'acer aliat que segur que coneixes: l'**acer inoxidable**, que s'aconsegueix afegint *crom* i *níquel* a l'acer.

El coure acostuma a mesclar-se amb *zinc* o amb *estany*. Segons quin sigui el metall que se li afegeix al coure, tenim dos aliatges diferents.

Els **llautons** són aliatges de *coure* i *zinc*. Normalment, presenten un color daurat molt lluent.

Els **bronzes** són aliatges de *coure* i *estany*. Normalment, presenten un color ataronjat.

Fig. 5.8. Aixeta de llautó

Fig. 5.9. Hèlix d'un vaixell feta amb bronze

Fig. 5.10. Amb **aliatges lleugers** es construeixen peces que han de ser resistents i lleugeres com, per exemple, els quadres de bicicleta. El duralumini aconsegueix una resistència similar a la de l'acer, però amb un pes molt menor.

El **duralumini** és un exemple d'aliatge on el metall base és l'alumini al qual se li ha afegit *coure*, *magnesi* i altres elements. Els aliatges a base de metalls lleugers com l'alumini, el magnesi o el titani reben el nom d'aliatges lleugers a causa de la seva baixa densitat.

Els **aliatges lleugers** són els que es fan amb alumini, magnesi o titani com a metall base.

EXPERIMENTA I INVESTIGA!

Aconsegueix diferents monedes d'euro (d'1, 2, 5, 10, 20 i 50 cèntims i d'1 i 2 euros). Amb l'ajuda d'un imant, comprova si són ferromagnètiques (si s'enganxen a l'imant i amb quina força ho fan). Classifica-les segons aquesta propietat. Fixa't també en el seu color. Investiga quins són els aliatges amb què es fan aquestes monedes.

Presenta els resultats del teu experiment i de les teves investigacions en forma de taula, com ara aquesta:

Fig. 5.11. Monedes d'euro

Moneda	Color	Ferromagnetisme	Nom de l'aliatge	Metalls que conté
0,01 €	Vermellós	Fort	Acer	Ferro + carboni i una capa externa de coure

Taula 5.1. Característiques de les monedes d'euro

ACTIVITATS

1. **Observa les fotografies de la fig. 5.12 i identifica tots els materials que hi apareixen. Explica com has pogut distingir els metalls.**

Fig. 5.12.

2. **Construeix una taula com la següent i omple-la amb la informació corresponent afegint-hi els materials següents: *llautó, acer, duralumini, crom, fosa, titani, bronze* i *alumini*. Pots millorar-la si hi afegeixes una imatge per a cada aplicació.**

Material	Metall pur/ aliatge	Composició	Color	Aplicació
Acer inoxidable	Aliatge	Ferro + carboni + crom + níquel	Platejat	Fulla de ganivet

Taula 5.2.

3. **Explica quina és la principal diferència que hi ha entre l'acer i la fosa.**
4. **Quins són els metalls «base» que s'utilitzen per formar els aliatges lleugers?**
5. **Quin és el metall «base» utilitzat en la producció dels llautons?**

2 PROPIETATS I APLICACIONS DELS METALLS

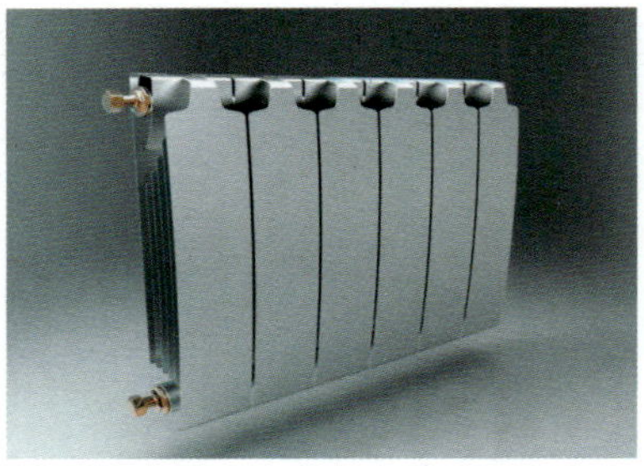

Fig. 5.13. La **conductivitat tèrmica** de l'alumini el fa útil per construir radiadors de calefacció.

Fig. 5.16. La broca ha de tenir més **duresa** que el material que vol tallar per poder fer el forat.

Fig. 5.17. Les portes dels frigorífics porten imants per assegurar-ne el tancament. El marc de la porta ha de ser d'acer **ferromagnètic**.

Cada metall i aliatge té unes propietats diferents. Tot seguit t'expliquem algunes de les més importants i les seves aplicacions.

Conductivitat elèctrica i tèrmica. És la capacitat per deixar passar l'electricitat i transmetre la calor. Tots els metalls condueixen l'electricitat i la calor. Els que millor ho fan, després de la plata, són el coure i l'alumini. Aquesta propietat els fa útils, per exemple, per construir cables elèctrics i radiadors de calefacció.

Resistència mecànica. És la capacitat per suportar forces sense deformar-se ni trencar-se. Els acers, el titani, i els aliatges lleugers són resistents. Aquesta propietat els fa útils per construir estructures o elements que hagin de suportar forces (fig. 5.14).

Fig. 5.14. L'acer és un dels metalls amb més **resistència mecànica**.

Fig. 5.15. Efecte de la **corrosió** de l'acer

Duresa. És la capacitat de ratllar i penetrar altres materials. Els acers aliats són molt durs i això els fa útils per construir eines de tall com serres, llimes, broques, etc. El crom també és molt dur i, per això, resisteix bé les ratllades.

Resistència a la corrosió. És la capacitat per suportar els efectes de la intempèrie i la humitat (fig. 5.15). El crom, el níquel i el zinc tenen aquesta propietat, per això són útils per aplicar-los a la superfície d'altres metalls, com, per exemple, l'acer o el llautó, i protegir-los de la corrosió.

Ferromagnetisme. És la capacitat per atreure els materials fèrrics o per fer imants. Sobretot el ferro i la major part dels acers tenen aquesta propietat, tot i que no són els únics. Això els fa útils per a la construcció d'imants, electroimants o peces que hagin de ser atretes per imants.

ACTIVITATS

6. A la fig. 5.16 es pot veure una broca tallant un metall. Si la broca i el material que està foradant són d'acer, com expliques que un pugui tallar l'altre?

7. Com es pot evitar que s'oxidin els objectes d'acer?

8. Una de les funcions de les finestres és que no deixin passar el fred durant l'hivern. A moltes de les nostres cases tenim marcs de finestres fets d'alumini. Tenint en compte les propietats d'aquest metall, exposa quins són els avantatges i els inconvenients d'utilitzar l'alumini per fer marcs de finestres.

3 DIFERENTS TIPUS DE PLÀSTICS

Els **plàstics** són materials formats per polímers (molècules gegants obtingudes industrialment) i als quals és molt fàcil donar forma aplicant-hi calor i pressió.

Una manera de classificar els plàstics és segons el seu comportament amb la **temperatura**: *termoplàstics* i *termostables*. Hi ha, però, un altre grup important de plàstics que es caracteritzen per la seva elevada **elasticitat**: els *elastòmers*.

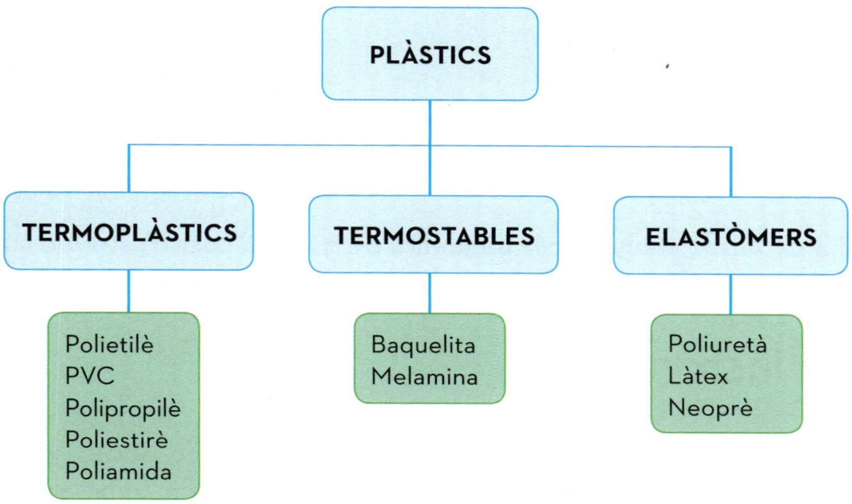

Fig. 5.18. Classificació dels plàstics

3.1. Termoplàstics

Els materials termoplàstics es caracteritzen perquè s'**estoven** quan els escalfem.

És a dir, que es tornen molt *«plàstics»* quan els apliquem temperatura. Un cop estovats, els podem donar la forma que vulguem i, en refredar-se, mantindran la nova forma sense que hagin perdut propietats en el procés.

Fig. 5.20. Sifó d'una aigüera fet amb **PVC** blanc

Fig. 5.21. Carmanyola feta amb **polipropilè**

Exemples de termoplàstics són el **polietilè** de les ampolles d'aigua, el **PVC** dels tubs de desguàs de l'aigüera, el **polipropilè** de les carmanyoles, el **poliestirè** d'alguns recipients de iogurt o la **poliamida** del fil de pescar.

RECORDA!

L'**elasticitat** és la propietat que té un material de **recuperar la forma** que tenia abans quan deixem d'aplicar-li una força.

Fig. 5.19. Esponja de poliuretà

L'esponja és elàstica, així que la podem deformar fàcilment, però quan la deixem, recupera la seva forma anterior.

RECORDA!

La **poliamida** també és coneguda com a **niló** (o **Nylon** en la seva denominació anglesa).

SABIES QUE...

Hi ha diferents tipus de **polietilè**. Els més coneguts són el **PET** (polietilè tereftalat), com el de les ampolles de begudes amb gas; el **HDPE** (polietilè d'alta densitat), com el de les ampolles de sabó, i el **LDPE** (polietilè de baixa densitat), com el de les bosses del súper.

SABIES QUE...

El **poliuretà** s'utilitza també per fabricar fibres tèxtils amb què es poden fer, per exemple, banyadors o roba esportiva. A les etiquetes hi posarà: «elastà» o la denominació comercial **LYCRA**.

3.2. Termostables

Els materials termostables es caracteritzen perquè es **degraden** i perden les seves propietats quan els escalfem.

A aquests materials només se'ls pot donar forma una vegada: en el moment de la fabricació de l'objecte. Després ja no hi ha manera de donar-los una altra forma. Aquesta limitació fa que, a diferència dels termoplàstics, no es puguin reciclar perquè no es poden fondre escalfant-los.

Fig. 5.22. Mànec de **baquelita** en un ganivet de cuina

Fig. 5.23. Tauler de partícules amb xapa de **melamina** que imita la fusta natural

Exemples de termostables són la **baquelita** d'alguns mànecs d'estris de cuina o la **melamina** que recobreix els taulers de fusta transformada.

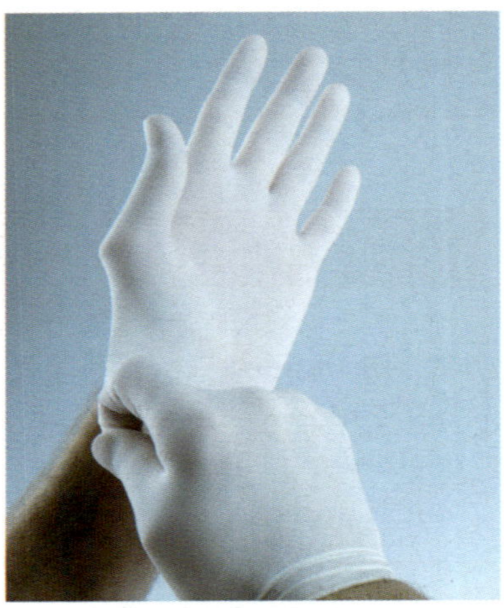

Fig. 5.24. Guants de **làtex** utilitzats en medicina

3.3. Elastòmers

Els elastòmers es deformen fàcilment quan els estirem o els aixafem, però tornen a **recuperar la forma** que tenien quan els deixem anar i retirem la força que els havia deformat.

Exemples d'elastòmers són el **poliuretà** d'algunes soles de sabates, el **làtex** dels guants dels metges o el **neoprè** dels vestits de submarinista.

INVESTIGA I EXPOSA!

Fes una recerca d'informació a Internet per trobar aplicacions típiques de diferents tipus de plàstics. Amb aquesta informació, aconsegueix imatges d'una aplicació de cadascun dels plàstics. Elabora un document digital amb les imatges. Per a cada imatge has d'indicar el nom de l'objecte, la seva utilitat i el tipus de plàstic que utilitza. Presenta'l als companys.

ACTIVITATS

9. **El recipient de la fig. 5.25 està fabricat amb melamina. Un company et diu que, escalfant-lo, s'estovarà i el podràs transformar en un plat pla. Tu què creus? Justifica la teva resposta.**

10. **En què es diferencien els termoplàstics dels termostables?**

Fig. 5.25. Recipient de melamina

4 PROPIETATS I APLICACIONS DELS PLÀSTICS

A banda de la facilitat amb què es poden fer objectes amb tota mena de formes, algunes de les propietats més comunes en els plàstics són la lleugeresa, l'aïllament i la resistència a l'oxidació.

Lleugeresa. Aquesta propietat és deguda a la baixa densitat. Els plàstics són molt menys densos que els metalls. La lleugeresa és útil per construir peces de vehicles. Moltes peces d'autobusos, tramvies, automòbils..., es fabriquen amb materials plàstics.

Aïllament elèctric. Els plàstics no condueixen l'electricitat. Això els fa útils per fabricar fundes de cables elèctrics que eviten enrampades i curtcircuits.

Fig. 5.27. Cables elèctrics de coure amb fundes **aïllants** de polietilè o de PVC

Aïllament tèrmic. Els plàstics no condueixen la calor. A més, en el cas dels termoplàstics, l'augment de temperatura els fa perdre *duresa*, *rigidesa* i *resistència mecànica*. L'aïllament tèrmic els fa útils, per exemple, per fer marcs de finestres (PVC) o plaques aïllants per a les parets i cobertes dels edificis (fig. 5.28).

Resistència a l'oxidació i a l'atac de productes químics. Els plàstics no s'oxiden i suporten molt bé la humitat i l'acció de molts productes químics. Alguns plàstics, però, poden perdre propietats per l'acció de la radiació solar. Per evitar-ho, en el moment de la fabricació, cal afegir-hi uns productes químics especials (additius) que absorbiran la radiació ultraviolada.

Aquesta propietat és útil per a la fabricació de canonades de conducció d'aigua o d'envasos per a productes químics (fig. 5.29).

ACTIVITATS

11. **Quines creus que són les propietats que distingeixen els plàstics de la resta de materials?**
12. **Explica quins avantatges aporta l'ús dels plàstics quan s'utilitzen en la construcció de peces de vehicles de transport.**
13. **Què passaria si els cables elèctrics no portessin fundes de plàstic?**
14. **Explica què s'aconsegueix utilitzant plàstics a les parets i cobertes dels edificis.**

Fig. 5.26. Com més **lleugers** siguin els vehicles de transport, menys energia consumeixen.

Fig. 5.28. El poliestirè expandit (suro blanc) s'utilitza per **aïllar** tèrmicament els edificis. Per a la mateixa funció també s'utilitza el poliuretà. L'aïllament aporta confort i redueix el consum d'energia.

Fig. 5.29. El polietilè és molt **resistent** a la majoria de productes químics.

Fig. 5.31. Els transbordadors espacials porten un revestiment de material ceràmic per suportar les altes temperatures causades per la fricció amb l'atmosfera quan retornen a la Terra.

5 ALTRES MATERIALS D'ÚS TÈCNIC

A part dels papers, fustes, metalls i plàstics, l'activitat tecnològica utilitza molts altres materials. Sabries dir què tenen en comú el parabrisa d'un avió, un maó i la punta d'una broca?

a *b* *c*

Fig. 5.30. Materials **ceràmics**: *a)* **Vidre** del parabrisa d'un avió. *b)* Maó d'**argila** refractària per a forns. *c)* Broca d'acer amb punta de material **abrasiu** vídia.

Tots han estat fabricats amb materials ceràmics. El *vidre*, l'*argila*, els *abrasius*, però també el *ciment* i la *porcellana* són materials ceràmics.

Els **materials ceràmics** són durs, fràgils i molt resistents a les altes temperatures.

Fig. 5.33. Teixit de raió. El **raió** és una fibra artificial obtinguda industrialment a partir de la cel·lulosa.

Observa les figures següents:

a *b* *c*

Fig. 5.32. Productes tèxtils: *a)* Mallot de ciclista de **LYCRA**. *b)* Camisa texana de **cotó**. *c)* Corda de **polièster**

En la fabricació d'aquests tres objectes s'han utilitzat fibres tèxtils.

Fig. 5.34. Fruit de la cotonera, d'on s'obtenen les fibres de **cotó**.

Les **fibres tèxtils** poden ser d'origen natural, com el *cotó*, la *llana* i la *seda*. Artificials, com el *raió*. O sintètiques, com el *polièster*, la *LYCRA*, el *niló* o l'*acrílic*.

ACTIVITATS

15. **De totes les propietats dels materials ceràmics, quina és la que justifica l'ús d'una argila anomenada *refractària* en la construcció de forns? I quina és la que justifica més el seu ús en eines de tall com les broques?**

16. **Llegeix etiquetes de roba i identifica-hi les fibres tèxtils utilitzades. Elabora i omple una taula com la següent.**

Peça de roba	Fibres naturals	Fibres artificials	Fibres sintètiques	Propietats de la peça
Jersei	Llana	---	Acrílic	Aïllant tèrmic (abriga). Suavitat

Taula 5.3. Identificació de fibres tèxtils

6 OBTENCIÓ DE METALLS I PLÀSTICS

A la unitat anterior ja has estudiat que, per obtenir materials, calen matèries primeres, energia i aigua. Aquests processos tecnològics d'obtenció de materials també produeixen impactes en el medi ambient.

A continuació, estudiaràs tots aquests aspectes referits a l'obtenció de metalls i de plàstics.

RECORDA!

Els **metalls fèrrics** són el ferro i els seus aliatges. Els més importants són els **acers** i les **foses**.

6.1. Obtenció dels metalls

Per aconseguir objectes metàl·lics, cal aplicar un **procés tecnològic** que consta de tres fases: **extracció**, **obtenció** i **transformació**.

EXTRACCIÓ

Les matèries primeres, bàsicament els **minerals**, s'extreuen de la natura. Normalment de les **mines**

OBTENCIÓ

Concentració

Es tritura i renta el mineral per separar-ne el màxim de terra i altres elements que no contenen el metall

Reducció

Separació química del metall en forns a altes temperatures. El metall es torna líquid

Afinament

Treure'n el màxim d'impureses i ajustar la composició química

TRANSFORMACIÓ

Es dóna la **forma** necessària als metalls per convertir-los en **objectes útils**

Fig. 5.35. Procés tecnològic d'obtenció dels metalls

La **metal·lúrgia** és el procés destinat a l'obtenció de **metalls**.

La **siderúrgia** és el procés destinat a l'obtenció de **metalls fèrrics**.

Per explicar-te el procés d'obtenció dels metalls, ens basarem en un cas concret: l'acer.

A les mines, s'**extreu** de la natura el mineral de ferro. Aquest mineral es **concentra** triturant-lo i rentant-lo abans de passar al procés següent.

El procés de **reducció** es fa a l'**alt forn**, que és un recipient d'acer d'uns 30 m d'alçada, recobert per dintre amb ceràmica refractària que suporta temperatures de més de 1 700 °C. Es necessita **carbó** com a combustible i pedra **calcària** per separar les impureses. De l'alt forn surten les impureses en forma d'escòria i el **ferro colat** en estat líquid a molt alta temperatura.

NO ET CONFONGUIS!

En metal·lúrgia, el concepte **«reducció»** no vol dir *disminució*.

Reduir un metall vol dir **separar-lo de l'oxigen** amb el qual es troba combinat químicament. És el contrari de l'oxidació.

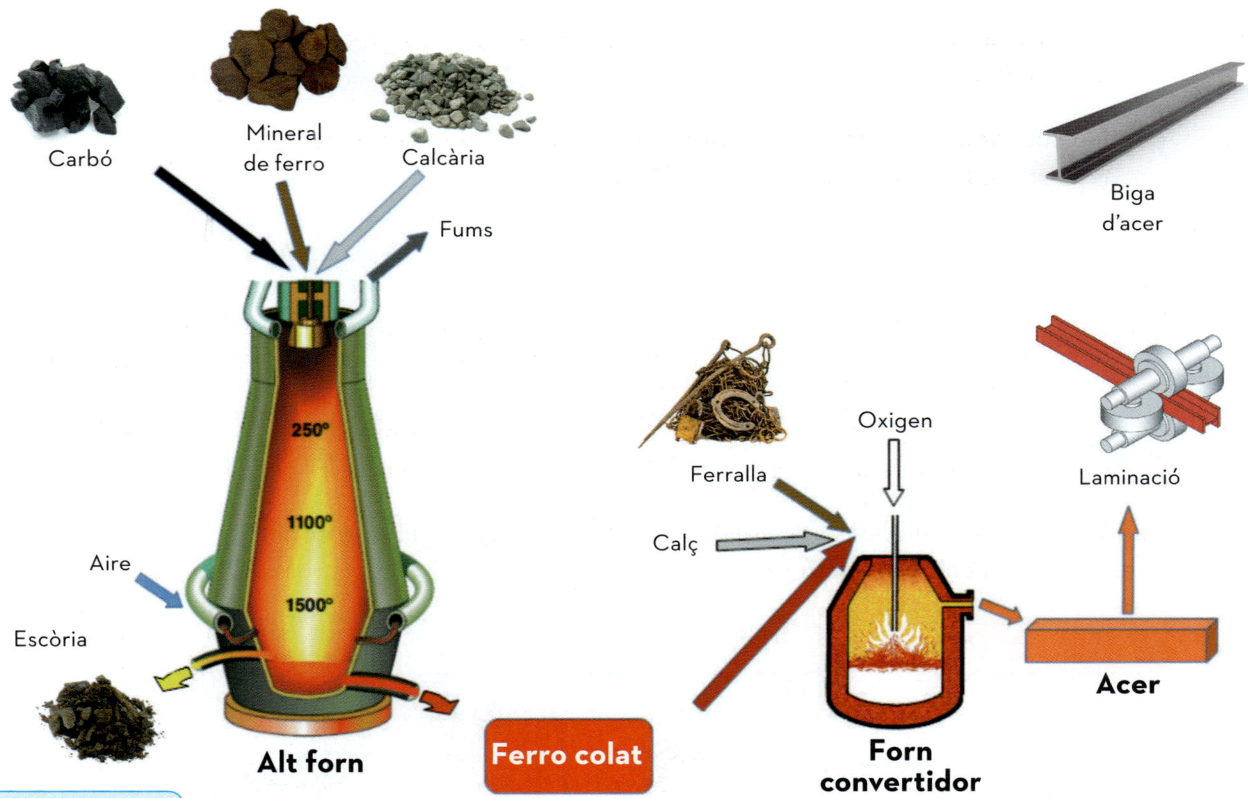

Fig. 5.36. Procés d'obtenció del ferro colat i de la seva transformació en acer

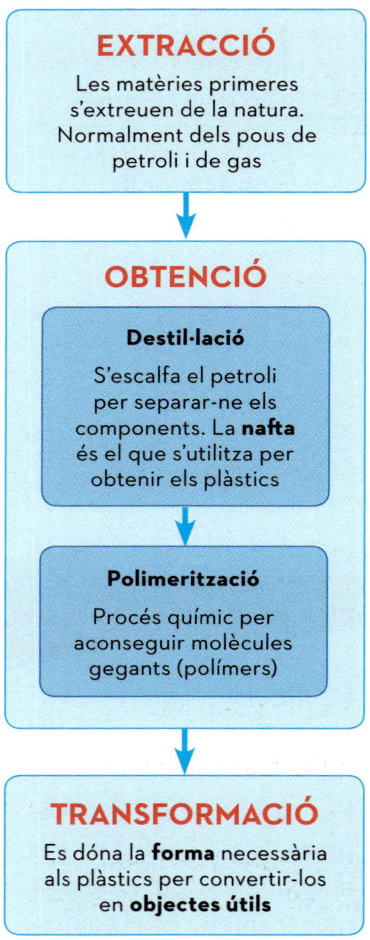

Fig. 5.37. Procés d'obtenció de plàstics

Per disminuir la quantitat de carboni i d'impureses que encara conté el ferro colat, cal aplicar el procés d'**afinament**. Això es fa al **forn convertidor**, que és un recipient similar a l'alt forn però més petit.

Al forn convertidor s'introdueixen el ferro colat, la **ferralla** i la **calç**. Després, s'hi injecta **oxigen**. L'oxigen i la ferralla disminueixen la quantitat de carboni. La calç serveix per separar les impureses. Al final del procés obtenim l'acer.

L'acer passa després per un procés de **laminació**, on se li dóna la **forma comercial** adequada perquè les indústries metàl·liques el **transformin** en objectes útils.

6.2. Obtenció dels plàstics

Per aconseguir objectes de plàstic també cal aplicar un **procés tecnològic**, que consta de les mateixes tres fases que en el cas dels metalls: **extracció**, **obtenció** i **transformació**.

A les **indústries petroquímiques**, a partir del petroli s'obté la *nafta*, que és un producte format per molècules simples. A les **indústries químiques**, es combinen químicament aquestes molècules simples i així es formen unes molècules més grans: els *polímers*.

La **polimerització** consisteix a enllaçar químicament un gran nombre de molècules simples. Amb la polimerització s'obtenen els **polímers**.

El **polietilè**, per exemple, s'aconsegueix enllaçant químicament un gran nombre de molècules d'etilè.

Els polímers, normalment en forma de granulat, s'utilitzen a les **indústries del plàstic** per fabricar tota mena d'**objectes de plàstic**.

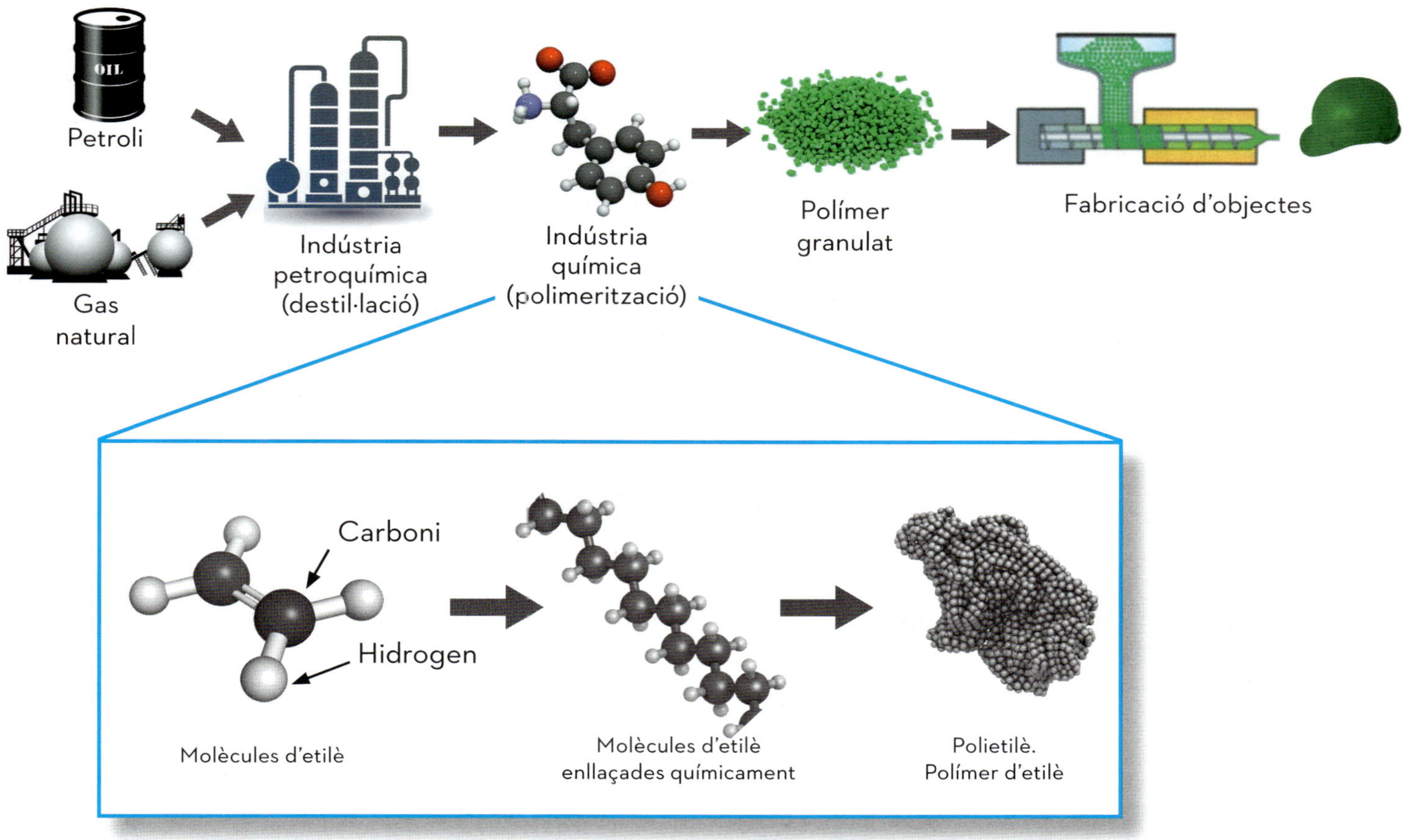

Fig. 5.38. Procés d'obtenció i de transformació dels plàstics

ACTIVITATS

17. Quines són les matèries primeres que es necessiten per obtenir acer?
18. Quants forns són necessaris per a l'obtenció de l'acer? Com es diuen? Quines diferències hi ha entre aquests fons?
19. Quins residus es produeixen en el procés d'obtenció de l'acer? On es produeixen?
20. Quines són les matèries primeres que es necessiten per obtenir els plàstics? Quina indústria els aplica el primer procés d'obtenció a aquestes matèries?
21. Tenint en compte el procés d'obtenció i de transformació dels plàstics, ordena en el temps els conceptes següents: *polimerització – fabricació d'objectes de plàstic – extracció dels pous – destil·lació – nafta – granulat.*

7 IMPACTES AMBIENTALS I RECICLATGE

SABIES QUE...

Alumini i electricitat

Per obtenir 1 kg d'alumini es necessiten 15 000 kWh d'energia elèctrica, el triple que per obtenir 1 kg d'acer.

Per cada llauna d'alumini que es recicla, s'estalvia l'energia necessària per veure la TV durant 1 h.

L'obtenció d'un metall com l'alumini produeix un fort impacte ambiental. Per obtenir 1 kg d'alumini cal extreure 5 kg de mineral (bauxita) i utilitzar una gran quantitat d'energia elèctrica. A més, es consumeix una gran quantitat d'aigua i es genera un volum important de residus (líquids i gasos) contaminants.

Fig. 5.39. Mina de bauxita a Los Pijiguaos (Veneçuela)

Per obtenir 1 kg d'alumini reciclat, no es necessita bauxita. S'utilitza molt poca energia (només un 5 %) si es compara amb la que cal per obtenir-lo del mineral. A més, es redueix molt el consum d'aigua i els residus contaminants.

Com acabes de veure en l'exemple de l'alumini, el reciclatge de materials permet reduir l'impacte ambiental. Però recorda que, abans de **reciclar**, cal **reduir** el consum i **reutilitzar** els objectes.

RECORDA!

Fig. 5.40. Contenidors de recollida selectiva

La **recollida selectiva** d'escombraries és una acció important que contribueix a la separació dels residus i, per tant, facilita el seu reciclatge.

7.1. Reciclatge

Els papers, cartrons i fustes tenien en comú la seva composició: la cel·lulosa. Això no passa en els metalls ni en els plàstics. Per aquest motiu, cada metall i cada tipus de plàstic tenen el seu **propi procés de reciclatge**. Per poder reciclar-los cal, doncs, un pas previ: la **separació**.

La **separació** dels residus és imprescindible abans de reciclar metalls i plàstics.

Per separar els metalls fèrrics de la resta, s'aprofiten les seves propietats **ferromagnètiques**: la majoria de metalls fèrrics són atrets pels imants i la resta de metalls, no.

Per separar els metalls no fèrrics, com l'alumini, dels plàstics i d'altres residus no metàl·lics, s'aprofita la seva **conductivitat elèctrica**.

Per separar els diferents tipus de plàstic és útil el **codi** marcat pel fabricant (fig. 5.41).

A. Reciclatge de metalls

Un cop separats i classificats els diferents tipus de metalls, es porten a les **foneries**, on seran recuperats en forns a grans temperatures. Els metalls reciclats conserven les mateixes **propietats** que els que han estat obtinguts a partir dels minerals.

Per cada quilogram d'acer que es recicla, estalviem 1,5 kg de mineral de ferro, 0,5 kg de carbó, un 70 % d'energia i un 40 % d'aigua. El reciclatge de metalls, doncs, **estalvia matèries primeres**, **energia** i **aigua**.

SABIES QUE...

L'acer és el material **més reciclat del món**, fins i tot més que l'alumini, el plàstic i el vidre junts.

EXPERIMENTA!

Amb l'ajuda d'un imant, classifica objectes metàl·lics que puguis trobar al taller de tecnologia en dues categories: fèrrics i no fèrrics. Intenta identificar els materials no fèrrics a partir del seu aspecte i de la seva utilització. Presenta la teva activitat en forma de dues llistes o en forma de taula utilitzant eines digitals.

SABIES QUE...

Les **foneries** són llocs on es fonen els metalls. Per fer-ho utilitzen forns on apliquen unes temperatures molt elevades.

Els metalls surten dels forns en forma líquida i sense impureses.

B. Reciclatge de plàstics

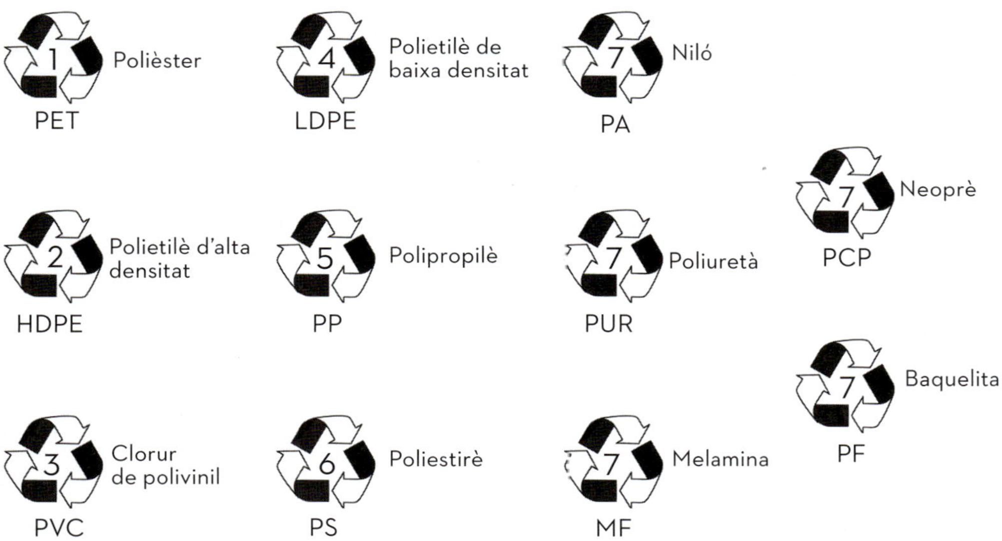

Fig. 5.41. Símbols d'identificació de plàstics

El reciclatge de plàstics no és tan fàcil com el dels metalls. Els termoplàstics són fàcilment reciclables, però els termostables no es poden reciclar. A més, a mesura que es van reciclant, els plàstics van **perdent propietats**.

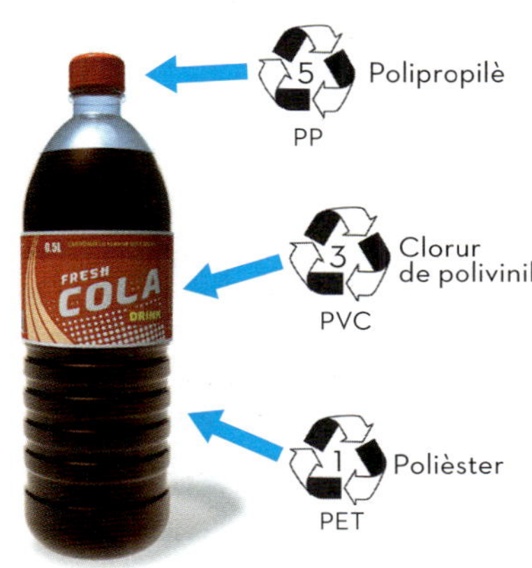

Fig. 5.42. La barreja de materials diferents dificulta el reciclatge.

Els plàstics que no poden ser reciclats, es cremen a les incineradores per recuperar l'energia que contenen. Aquesta incineració ha d'estar molt controlada per evitar al màxim la formació de contaminants tòxics.

Tot seguit et mostrem alguns **exemples de reciclatge de plàstics**.

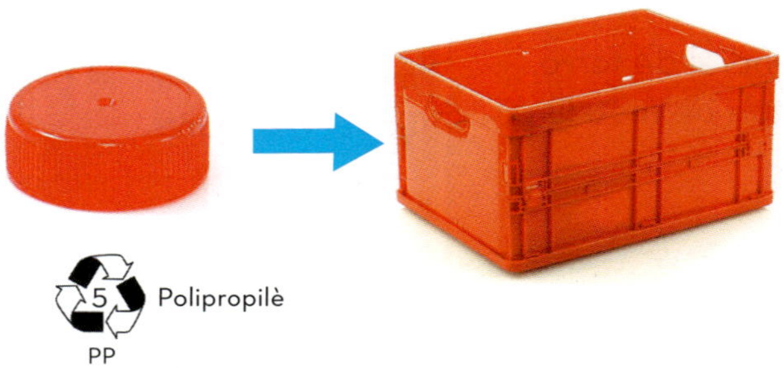

Fig. 5.43. Els taps d'ampolles, normalment de polipropilè o de polietilè, són reciclables i es poden utilitzar per fer caixes.

Fig. 5.44. El polièster de les ampolles pot ser reciclat per omplir l'interior d'anoracs.

Fig. 5.45. Els residus d'envasos recuperats per recollida selectiva poden reciclar-se per fabricar mobles d'exterior.

INVESTIGA I EXPOSA!

Fes una recerca d'informació a Internet sobre materials reciclats, com podria ser, per exemple, el Tectan, i prepara una exposició on expliquis què és, com es fabrica i quines són algunes de les seves aplicacions.

ACTIVITATS

22. **Explica quins són els impactes ambientals que produeixen l'obtenció de metalls i de plàstics.**

23. **Els metalls i els plàstics tenen els seus processos de reciclatge. Quines diferències tenen aquests processos si els comparem amb el reciclatge dels papers i els cartrons?**

24. **Quina propietat s'utilitza per separar, de forma automàtica, els metalls de la resta de materials? I com es poden separar els metalls fèrrics de la resta de metalls?**

25. **Si sents a dir que «Els metalls i els plàstics es poden reciclar moltíssimes vegades», què en diries tu?**

POSA'T A PROVA!

Tot seguit et mostrem un exemple d'anàlisi d'un objecte. Seguint aquest exemple, elabora la teva anàlisi sobre algun objecte quotidià que contingui metalls, plàstics i/o ceràmiques. Afegeix una fotografia de l'objecte al teu treball.

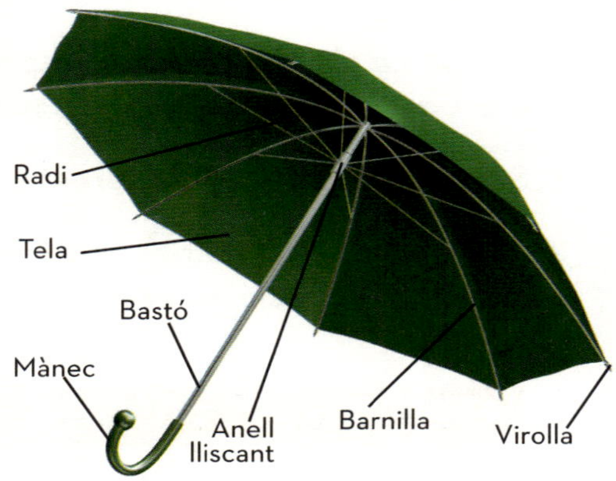

Fig. 5.46. Paraigua

Nom	Paraigua.
Utilitat	Protegir les persones de la pluja.
Àmbit tecnològic	Tèxtil (complements).
Fabricació	Industrial, tot i que també es fan de manera artesanal.
Materials	**Plàstic** rígid per al mànec. Podria ser baquelita o melamina. **Acer** per al bastó, les barnilles, els radis, l'anell lliscant i les virolles. **Teixit** per a la tela. Podria ser de fibres tèxtils de niló.
Propietats dels materials	El plàstic del mànec és **aïllant tèrmic**, **resistent a l'oxidació** i **lleuger**, això el fa agradable al tacte, resistent a la suor de les mans i còmode de portar. L'acer del bastó és **resistent** i **rígid** i serveix de suport a totes les altres parts. Tot i ser d'acer, és **lleuger** perquè té forma de tub buit per dins. L'acer de les barnilles és elàstic per corbar-se quan s'obre el paraigua i tornar a la forma recta quan es tanca. L'acer de l'anell lliscant és **resistent** per fer de suport als radis que reben la força de la tela quan el paraigua està obert. La tela és d'un teixit fet amb fibres tèxtils (possiblement niló) **impermeable**, **lleugera** i **flexible** per plegar-se i desplegar-se amb facilitat.
Possibilitats «RRR»	**Reducció**: conservar-lo en bones condicions per tal d'allargar la seva vida útil. **Reutilització**: utilitzar-lo de pantalla decorativa d'un llum en un habitatge. **Reciclatge**: cal portar-lo a la deixalleria o llençar-lo al contenidor de rebuig. L'acer es pot reciclar. El plàstic, en ser termostable, no es pot reciclar i, per tant, es cremarà, juntament amb la tela, per tal de **recuperar energia**.
Possibles millores	Fer-lo més plegable perquè ocupi menys espai quan està tancat. Fer el mànec amb una forma més ergonòmica i amb una capa de plàstic elastòmer perquè sigui més agradable al tacte i perquè no llisqui quan tenim les mans mullades. Afegir-li un mecanisme perquè es pugui obrir/tancar amb una sola mà.

ACTIVITATS FINALS

1. Classifica els metalls següents segons es tracti de metalls purs o d'aliatges: *llautó - coure - fosa - ferro - bronze - acer - alumini - crom - duralumini.*

2. Classifica els plàstics següents segons es tracti de termoplàstics, termostables o elastòmers: *melamina - polietilè - poliuretà - PVC - làtex - baquelita - poliamida - neoprè.*

3. Si tenim tants metalls diferents, per què cal utilitzar aliatges?

4. Selecciona tres aliatges que coneguis, reprodueix una taula com la següent, i omple-la amb la informació correcta.

Aliatge	*Color*	*Elements que el formen*	*Exemple d'aplicació*
Acer inoxidable	Platejat	Ferro...	Olla a pressió

Taula 5.4. Anàlisi d'aliatges

5. Si et diuen que escalfant els taps de plàstic d'algunes ampolles els poden convertir en una caixa, a quin grup de plàstics (termoplàstics, termostables, elastòmers) pertany el polímer utilitzat per fabricar aquests taps?

6. De les propietats següents, quines són les tres més bàsiques que tenen els materials ceràmics? *conductivitat - duresa - ferromagnetisme - lleugeresa - fragilitat - resistència mecànica - resistència a les altes temperatures.*

7. El diagrama de blocs de la figura representa el procés d'obtenció i de transformació de l'acer. Reprodueix-lo al teu quadern i omple'l situant-hi adequadament les paraules següents (pensa que hi ha paraules que es poden repetir): *fums - carbó - calç -acer - ferralla - biga d'acer - ferro colat - oxigen - mineral de ferro - escòria - pedra calcària - aire.*

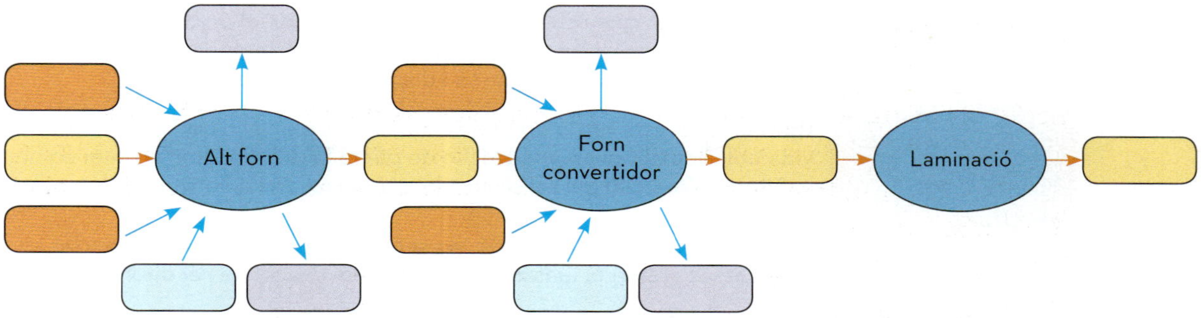

Fig. 5.47. Procés d'obtenció i de transformació de l'acer

8. Explica com es reciclen els metalls.

9. Tots els plàstics es poden reciclar de la mateixa manera? Justifica la teva resposta.

10. Com es poden reduir els impactes ambientals que provoquen l'obtenció de metalls i plàstics?

11. Els àcids són compostos químics que «ataquen» (descomponen químicament) l'acer i altres metalls. Quin material és més adequat per fabricar recipients que continguin àcids? Justifica la teva resposta.

12. El diagrama de blocs de la figura representa el procés d'obtenció i de transformació de plàstics. Reprodueix-lo al teu quadern i omple'l situant-hi adequadament les paraules següents: *nafta - objecte de plàstic - petroli - granulat de plàstic.*

Fig. 5.48. Procés d'obtenció i de transformació dels plàstics

13. En les imatges següents pots veure diversos productes fabricats amb plàstic: *polipropilè - poliuretà - polietilè - PVC - poliestirè*. Identifica cadascun dels plàstics relacionant les imatges amb el seu nom. Explica, també, per a cada producte, quina és la propietat principal que ha de tenir el material.

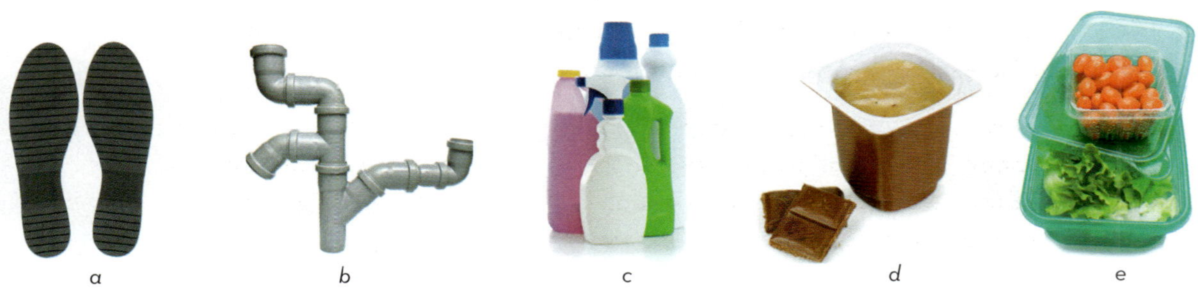

Fig. 5.49. Productes fabricats amb plàstic

14. En les imatges següents pots veure diversos productes fabricats amb metall: *crom - coure - acer - llautó - alumini*. Identifica cadascun dels metalls relacionant les imatges amb el seu nom. Explica, també, per a cada producte, quina és la propietat principal que ha de tenir el material.

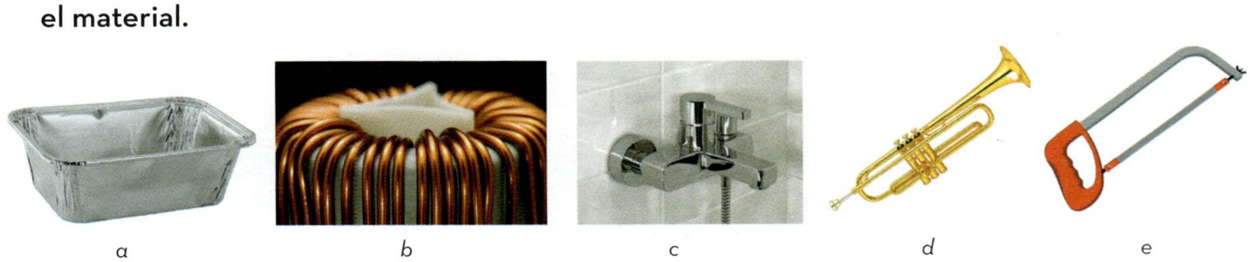

Fig. 5.50. Productes metàl·lics

6 L'ELECTRICITAT I EL CIRCUIT ELÈCTRIC

Objectius

- ✓ Valorar la importància de l'electricitat com a font d'energia.
- ✓ Comprendre el funcionament d'un circuit elèctric.
- ✓ Identificar els elements elèctrics fonamentals d'un circuit elèctric i analitzar-ne la funció i el comportament.
- ✓ Descriure les característiques principals dels aparells de comandament: polsadors, interruptors, commutadors i commutadors d'encreuament.
- ✓ Representar gràficament, utilitzant la simbologia adient, circuits elèctrics senzills.
- ✓ Reconèixer els riscos elèctrics i les normes de seguretat.

QUÈ EN SAPS?

Cada dia depenem més de tots els aparells i enginys que l'evolució humana i les noves tecnologies han permès inventar i crear. I gairebé tots funcionen amb electricitat. T'has imaginat alguna vegada com seria tot un dia de la teva vida sense electricitat? I tota una setmana sencera? Creus que som *electrodependents*?

La «gran apagada» de Barcelona l'any 2007 (quatre dies sense electricitat) o l'avaria de l'agost de 1993, quan més d'un 80 per cent del territori de Catalunya va quedar-se sense subministrament elèctric, van generar un caos monumental. També l'apagada més important dels Estats Units, l'any 2006, va suposar un daltabaix en la població i importants pèrdues econòmiques en tot el país.

Series capaç d'identificar uns quants elements que apareixen a la fotografia que acompanya aquest text i que funcionen amb electricitat?

A casa teva, l'electricitat i els circuits elèctrics també hi són molt presents. Per exemple, quan vols encendre o apagar el llum d'una habitació, acciones un interruptor. Però saps què és i com funciona un interruptor? Sabries explicar què és un circuit elèctric i quins components el formen?

Cal tenir present, però, que l'electricitat pot resultar molt perillosa, i fins i tot mortal, si es manipula inadequadament o no es tenen en compte les normes bàsiques de seguretat. Coneixes alguna d'aquestes normes de seguretat?

Sumari

Fig. 6.1. Electrodomèstics

1 L'ELECTRICITAT

Observa els aparells que apareixen en la imatge (fig. 6.1). Què et sembla que tenen en comú? Podríem dir que són productes tecnològics útils per a alguna cosa i satisfan una necessitat. Però, a més a més, tots tenen en comú que funcionen amb **energia elèctrica** o **electricitat**.

Les màquines i els aparells, per fer la seva funció, necessiten energia. Fins i tot, les persones i els éssers vius necessiten energia per poder viure. L'energia és el que permet fer funcionar les coses.

L'**electricitat** és una de les energies més importants i la més utilitzada en els països més desenvolupats.

Fixa't que cada vegada hi ha més aparells de tota mena que funcionen amb electricitat. Actualment, és difícil imaginar l'activitat diària de les persones i de la societat sense electricitat. Però, per què l'electricitat ha anat adquirint cada cop més importància en les nostres vides? Sobretot, per les característiques favorables i positives que té:

A. Avantatges de l'electricitat

✓ Fàcil de produir a partir d'altres fonts d'energia.

✓ Fàcil i ràpida de transportar a grans distàncies.

✓ Fàcil de transformar en altres energies: lluminosa, sonora, mecànica, tèrmica, magnètica, etc.

✓ Còmoda d'utilitzar.

✓ La seva utilització no sol generar residus, ni fums, ni gaire soroll (si comparem els motors dels cotxes o motos amb els motors elèctrics).

B. Inconvenients de l'electricitat

✗ Només es pot emmagatzemar en petites quantitats, com succeeix amb les piles, bateries i acumuladors.

✗ La producció d'electricitat causa contaminació i residus quan es genera a partir de fonts d'energia no renovables (petroli, carbó...), en centrals tèrmiques, o fent servir material radioactiu a les centrals nuclears.

1.1. El corrent elèctric

Sense adonar-te'n estàs utilitzant constantment aparells que funcionen amb electricitat. De fet, és difícil imaginar la nostra vida sense electricitat. Tanmateix, què en saps, de la naturalesa d'aquesta energia?

Els materials estan constituïts per partícules anomenades **molècules**, les quals, al seu torn, estan formades per **àtoms**. Cada tipus de molècula és la combinació d'un cert nombre d'àtoms enllaçats entre si d'una manera específica.

SABIES QUE...

No va ser fins a finals del segle XIX que l'electricitat es va començar a usar de manera pràctica.

Es pot considerar que l'era elèctrica va començar amb l'invent de la làmpada d'incandescència, per part de Thomas Alva Edison l'any 1879, i la instal·lació del primer sistema d'enllumenat elèctric.

SABIES QUE...

L'**àtom** és la partícula més petita d'un element químic (com ara el ferro, l'oxigen o l'hidrogen) que conserva les propietats d'aquest. Està format, fonamentalment, per tres partícules elementals: els **protons**, els **neutrons** i els **electrons**.

Les tres partícules elementals de l'àtom es diferencien per la seva naturalesa elèctrica, que anomenem **càrrega elèctrica**, i per la seva ubicació dins d'aquest.

- L'**electró** és la partícula més important des del punt de vista elèctric. Té càrrega negativa.
- El **protó** té càrrega elèctrica positiva.
- El **neutró** no té càrrega elèctrica.

L'estructura dels àtoms (fig. 6.2) és similar a la del sistema solar: al centre hi ha un nucli amb els protons i els neutrons, i, girant al seu voltant en òrbites el·líptiques i a gran velocitat, hi ha els electrons.

Fig. 6.2. Estructura de l'àtom

Quan els àtoms d'un cos guanyen electrons, diem que aquest cos ha adquirit **càrrega elèctrica negativa**. Per contra, si en perden, adquireixen **càrrega elèctrica positiva**.

Si unim dos cossos («A^-» i «B^+») amb un fil de material conductor (coure, alumini, acer...), el cos «A^-» amb càrrega elèctrica negativa i el «B^+» amb càrrega elèctrica positiva, els electrons sobrers del cos «A^-» circularan a través del fil conductor fins al cos «B^+». Aquest moviment d'electrons a través del material conductor (fig. 6.3) és el que anomenem **corrent elèctric**.

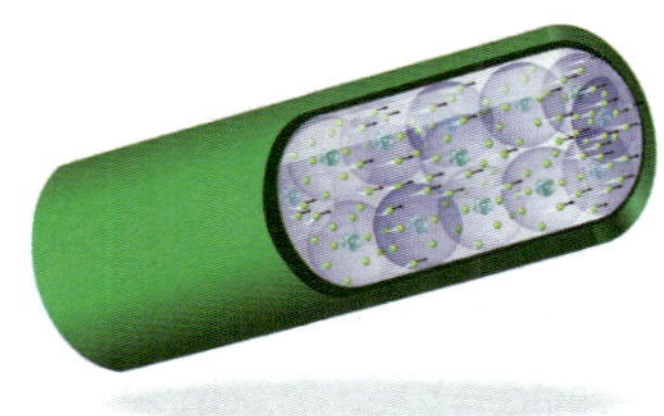

Fig. 6.3. El corrent elèctric és el moviment d'electrons a través d'un material.

> El **corrent elèctric** és el desplaçament d'electrons a través d'un material conductor entre dos punts amb diferent càrrega elèctrica. La unitat de la **intensitat del corrent elèctric** és l'**ampere** (**A**).

ACTIVITATS

1. **Fes una llista de sis aparells que utilitzis habitualment i que funcionin amb electricitat. Explica'n la funció.**
2. **Per què creus que hi ha aparells que funcionen connectats a endolls, i altres amb piles o bateries?**
3. **Com s'explica que l'electricitat sigui una de les energies més importants i la més utilitzada en els països desenvolupats?**
4. **Quins inconvenients té l'electricitat com a font d'energia?**
5. **Cerca dos aparells que facin la mateixa funció; un que funcioni amb electricitat, i l'altre, no. Compara'n els avantatges i els inconvenients.**
6. **Reflexiona i comenta com repercutiria en les teves activitats habituals no disposar de cap tipus d'electricitat durant tres dies. Hi trobes aspectes positius?**

SABIES QUE...

Els **llamps** i els **trons** són un dels fenòmens naturals que més ha fascinat la humanitat al llarg de la seva història.

Un llamp és un intercanvi d'energia elèctrica, que es produeix quan hi ha una tempesta, entre els núvols i la Terra o entre núvols de diferents càrregues.

Fig. 6.4. Llanterna

2 EL CIRCUIT ELÈCTRIC

Fixa't bé en la llanterna de la fig. 6.4 o en una altra de semblant que tinguis a casa teva. Aquest aparell elèctric ha estat fabricat unint diferents elements. Ara bé, sabries identificar quins d'aquests elements són certament necessaris per fer llum?

De segur que et serà més fàcil reconèixer-los en el dibuix de la fig. 6.5: la *bombeta* (l'element que produeix llum), les *piles* (subministren l'energia elèctrica), l'*interruptor* (el mecanisme per obrir i tancar el pas del corrent elèctric) i el *cable* o material conductor (condueix el corrent elèctric de les piles a la bombeta). Aquests quatre elements formen un **circuit elèctric**.

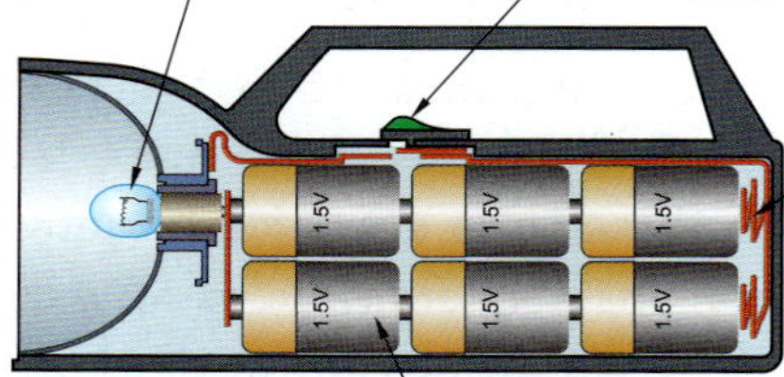

Fig. 6.5. Circuit elèctric d'una llanterna

> Un **circuit elèctric** és un conjunt d'elements connectats entre si per on circula el corrent elèctric.

SABIES QUE...

Les bombetes tradicionals d'incandescència estan a punt de desaparèixer, després de més de 135 anys, i ser substituïdes per altres tipus que duren fins a 17 vegades més i són molt més eficients, com ara les **bombetes LED**.

L'operació que es fa per enllaçar els diferents components d'un circuit elèctric, mitjançant un cable o conductor, s'anomena **connexió**. I, justament, per facilitar-ne la connexió, els elements d'un circuit elèctric tenen **terminals** o **borns** de connexió.

SABIES QUE...

Un **terminal** o **born** és una peça conductora, i de connexió, de dispositius, màquines i aparells elèctrics.

2.1. Com funciona un circuit elèctric?

La fig. 6.7 mostra el muntatge real d'un circuit elèctric elemental per encendre una bombeta amb una pila, semblant al de la llanterna de la fig. 6.5, però sense l'interruptor. La representació esquemàtica del funcionament d'aquest mateix circuit es mostra a la fig. 6.8.

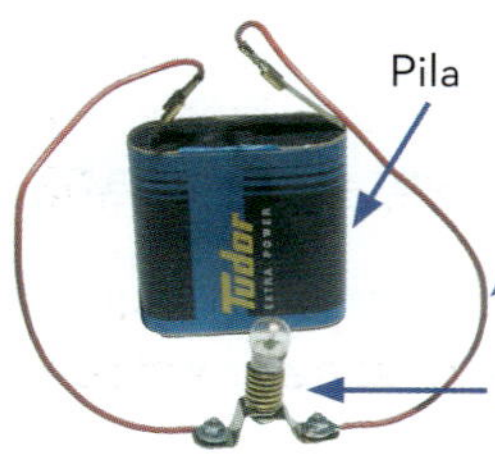

Fig. 6.7. Muntatge real d'un circuit elèctric elemental

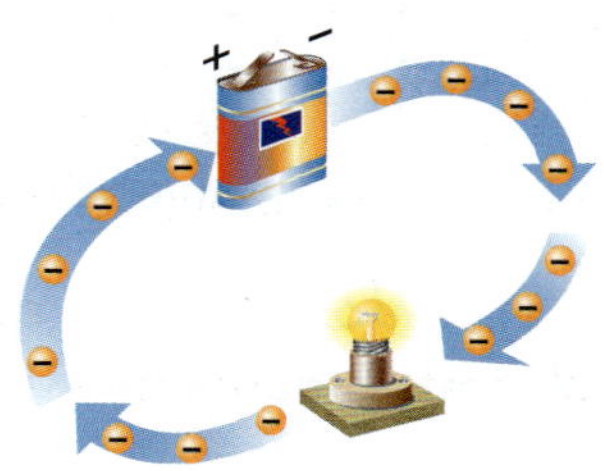

Fig. 6.8. Representació esquemàtica del funcionament d'un circuit elèctric elemental

En aquest circuit tancat, la pila és el dispositiu que aporta l'energia necessària per impulsar els electrons i, d'aquesta manera, generar el corrent elèctric indispensable per il·luminar la bombeta.

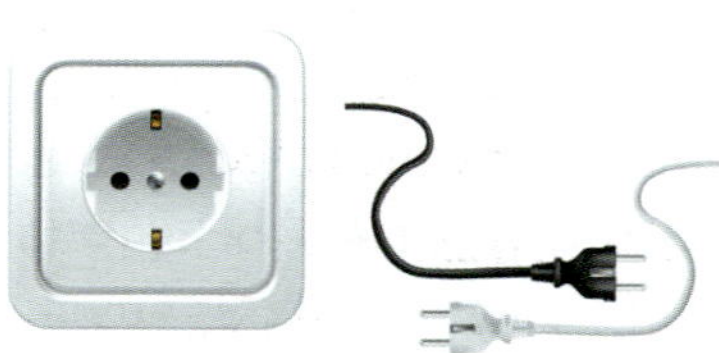

Fig. 6.6. Els terminals o borns de bases d'endoll i de clavilles faciliten la connexió.

El pol negatiu (-) de la pila impulsa els electrons cap al pol positiu (+) a través del cable i la bombeta. Quan aquesta circulació d'electrons (corrent elèctric) passa per la bombeta, la fa funcionar (emet llum). A l'interior de la pila, els electrons que arriben al pol positiu són retornats al pol negatiu, per tornar a iniciar el camí. Quan la pila esgota l'energia, deixa d'impulsar electrons i cessa el corrent elèctric; per consegüent, la bombeta deixa de fer llum.

Per fer anar tots els aparells i les màquines que funcionen amb electricitat, fem servir dos tipus de corrent elèctric: el **corrent continu** i el **corrent altern**.

- **Corrent continu**. El sentit del desplaçament dels electrons en el circuit és constant, no varia. El generen les piles, les bateries, els acumuladors... El corrent continu se simbolitza amb la sigla **CC**, encara que també s'utilitza la sigla **DC**, que correspon a l'expressió anglesa *direct current*.
- **Corrent altern**. És un corrent (moviment dels electrons) que va variant el seu sentit contínuament. L'obtenim a través dels endolls i és el que tenim a la instal·lació elèctrica de casa o a l'escola. La majoria d'aparells elèctrics que usem habitualment fan servir aquest tipus de corrent. Se simbolitza amb la sigla **CA** i també amb **AC**, que és l'abreviatura anglesa d'*alternating current*.

El **sentit real** del corrent continu es correspon amb el del moviment dels electrons en el circuit; és a dir, del pol negatiu al pol positiu. De tota manera, i per raons històriques, se sol utilitzar el **sentit convencional del corrent continu**, que és del pol positiu (+) al pol negatiu (-).

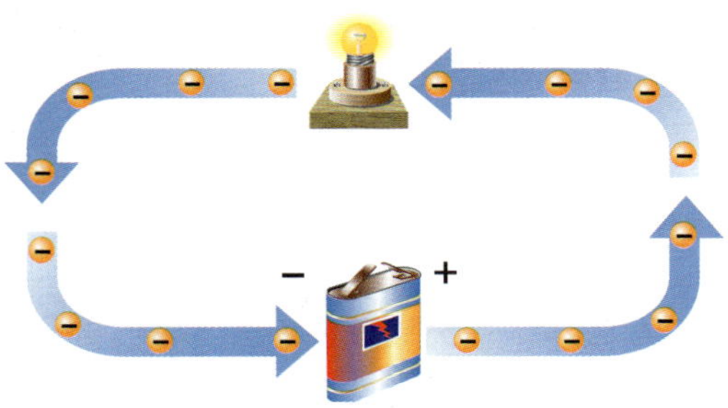

Fig. 6.11. Sentit **convencional** del corrent continu

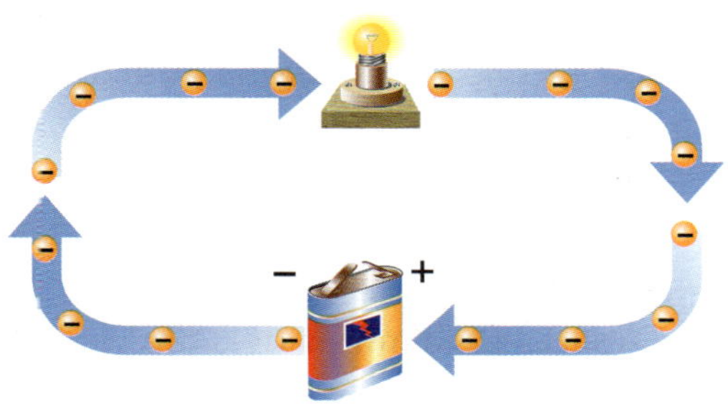

Fig. 6.12. Sentit **real** del corrent continu

La continuïtat en el circuit elèctric

Tornem a reprendre l'exemple de la llanterna. Quines condicions s'han de donar perquè es produeixi corrent elèctric en el circuit i, en conseqüència, s'encengui la bombeta?

- Tots els components han d'estar connectats correctament entre si.
- El camí per on circulen els electrons no ha de ser interromput.
- El circuit (camí tancat) ha de començar en un pol del generador o pila i acabar a l'altre.
- Òbviament, caldrà també que la pila tingui prou energia, el cable conductor no es trobi trencat i la bombeta no estigui feta malbé.

Fig. 6.9. Els endolls que tenim a casa subministren corrent altern.

Fig. 6.10. Les piles i bateries subministren corrent continu.

SABIES QUE...

Una pila té dos terminals: *pol positiu* i *pol negatiu*.

El **pol negatiu**, marcat amb el signe «-», és l'extrem de la pila pel qual surten càrregues elèctriques.

El **pol positiu**, marcat amb el signe «+», és l'extrem pel qual entren càrregues elèctriques.

Fig. 6.13. Una bombeta fosa deixa el circuit obert.

En conclusió, perquè funcioni caldrà que hi hagi **continuïtat en el circuit elèctric**, és a dir, que hi circulin contínuament electrons, que són els encarregats de generar corrent elèctric i fer que la bombeta llueixi.

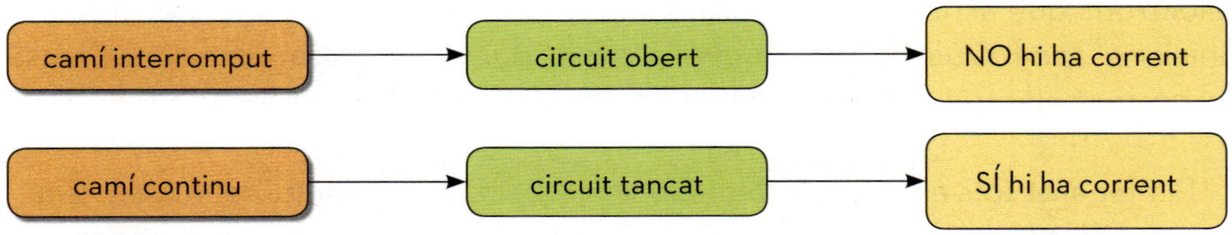

I l'element que, en la llanterna, permetrà controlar el funcionament del circuit elèctric (l'encesa o apagada del llum), d'una manera pràctica i efectiva, és l'interruptor, que ens possibilitarà tancar i obrir el circuit a voluntat nostra.

Una bombeta fosa o un cable trencat deixen el circuit obert i, en conseqüència, provoquen que no hi circuli corrent i n'impedeixen el funcionament correcte.

2.2. Representació gràfica dels circuits elèctrics

Fig. 6.14. Un cable trencat interromp la continuïtat i deixa el circuit obert.

Fins ara, la representació gràfica d'un circuit elèctric l'hem feta amb una fotografia o dibuixant-lo tal com el veiem a la fig. 6.16. Aquests sistemes resulten molt poc pràctics.

Per facilitar i simplificar la representació gràfica dels elements d'un circuit elèctric s'utilitzen **símbols** (fig. 6.15). A més, perquè puguin ser compresos per tothom, els símbols estan sotmesos a normes internacionals; d'aquesta manera, se'n facilita l'ús i s'eviten interpretacions errònies.

Un **símbol elèctric** és la representació gràfica d'un element del circuit.

Per representar gràficament un circuit elèctric, es fa servir l'**esquema** (fig. 6.17), que utilitza els símbols dels diferents components.

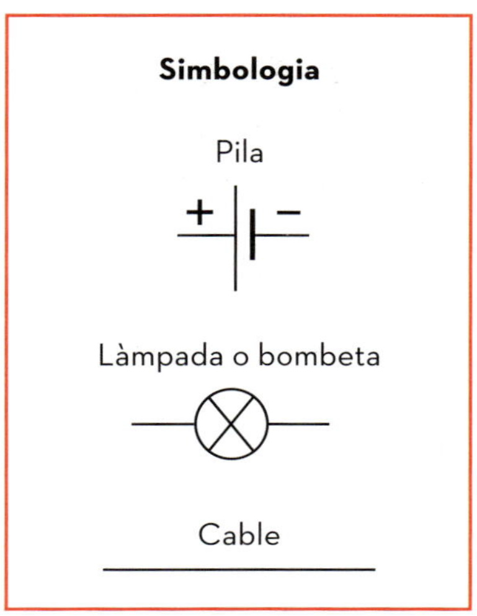

Fig. 6.15. Simbologia elèctrica

Fig. 6.16. Dibuix d'un circuit elèctric

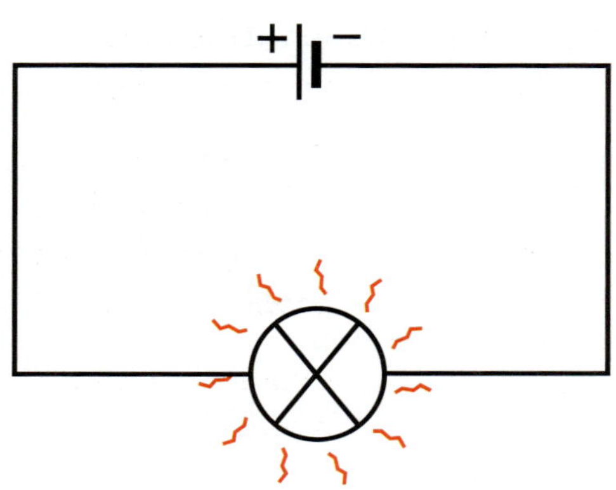

Fig. 6.17. Esquema d'un circuit elèctric

Un **esquema elèctric** és la representació gràfica del circuit, en què es mostren les connexions dels diferents elements reproduïts per símbols.

ACTIVITATS

7. Esmenta uns quants aparells que tinguin un circuit elèctric simple, semblant al d'una llanterna. És indiferent si funcionen amb corrent continu o corrent altern.

8. Assenyala quins dels aparells representats a la figura solen funcionar autònomament amb corrent continu subministrat per piles o bateries elèctriques.

Fig. 6.18.

9. Explica quines condicions s'han de donar en un circuit elèctric simple perquè hi circuli corrent i funcioni correctament.

10. Quina diferència hi ha entre el corrent elèctric que subministra una pila i el que proporciona un endoll?

11. Dibuixa l'esquema elèctric (amb símbols) d'un circuit format per una bombeta connectada a una pila perquè hi circuli corrent elèctric.

12. Exposa les diferències entre el ***sentit real*** del corrent elèctric i el ***sentit convencional***.

13. Identifica els components del circuit elèctric de la fig. 6.19 i descriu-ne la funció.

14. Comenta com procediries per esbrinar què li passa a una llanterna que no funciona. Elabora un breu manual amb les avaries més probables i el que caldria fer en cada cas per solucionar el problema.

Fig. 6.19. Circuit elèctric

15. Quins elements d'un circuit elèctric representen els símbols següents?

Fig. 6.20.

Fig. 6.21. Un fusible és un dispositiu bàsic de protecció que conté un element que es fon i interromp el pas del corrent elèctric quan aquest adquireix un valor superior al permès.

RECORDA!

- Les **piles** i les **bateries** no es poden llençar a les escombraries directament, ja que poden contenir materials tòxics i contaminants.
- Cal dipositar-les al contenidor específic per a la recollida de piles usades.

3 ELEMENTS DEL CIRCUIT ELÈCTRIC

Per muntar un circuit elèctric simple, com els que hem vist fins ara, necessitem disposar d'aquests elements o components mínims:

- Un **generador** (pila, bateria...), que és l'element encarregat de subministrar energia al circuit.
- Uns **conductors** (fils o cables elèctrics), que són els elements que permeten el pas del corrent elèctric.
- Un **receptor** (bombeta, timbre, motor...), que és el component que rep l'energia elèctrica i la transforma en un altre tipus d'energia, com ara llum, so, moviment, etc.

Tanmateix, un circuit elèctric elemental, com el de la llanterna, també sol disposar d'altres elements que permetin governar-lo:

- Un **element de control** o **aparell de comandament** (interruptor, polsador...), que permet governar el circuit (connectar-lo i desconnectar-lo) de manera còmoda.

Així mateix, també és indispensable que tot circuit elèctric disposi de:

- Un **element de protecció** (fusible, interruptor automàtic de protecció...), que té la missió de protegir la instal·lació i les persones davant de qualsevol anomalia que suposi una situació de risc.

3.1. Generadors

Els **generadors** són els elements responsables de subministrar l'energia elèctrica als circuits. La generen a partir de la transformació d'un altre tipus d'energia (química, solar, mecànica, etc.).

Hi ha diferents tipus de generadors. A l'hora d'escollir-ne un per alimentar un circuit, hem de tenir en compte dos factors: el tipus de corrent que generen (continu o altern) i la tensió que subministren. A la fig. 6.22 es mostren els símbols de diferents tipus de generadors.

Les **piles** són generadors de corrent continu (CC) que transformen en energia elèctrica l'energia d'una reacció química que té lloc al seu interior.

Les **bateries recarregables** o **acumuladors** són dispositius de CC semblants a les piles, però que tenen la possibilitat de ser recarregats quan l'energia s'esgota. També existeixen al mercat les anomenades «piles recarregables», acumuladors amb el mateix format i prestacions que les piles convencionals, però que permeten ser recarregades.

Les **dinamos** són generadors de CC que produeixen electricitat a partir del moviment.

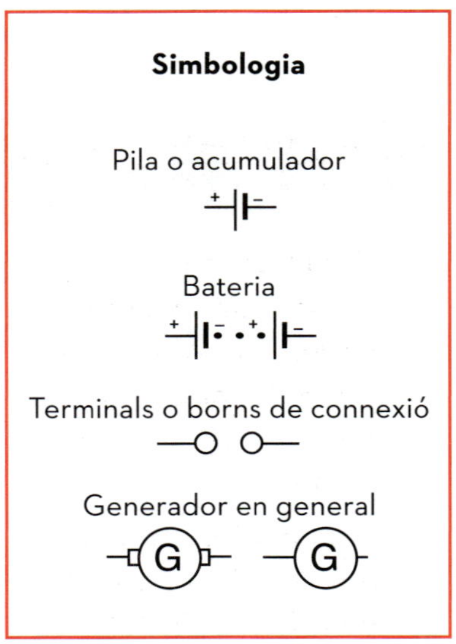

Fig. 6.22. Simbologia elèctrica de generadors.

Fig. 6.23. Diversos tipus de piles, bateria de telèfon mòbil i bateria de cotxe

Tanmateix, els generadors que s'utilitzen per fer funcionar la majoria d'aparells que tenim a casa o a l'escola són unes màquines rotatives, semblants a un motor, que s'anomenen **alternadors**. Es troben a les centrals elèctriques i generen CA. També s'utilitzen alternadors més petits per a altres aplicacions.

Per alimentar alguns circuits que se solen muntar a l'aula de tecnologia, de vegades s'utilitza una font d'alimentació, que és un aparell que actua com un generador de CC però que es connecta a un endoll de CA. Seria un cas semblant als dels alimentadors o carregadors de bateries que tens a casa; els connectes a un endoll de CA però, en canvi, subministren CC.

Fig. 6.24. Algunes llanternes porten un petit alternador incorporat en comptes de piles.

Tipus	*Sistema de generació del corrent*	*Recarregable?*	*Exemples d'aplicacions*
Piles	Generen corrent continu (CC) per reacció química.	No es poden recarregar.	Rellotges, llanternes, joguines, comandaments remots, etc.
Acumuladors Bateries	Generen corrent continu (CC) per reacció química.	Sí que es poden recarregar aplicant-hi electricitat.	Telèfons mòbils, càmeres de fotos, tauleta tàctil, cotxes, ordinadors portàtils.
Dinamos	Generen corrent continu (CC) fent girar el seu eix.	No es poden recarregar. Només funcionen quan hi ha moviment.	Actualment, gairebé ja no s'utilitzen.
Alternadors	Generen corrent altern (CA) fent girar el seu eix.	No es poden recarregar. Només funcionen quan hi ha moviment.	La majoria d'aparells de casa funcionen amb CA. En els vehicles, s'utilitzen per alimentar el circuit elèctric.

Taula 6.1. Tipus de generadors

Quan utilitzem algun tipus de generador, cal tenir sempre en compte un paràmetre molt important que està relacionat amb la «força» amb què és capaç d'impulsar les càrregues elèctriques o electrons. És el que s'anomena **voltatge** o **tensió** i es mesura en **volt** (**V**). Per això se sol parlar d'una pila de 4,5 V, 1,5 V, 9 V..., o bé es diu que la tensió elèctrica a les llars és de 230 V.

ALERTA!

- NO intentis recarregar mai una pila. Només es poden recarregar els acumuladors, les bateries i les piles recarregables.
- NO endollis mai un aparell de CC a un endoll de CA de la instal·lació elèctrica de casa teva.

Fig. 6.25. Cable elèctric tripolar flexible

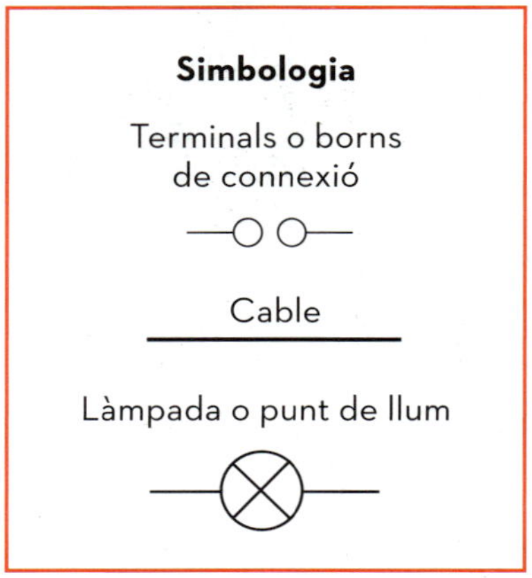

Fig. 6.26. Simbologia elèctrica

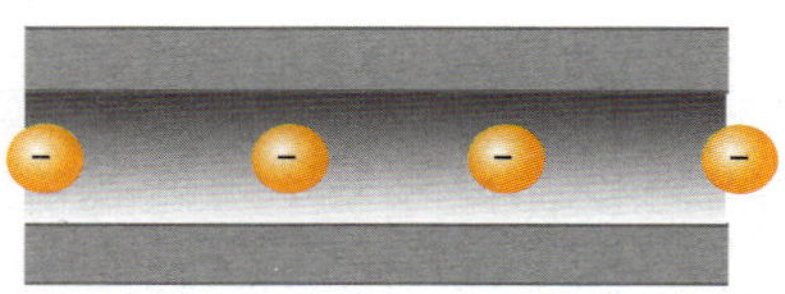

Fig. 6.27. Material conductor

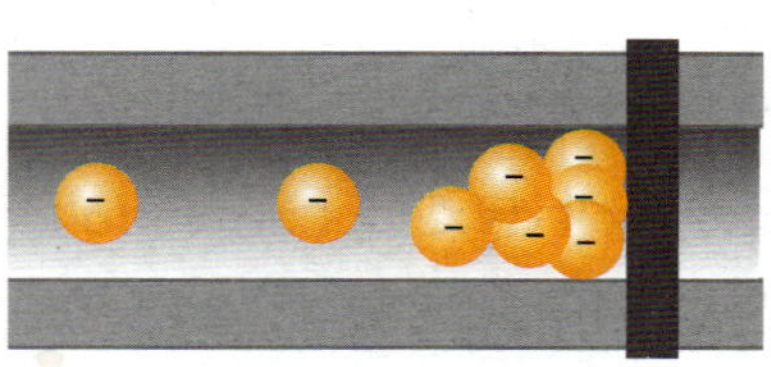

Fig. 6.28. Material aïllant

3.2. Conductors

Com ja has estudiat anteriorment, els **conductors** tenen la funció de transportar l'electricitat del generador al receptor, i del receptor al generador, per tancar el circuit. Per tant, podem dir que els conductors són els camins físics pels quals circula el corrent elèctric.

Des del punt de vista elèctric, podem distingir dos tipus de materials:

- **Materials conductors**. Deixen passar l'electricitat amb molta facilitat. Són molt utilitzats el coure i l'alumini, encara que, en general, tots els metalls són bons conductors.
- **Materials aïllants**. No deixen passar l'electricitat. En són exemples: els plàstics, la fusta, el vidre, la ceràmica o el paper.

Conductor elèctric és el nom genèric per referir-nos a **fils** i **cables elèctrics**.

S'anomena **cable** a un conductor (generalment de coure), o conjunt de fils conductors, sovint recoberts per un material aïllant (generalment de PVC o polietilè), que actua de protecció i que ens permet manipular-lo sense que ens passi el corrent elèctric, és a dir, sense *enrampar-nos*.

Segons el nombre de conductors protegits per una mateixa coberta, els cables poden ser: unipolars (un sol conductor), bipolars (2 conductors), tripolars (3 conductors), tetrapolars (4 conductors), etc.

La resistència elèctrica

En realitat, un material conductor ofereix poca resistència al pas del corrent, i un d'aïllant n'ofereix molta.

La **resistència** elèctrica és la dificultat que ofereixen els materials al pas del corrent elèctric. La unitat de mesura és l'**ohm** (simbolitzat com a Ω).

Tots els components d'un circuit elèctric tenen resistència. Els cables conductors són els que menys en tenen, i els materials aïllants, els que més. Els receptors també solen tenir una resistència relativament elevada.

3.3. Receptors

La finalitat d'un circuit elèctric és, essencialment, alimentar i fer funcionar un receptor. Pensa, per exemple, en el circuit d'una llanterna o en el d'una làmpada de taula.

Els **receptors** són elements del circuit elèctric que tenen la finalitat de transformar l'energia elèctrica que reben en qualsevol altre tipus d'energia o treball que ens resulti útil: llum, calor, so, moviment, etc.

Alguns receptors molt comuns són: les làmpades o bombetes, els timbres, els motors, les estufes, els electrodomèstics, etc.

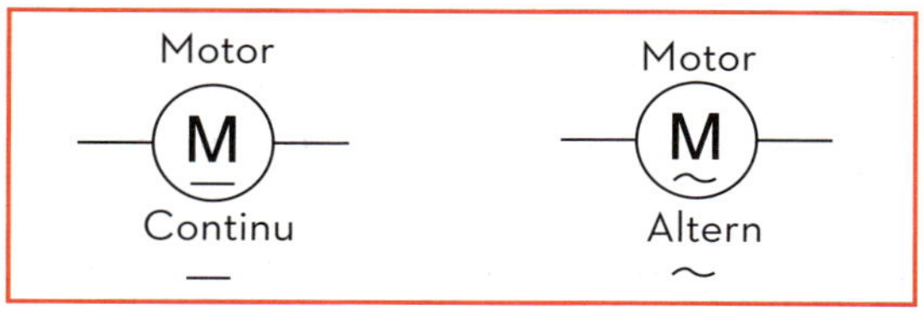

Fig. 6.29. Simbologia elèctrica de motors

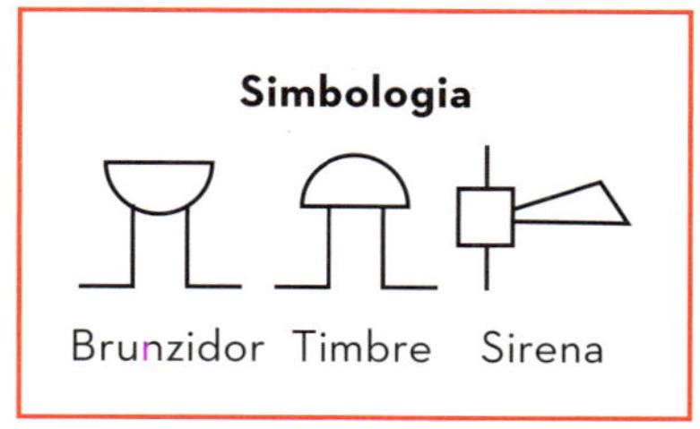

Fig. 6.30. Simbologia elèctrica de receptors

Abans de connectar un receptor a un circuit elèctric, cal tenir molt en compte el següent:

- **Tipus de corrent**. Detectar si és de corrent continu o de corrent altern. Si és de corrent continu, caldrà vigilar la *polaritat* (distingir entre el pol positiu i el pol negatiu) a l'hora de connectar-lo.
- **Tensió o voltatge**. La tensió que el receptor rep del generador ha de ser l'adequada. Una tensió inferior farà que l'aparell no funcioni correctament, i una de superior el pot espatllar o cremar.

Per raons de seguretat, és molt important utilitzar conductors amb el gruix o secció adequats a la intensitat que hi circula. Un cable més prim del que correspondria, s'escalfaria excessivament i podria provocar un incendi i fer malbé la instal·lació.

Fig. 6.31. Diferents tipus de bombetes. Les més eficients , com ara les de LED, consumeixen menys energia, són més ecològiques, i acaben suposant un gran estalvi econòmic.

Un altre factor a considerar és la **potència**, que es mesura en **watt** (W), atès que ens indicarà, per exemple, el nivell d'il·luminació d'una bombeta, el grau d'escalfor d'una estufa o la «força» que farà un motor.

ACTIVITATS

16. Quins són els tres components mínims necessaris per muntar un circuit elèctric? Comenta la funció que fa cadascun d'aquests.
17. Digues quina és la diferència principal entre una pila convencional, de les que fem servir per a un comandament a distància, i una bateria d'un telèfon mòbil.
18. Abans de connectar un receptor en un circuit elèctric, quines precaucions haurem de prendre per evitar-nos riscos i fer que l'aparell funcioni correctament?
19. Per què és important utilitzar cables amb el gruix adequat?
20. Posa dos exemples dels materials conductors més utilitzats, i dos, de materials aïllants. Justifica la teva resposta.
21. Explica la relació que hi ha entre resistència elèctrica i materials conductors i materials aïllants.
22. Dibuixa els símbols elèctrics d'una bombeta, un conductor, una pila, un motor i un timbre.
23. Descriu quina transformació d'energia fan una bombeta, una estufa, un timbre i un motor.

Fig. 6.32. L'interruptor té dues posicions estables. La posició seleccionada es manté fixa fins que s'acciona una altra vegada (vista frontal).

Fig. 6.33. L'interruptor té dos borns de connexió (vista posterior).

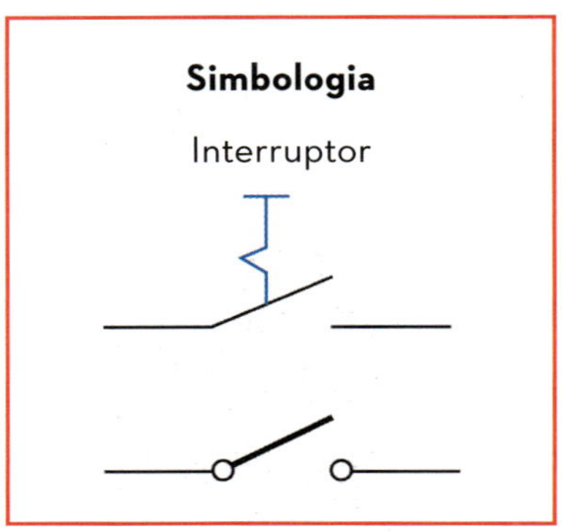

Fig. 6.34. Símbols elèctrics de l'interruptor. Tots dos símbols són equivalents i es poden utilitzar indistintament.

4 CIRCUITS ELÈCTRICS BÀSICS I APARELLS DE COMANDAMENT

Imagina't que vols dissenyar una llanterna. Quins elements necessitaries per muntar el circuit elèctric? Com a mínim, una bombeta, una pila i cable conductor. Però, amb aquests únics components, resultaria incòmode i dificultós encendre-la i apagar-la segons la nostra necessitat. Serà convenient, per tant, que disposi d'algun aparell de comandament per controlar-ne el funcionament.

També a casa teva, per encendre o apagar el llum d'una habitació o per posar en marxa algun electrodomèstic, fas servir **aparells de comandament** que et permeten governar-ne el funcionament de manera còmoda i pràctica.

Els **aparells de comandament** són operadors elèctrics que tenen la funció de governar o controlar els circuits, és a dir, permetre, interrompre o desviar el pas del corrent elèctric.

Els aparells de comandament manual més importants, i que seran objecte d'estudi en aquesta unitat, són: **interruptors**, **polsadors**, **commutadors** i **commutadors d'encreuament**.

4.1. Circuits amb interruptors

Per controlar el funcionament dels circuits, des d'un únic punt de comandament, se solen emprar interruptors. Seria el cas, per exemple, d'un llum de taula o d'una llanterna. També es fan servir per connectar i desconnectar molts aparells: televisors, estufes, ordinadors, electrodomèstics, etc.

L'**interruptor** és un aparell que té la funció d'obrir i tancar un circuit, i de mantenir-se en qualsevol dels dos estats possibles fins que es torni a accionar.

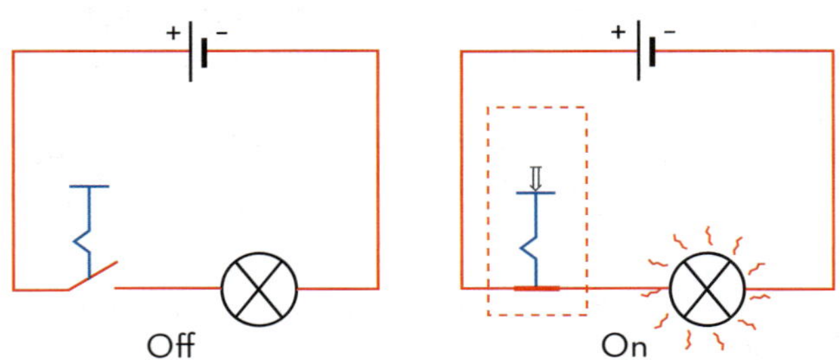

Fig. 6.35. Esquema elèctric d'un llum controlat per un interruptor. En l'estat OFF, el circuit es troba obert i el llum apagat. En l'estat ON, el circuit està tancat i el llum s'encén.

En la **posició o estat de repòs**, posició «0» o estat «OFF», es troba en circuit obert i, per tant, no deixa passar el corrent elèctric.

En la **posició o estat de treball**, posició «1» o estat «ON», l'interruptor es troba en circuit tancat, és a dir, deixa passar el corrent elèctric.

4.2. Circuits amb polsadors

L'aparell de comandament amb què fas sonar el timbre d'una casa és un polsador. Les tecles o botons d'una calculadora, d'un comandament a distància, d'un telèfon o d'un teclat d'ordinador també són polsadors.

Els **polsadors** fan la mateixa funció que un interruptor, tancar i obrir un circuit, però només executen la seva funció mentre estan accionats (estat de treball), i tornen automàticament a l'estat inicial quan es deixen de prémer (estat de repòs).

A l'igual de que succeeix amb l'interruptor, el polsador també disposa de dos borns de connexió. En canvi, incorpora un mecanisme d'accionament amb una molla de recuperació que, si es deixa d'accionar, el retorna a la posició inicial de repòs.

Hi ha dos tipus de polsadors:

- **Polsador NO** (normalment obert). Manté el circuit obert en estat de repòs i només el tanca quan es prem el polsador, fet que permet el pas del corrent elèctric.

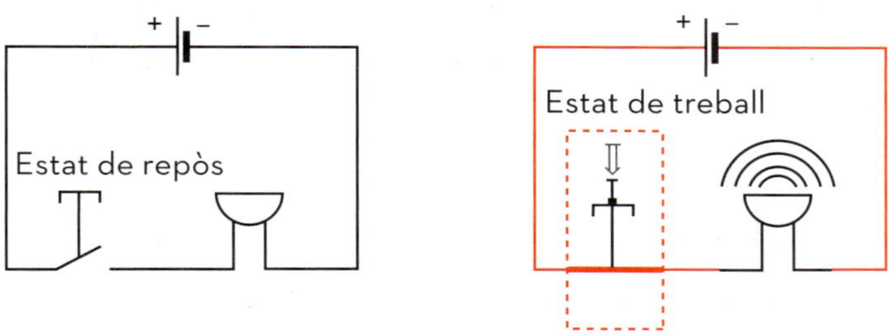

Fig. 6.37. Circuit elèctric d'un timbre governat per un polsador NO. El timbre funciona quan es prem el polsador.

- **Polsador NT** (normalment tancat). Manté el circuit tancat en estat de repòs (fet que permet el pas del corrent) i només l'obre quan es prem el polsador (interromp el pas del corrent).

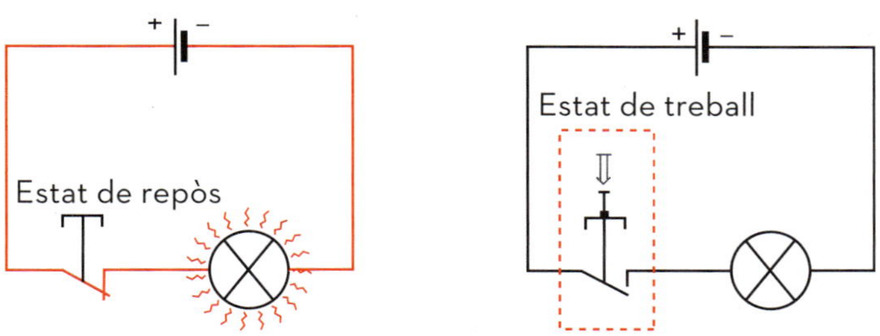

Fig. 6.38. Circuit elèctric d'una bombeta governada per un polsador NT. El llum s'apaga quan es prem el polsador.

Els **polsadors normalment oberts (NO)** s'utilitzen en el comandament de timbres i brunzidors, i en el control de petits electrodomèstics moguts per motors: molinets de cafè, batedores, etc.

Una aplicació dels **polsadors normalment tancats (NT)** la podem trobar en el control de llums que s'encenen en obrir una porta, com ara la de la nevera o la del cotxe.

SABIES QUE...

En els esquemes elèctrics, els interruptors i els polsadors sempre es representen en la posició de repòs.

Simbologia

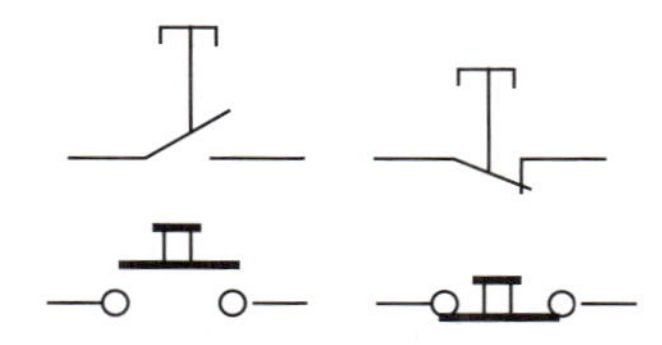

Fig. 6.36. Simbologia elèctrica de polsadors normalment oberts (NO) i de polsadors normalment tancats (NT). Els dos símbols del mateix element són equivalents i es poden utilitzar indistintament.

Fig. 6.39. El polsador només executa la seva funció mentre està accionat (vista frontal).

Fig. 6.40. El polsador té dos borns de connexió (vista posterior).

Simbologia

Commutador

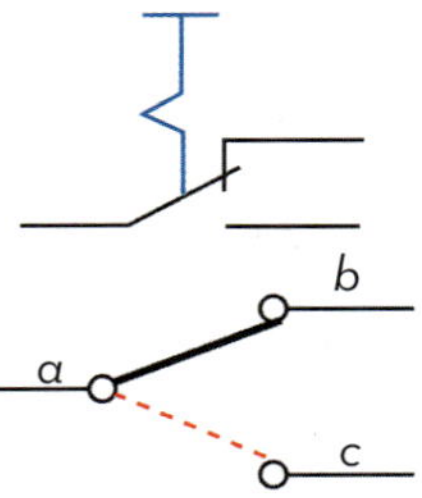

Fig. 6.41. Símbol elèctric del commutador

4.3. Circuits amb commutadors

Segurament, el llum d'alguna habitació de casa teva es pot encendre i apagar des de dos llocs diferents, potser des de la porta i des del costat del llit. Doncs per comandar aquest i altres dispositius que calgui activar o desactivar des de dos llocs indistintament es fan servir **commutadors**.

El **commutador** és un aparell de comandament amb dues posicions, semblant externament a un interruptor, que a l'hora que connecta un circuit en desconnecta un altre.

A. Com funciona un commutador?

El commutador té tres borns de connexió. El born d'entrada (***a***) és el **born comú**, i és únic per a les dues sortides (***b***, **c**) o **borns commutats**.

Fixa't en la fig. 6.43. En la posició «**0**», el born comú (***a***) està connectat a la sortida (***b***). En la posició «**1**», desconnecta la sortida (***b***) i connecta la sortida (***c***). Aquesta acció de desconnectar una sortida per connectar-ne una altra s'anomena commutar les sortides, i per això l'aparell s'anomena commutador.

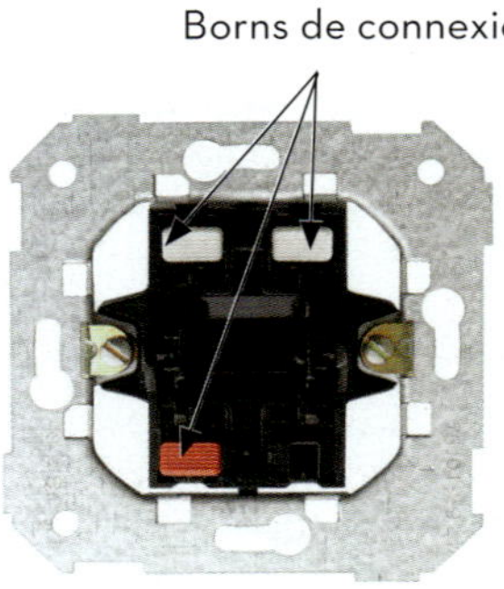

Fig. 6.42. El commutador té tres borns de connexió (vista posterior).

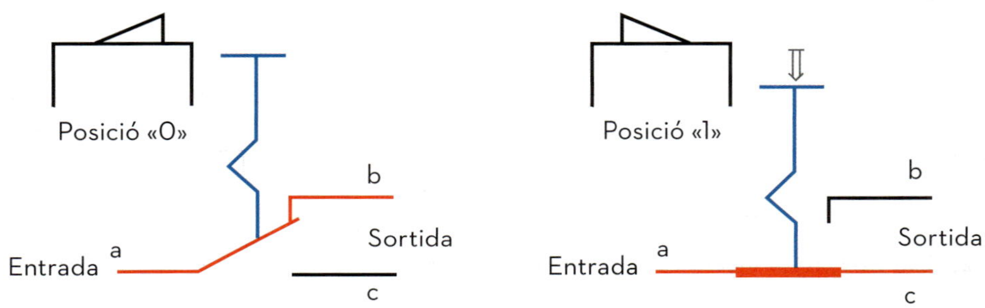

Fig. 6.43. Representació esquemàtica de les dues posicions d'un commutador

B. Aplicacions del commutador

Una de les aplicacions típiques del commutador és el control de dispositius des de dos llocs diferents, com és el cas d'encendre i apagar un llum des de dos punts d'una habitació.

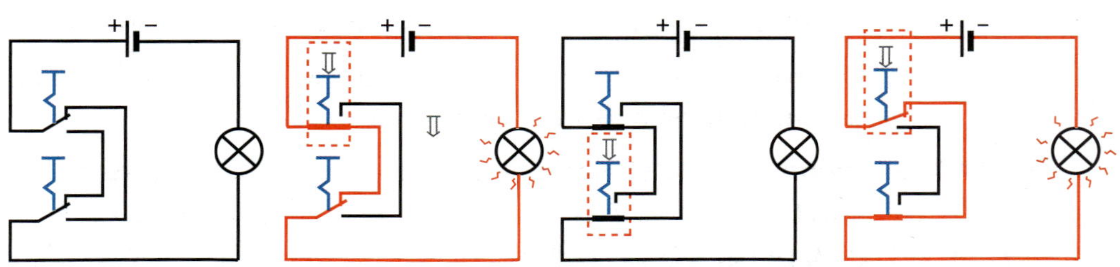

Fig. 6.44. Representació esquemàtica de les dues posicions d'un commutador

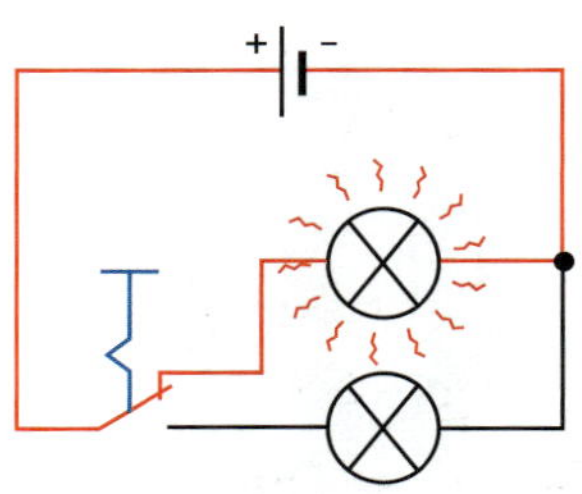

Fig. 6.45. Esquema d'un circuit commutat: l'accionament del commutador fa activar una bombeta o l'altra. Mai les dues alhora.

Una altra aplicació típica del commutador es mostra a la fig. 6.45. Amb l'accionament del commutador es tria per on circularà el corrent i, per tant, quin receptor funcionarà. Llavors, diem que els circuits estan *commutats* perquè no poden funcionar alhora: o bé funciona l'un, o bé l'altre.

4.4. Circuits amb commutadors d'encreuament

Per controlar el funcionament d'una bombeta des de tres llocs diferents, cal l'acció combinada de dos commutadors «simples» i d'un **commutador d'encreuament**.

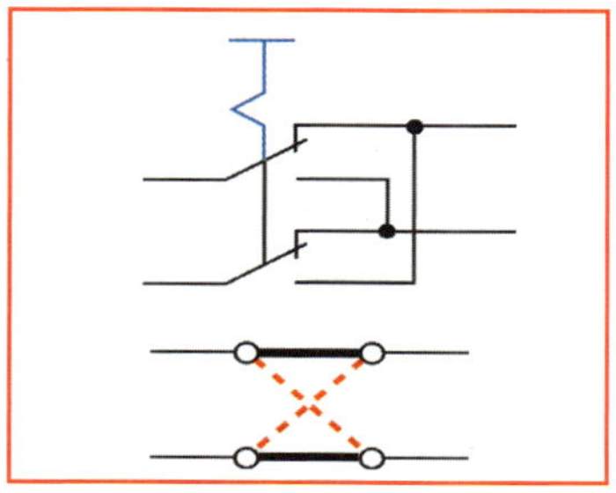

Fig. 6.46. Símbol elèctric del commutador d'encreuament

El **commutador d'encreuament** és un aparell de comandament que té dues posicions de funcionament (semblant a l'interruptor i al commutador) i quatre borns de connexió, dues entrades i dues sortides, que permeten invertir o encreuar la connexió de les entrades amb la de les sortides.

Com funciona un commutador d'encreuament?

Fixa't en la fig. 6.47 i en la connexió de les entrades (***a***, ***b***) amb les sortides (**c**, ***d***) i en les dues posicions de funcionament.

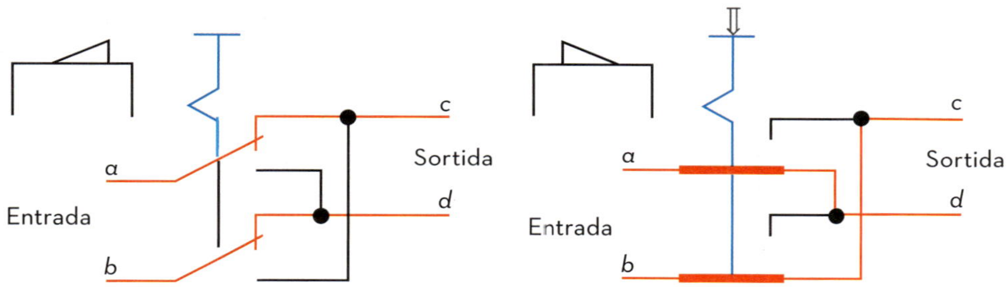

Fig. 6.47. Representació esquemàtica de les dues posicions d'un commutador d'encreuament

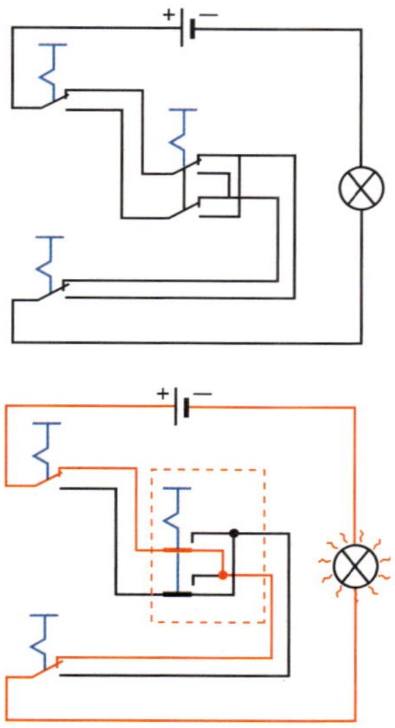

Fig. 6.48. Esquema elèctric d'un circuit de comandament d'una bombeta des de tres llocs diferents

ACTIVITATS

24. Explica quina és la funció dels aparells de comandament en els circuits elèctrics. En què es diferencien un interruptor i un polsador?

25. Com podríem identificar físicament si un aparell de comandament és un interruptor, un commutador o un commutador d'encreuament?

26. Interpreta l'esquema de la fig. 6.49 i descriu-ne el funcionament. Cita alguna aplicació pràctica d'aquest circuit.

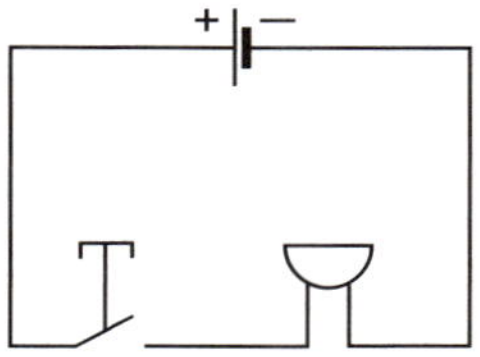

Fig. 6.49.

27. Identifica tots els components del circuit de la fig. 6.50 i fes l'esquema elèctric. Si volguessis construir un llum de sobretaula, alimentat per una pila, perquè faci les funcions d'emergència els dies que, per qualsevol motiu, «tallen» l'electricitat a casa teva, et podria servir aquest circuit?

Fig. 6.50.

28. La Marta vol reformar el circuit d'enllumenat del passadís de casa seva (accionat des de dos punts). La millora consisteix a fer que el llum pugui ser controlat des de tres llocs diferents. Dibuixa els esquemes elèctrics del sistema actual i del nou que pretén dur a terme.

5 RISCOS DE L'ELECTRICITAT I NORMES DE SEGURETAT

Fig. 6.51. Senyal de risc elèctric

Per garantir la seguretat de les persones i de les edificacions, les instal·lacions elèctriques domèstiques han de complir una normativa molt estricta recollida en el Reglament electrotècnic de baixa tensió (REBT).

La descàrrega elèctrica a través del cos humà produeix, bàsicament, diversos tipus de lesions, la gravetat de les quals depèn del valor del corrent elèctric i del temps que dura: **cremades** (més o menys greus), **contraccions musculars**, **dificultats en la respiració** i **alteracions del ritme del cor**, que poden esdevenir en **asfíxia** i en una **aturada cardíaca**.

Es consideren perilloses les tensions superiors a 50 V. Tingues en compte que la instal·lació elèctrica de l'aula de tecnologia, i la de casa teva, fan servir una tensió de 230 V. Per això et donem unes quantes normes i recomanacions de seguretat davant de riscos elèctrics.

NORMES DE SEGURETAT

- No manipulis ni intentis reparar aparells, cables o connexions sotmesos a tensió.
- És perillós tocar els circuits interiors d'alguns aparells, com monitors o rentadores, fins i tot quan estan desconnectats. A les tapes protectores dels circuits hi sol haver advertiments sobre aquest risc.
- Abans d'utilitzar qualsevol aparell elèctric, llegeix les instruccions del fabricant atentament i segueix-ne rigorosament les indicacions d'ús i de manteniment.
- No intentis connectar cap aparell a tensions superiors a les indicades pel fabricant.
- Abans de connectar res que hagis muntat, assegura't que no hi hagi curtcircuits i que la tensió sigui la indicada. Fes-ho sempre sota la supervisió d'una persona adulta.
- No toquis mai cap part sense aïllament d'un aparell o conductor elèctric sotmès a tensió.
- No introdueixis objectes metàl·lics ni conductors en els forats dels endolls.
- No utilitzis aparells elèctrics amb les mans, el cos o els peus humits.

ACTIVITATS

29. Per què creus que les instal·lacions elèctriques han de complir una normativa estricta?

30. Hi ha algun risc per a les persones si muntem un circuit elèctric amb una pila de 9 V?

31. Indica tres normes i recomanacions de seguretat que consideris especialment útils i importants quan treballis amb circuits elèctrics a l'aula de tecnologia.

POSA'T A PROVA!

1. DISSENYA I PRACTICA!

Un grup d'amics vol instal·lar a la porta del seu dormitori un dispositiu elèctric amb dues bombetes petites (una de color verd i l'altra de color vermell) que indiquin quan és permesa l'entrada (color verd) i quan no es pot molestar i, per tant, és prohibit entrar a l'habitació (color vermell). Per estalviar diners, volen utilitzar tot el material reciclat que sigui possible. Ets capaç d'ajudar-los a resoldre el problema plantejat?

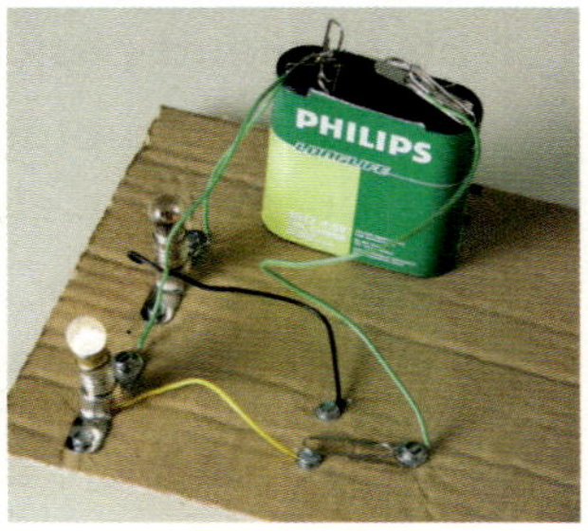

Fig. 6.52.

a) Dibuixa l'esquema elèctric del circuit.

b) Anota la llista del material necessari.

c) Elabora un breu manual de funcionament.

d) Fes el muntatge del circuit de manera experimental.

Nota: cal preveure que en cap cas les dues bombetes podran estar enceses al mateix temps. La imatge de la fig. 6.52 et pot ajudar i suggerir alguna idea.

2. CONSTRUEIX I EXPERIMENTA!

L'Anna i en Pol volen construir un dispositiu per comprovar la continuïtat elèctrica; és a dir, per saber si un material és conductor, si un cable està en bon estat o per localitzar avaries. Han pensat utilitzar una bombeta com a element indicador, i una pila, com a generador.

Sabries dissenyar i construir un senzill comprovador de continuïtat elèctrica? Intenta-ho individualment o en grup!

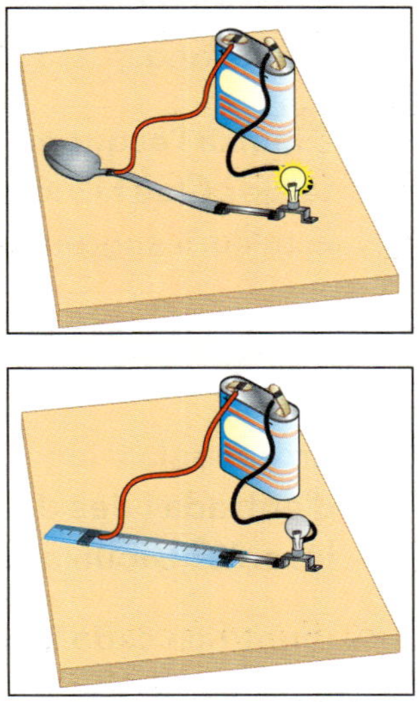

Fig. 6.53.

a) Dibuixa l'esquema del circuit elèctric.

b) Dissenya i construeix el comprovador de continuïtat elèctrica.

c) Verifica que funciona correctament.

d) Examina la conductivitat elèctrica de diversos objectes i materials.

e) Comprova el funcionament d'aparells de comandament.

ACTIVITATS FINALS

1. El principal inconvenient de l'electricitat és que...

a) ...és difícil de produir.

b) ...la seva utilització és molt perillosa.

c) ...només es pot emmagatzemar en petites quantitats.

d) ...no és fàcil de transformar.

2. Els elements bàsics d'un circuit elèctric elemental són:

a) Un interruptor, un receptor i uns conductors que els uneixen.

b) Un generador, un receptor i uns conductors que els uneixen.

c) Un generador, un receptor i un interruptor.

d) Un generador, un interruptor i uns conductors que els uneixen.

3. La manipulació d'aparells sotmesos a tensió és perillosa perquè:

a) Poden deixar de funcionar.

b) Els aparells es poden cremar o també fer malbé.

c) Poden ser causa d'accidents personals que poden resultar fins i tot mortals.

d) Es poden produir guspires.

4. Indica quines frases són certes i quines són falses. Determina on és l'error, si s'escau.

a) L'electricitat és una de les energies més importants i utilitzada al nostre país.

b) L'àtom està format per tres partícules: protons, ions i electrons.

c) El corrent elèctric és el desplaçament d'electrons a través d'un material aïllant.

d) Un circuit elèctric és un conjunt d'elements interconnectats per on circula el corrent.

e) En el CA, el sentit del desplaçament dels electrons en el circuit és constant, no varia.

f) Els materials aïllants no deixen passar l'electricitat. Exemples: plàstic, fusta o metall.

5. Classifica els materials següents segons que siguin aïllants o conductors: ***coure, paper, porcellana, fusta, acer, plàstic, cotó, alumini, vidre, llautó, llana*** **i** ***cartró.***

6. Dibuixa l'esquema elèctric del circuit de la fig. 6.54. És útil aquest muntatge? Què hi incorporaries per millorar-lo? Dibuixa el nou esquema amb la millora suggerida.

Fig. 6.54.

7. Una amiga teva acaba de comprar un aparell elèctric. Quins cinc consells i normes de seguretat li donaries?

8. En una sala d'estar, has de poder accionar el llum general des de la porta d'entrada i des del costat del sofà. Quins aparells de comandament utilitzaràs? Dibuixa l'esquema elèctric del circuit.

9. Identifica cada símbol amb el nom de l'element que representa.

Fig. 6.55.

10. **Indica per a cada situació quin aparell o aparells de comandament són els més idonis.**
   a) Batedora.
   b) Llanterna.
   c) Timbre de l'entrada d'una casa.
   d) Bombeta d'un dormitori accionada des de dos punts.
   e) Llum de l'interior d'una nevera.
   f) Llum d'un passadís accionat des de tres llocs diferents.
   g) Llum de la tauleta de nit.

11. **Fixa't en l'esquema de la fig. 6.56 i resol els apartats.**
   a) Identifica tots els elements del circuit elèctric.
   b) Explica el funcionament del circuit.
   c) Es vol agregar un component que permeti desconnectar totalment l'alimentació del circuit. Quin aparell de comandament caldria afegir-hi? On s'hauria de connectar?

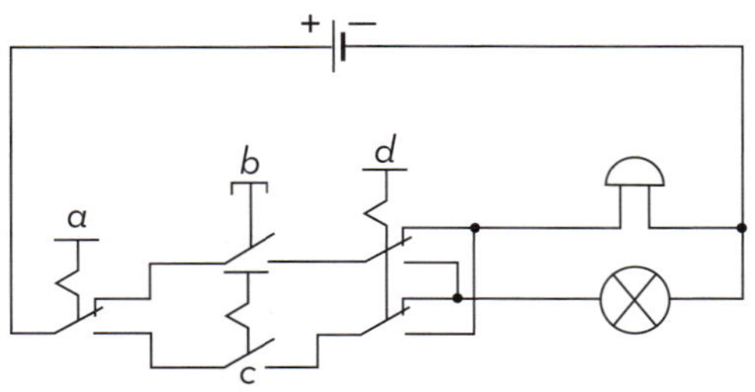

Fig. 6.56.

12. **Copia aquestes frases i escull la paraula correcta:**
   a) El plàstic i la fusta *permeten/no permeten* el pas del corrent elèctric a través d'ells.
   b) L'electricitat és *fàcil/difícil* de transformar en altres energies.
   c) L'electró té càrrega elèctrica *positiva/negativa*.
   d) Els cables elèctrics són usualment de *coure/acer* i l'aïllant és de *plàstic/cautxú*.
   e) La majoria d'aparells elèctrics que usem habitualment fan servir CC/CA.
   f) A casa nostra tenim CC/CA amb una tensió de 12 *V/230 V*.

13. **A quin element correspon la imatge de la fig. 6.57? Quina és l'aplicació més usual d'aquest component? Dibuixa el símbol elèctric.**

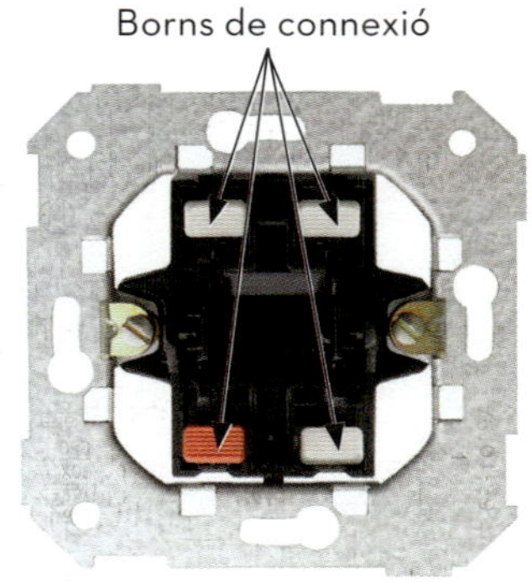

Fig. 6.57.

14. **Per a un projecte de tecnologia, necessitem dissenyar un circuit de manera que quan accionem un aparell de comandament s'activi un motor de CC de 4,5 V. En desactivar-lo s'ha d'encendre un llum indicador de motor aturat. Proposa una solució i dibuixa l'esquema elèctric.**

15. **Identifica tots els components del circuit representat a la fig. 6.58 i explica com funciona. Posa algun exemple real d'aquest circuit.**

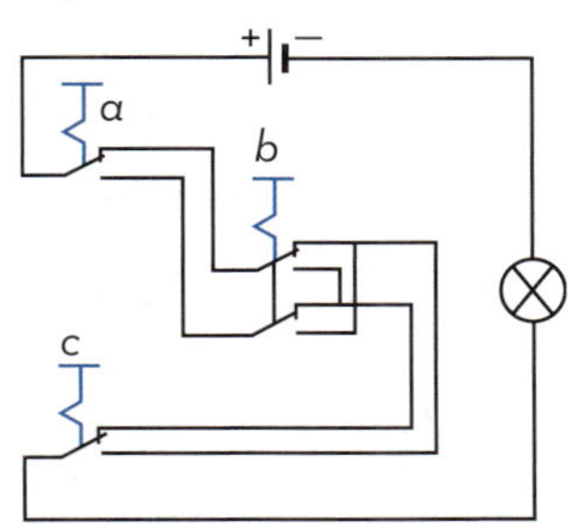

Fig. 6.58.

16. **Dissenya l'esquema elèctric d'un circuit que permeti activar tres bombetes de manera que, en actuar sobre un comandament, s'encengui la primera; després, actuant sobre un segon aparell, s'apagui la primera bombeta i s'encengui la segona; i, finalment, en actuar sobre un tercer aparell de comandament, s'apagui la segona i s'encengui la tercera. Quina aplicació pràctica podria tenir aquest circuit?**

EINES DIGITALS TIC

Objectius

- ✓ Identificar i descriure els sistemes operatius més populars, així com utilitzar les funcions bàsiques que proporcionen.
- ✓ Utilitzar equips informàtics com a eina de treball per a la creació de coneixement.
- ✓ Cercar i seleccionar informació a internet per satisfer una necessitat o solucionar un problema tecnològic.
- ✓ Descriure i usar eines per al treball col·laboratiu.
- ✓ Fer servir el processador de textos com a instrument per a l'elaboració de documents.
- ✓ Emprar eines multimèdia per a la presentació de projectes.
- ✓ Simular circuits elèctrics elementals.

ACTIVA'T!

Aquesta unitat té una estructura diferent de la resta d'aquest llibre. Està dissenyada perquè la desenvolupis fent servir eines digitals TIC i equipament informàtic específic (ordinador, tauleta tàctil, telèfon intel·ligent...) i, potser, en un espai diferent, com ara l'aula d'informàtica.

Un dels principals objectius és promoure la utilització de les tecnologies digitals com a eina de creació de coneixement. Aquesta unitat et servirà, a més, de suport a continguts d'altres unitats i d'altres matèries, i també per a l'adquisició de competències digitals i habilitats que et seran d'utilitat en la teva vida acadèmica, personal i social.

La unitat té un enfocament orientat a adquirir competències i habilitats TIC fent servir una metodologia d'aprenentatge més activa basada en l'experimentació, la pràctica i la resolució de problemes.

Aquesta proposta didàctica t'ha de permetre desenvolupar de manera prou autònoma les teves idees i fomentar la teva creativitat, inventiva i iniciativa personal.

Tingues present que les tecnologies de la informació i la comunicació (TIC), i els dispositius, serveis i aplicacions en què es concreten, són considerats un dels invents més rellevants del darrer mil·lenni, tant per la seva repercussió tecnològica com per la transformació social que han provocat. És per tot això que aquesta unitat té un caràcter especial i una importància notable.

Sumari

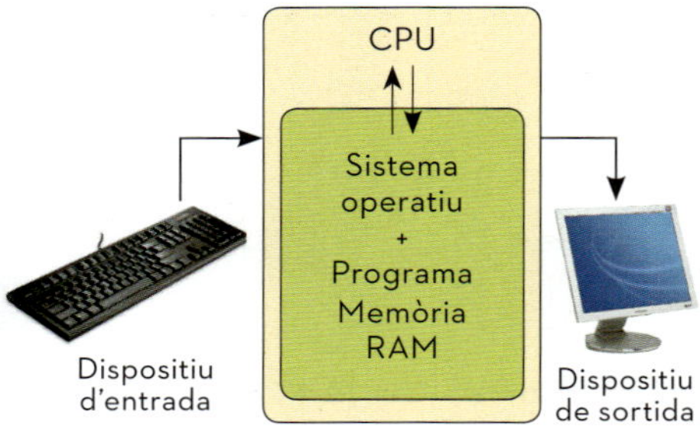

Fig. 7.1. El sistema operatiu és un programari imprescindible per al funcionament dels ordinadors i dispositius digitals.

SABIES QUE...

Linux és un sistema operatiu de distribució lliure desenvolupat inicialment a la Universitat de Hèlsinki l'any 1991.

És un sistema operatiu potent i en constant expansió, principalment perquè és segur i de lliure distribució. Això ha fet que l'utilitzin centres de recerca com la NASA, o productores de cinema com la que va fer la pel·lícula *Titanic*.

SABIES QUE...

Els arxius amb extensió **.exe** són executables, és a dir, corresponen a programes o aplicacions. Per exemple, l'arxiu calc.exe correspon a la calculadora de Windows. El arxius amb extensió, **.png**, **.gif**, **.jpg** o **.bmp** són arxius gràfics, és a dir, que contenen imatges, com ara fotografies o dibuixos.

1 ELS SISTEMES OPERATIUS

Davant un ordinador, una de les coses que primer ens preguntem és si porta Windows o Linux; en el cas d'una tauleta tàctil o d'un telèfon intel·ligent, si porta Android o iOS. Tots aquests noms es refereixen al sistema operatiu que incorpora la màquina i que la fa funcionar.

El **sistema operatiu** (SO) és un conjunt de programes (programari) que controlen el funcionament del maquinari i fan possible la comunicació entre l'usuari, les aplicacions i l'ordinador a través dels perifèrics (teclat, ratolí, pantalla...), de manera coordinada i optimitzada.

Exemples de processos que gestiona el sistema operatiu: copiar i enganxar una imatge, llegir un document d'una memòria USB externa, baixar un vídeo d'internet, controlar l'execució de programes i aplicacions...

Windows és un SO creat per l'empresa Microsoft, que es distribueix sota llicència comercial. El SO **Linux**, en canvi, té la característica de programari lliure, i ha estat desenvolupat per un conjunt de voluntaris que el mantenen actualitzat, de manera que la llicència d'ús no té cap cost. Hi ha diferents versions, de les quals **Ubuntu** és la més coneguda en el nostre entorn. Aquests dos sistemes funcionen en ordinadors dissenyats amb processadors (CPU) dels fabricants **Intel** o **AMD**.

Per als dispositius mòbils, és a dir, telèfons intel·ligents i tauletes tàctils, hi ha diferents sistemes operatius. El sistema **Android** és integrable a diferents marques, i és el més universal. D'altra banda, hi ha el sistema **iOS**, que és exclusiu dels dispositius de la marca Apple.

OPERACIONS BÀSIQUES DEL SISTEMA OPERATIU
Instal·lar i desinstal·lar programes/aplicacions.
Executar i tancar programes d'usuari.
Organitzar les unitats d'emmagatzematge (discs durs interns i externs, targetes de memòria...): crear carpetes, copiar, moure, esborrar i canviar el nom d'arxius, etc.
Configurar l'ordinador per connectar-se a internet.

Taula 7.1. Operacions bàsiques del sistema operatiu

1.1. Operacions bàsiques en ordinadors

Una de les operacions que hauràs de realitzar més freqüentment és l'organització dels dispositius d'emmagatzematge i la gestió d'arxius o de fitxers de treball. Un document, una imatge..., és a dir, qualsevol informació que estigui en format digital s'empaqueta en un arxiu que s'identifica mitjançant un nom i una extensió. El nom el decideix l'usuari, i l'extensió n'identifica el tipus. Per dur a terme aquestes tasques, Windows disposa de l'**explorador d'arxius**.

Les **unitats d'emmagatzematge** que estan disponibles en un ordinador s'identifiquen per una lletra seguida de dos punts (**C:**, **D:**, **E:**, ...), i una etiqueta amb lletres i/o xifres, d'un màxim d'11 caràcters.

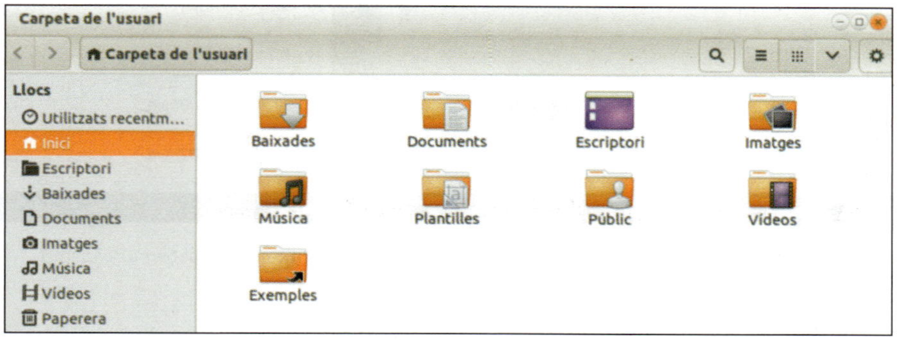

Fig. 7.2. Explorador d'arxius o fitxers

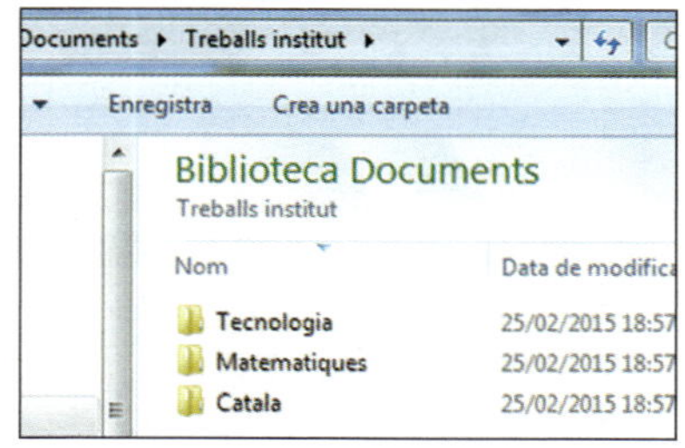

Fig. 7.3. Organització per carpetes

Si situes el ratolí damunt d'un fitxer, d'una carpeta o d'una unitat i prems el botó dret del ratolí t'apareix un **menú contextual** o desplegable, diferent en cada cas, amb les accions que es poden realitzar. Per exemple, en el cas dels arxius: *copia*, *retalla*, *enganxa*, *canvia el nom*, etc.

Una de les opcions que sempre apareix és la de **propietats**, la qual t'informa de les característiques de l'element sobre el qual t'has situat. En el cas de les unitats, pots saber l'espai ocupat i l'espai encara disponible; et dóna accés a l'opció d'alliberar espai automàticament, i a canviar l'etiqueta de la unitat.

Com que amb el temps aniràs acumulant molta informació, és important que tinguis la informació que hi ha a les unitats d'emmagatzematge (disc dur, llapis de memòria...) ordenada en carpetes.

En el sistema operatiu Linux, aquestes operacions es realitzen de forma similar a la que t'acabem d'explicar per a Windows.

1.2. Operacions bàsiques en els dispositius mòbils

Els dispositius mòbils treballen amb sistemes operatius diferents dels ordinadors i les seves accions es basen en l'ús de pantalles tàctils.

Aquests també organitzen la informació interna, i la de les unitats externes (targetes i llapis de memòria), en fitxers i carpetes. Per gestionar-los, cada versió incorpora un administrador d'arxius.

Per tenir el dispositiu en bon estat de funcionament, l'ocupació de la memòria interna ha de ser mínima. Tots els arxius provinents de descàrregues (imatges, fotografies, música, etc.) és convenient transferir-los a la unitat externa.

Una manera de fer-ho és obrir el menú de configuració (o «ajustaments») del sistema. En l'opció d'*emmagatzematge*, podràs veure el nivell d'ocupació de cada unitat, ja sigui interna o externa. Això et permetrà actuar per alliberar espai quan sigui necessari.

SABIES QUE...

Les **targetes SD** (*secure digital*) i **microSD** són memòries de tecnologia Flash. En comprar-la, a més de tenir en compte la capacitat, cal tenir-ne present la classe (*class*) que indica la velocitat màxima a què pot transferir les dades (MB/s), en una escala que va de 2 a 10. Aquest és el valor de la velocitat de transferència.

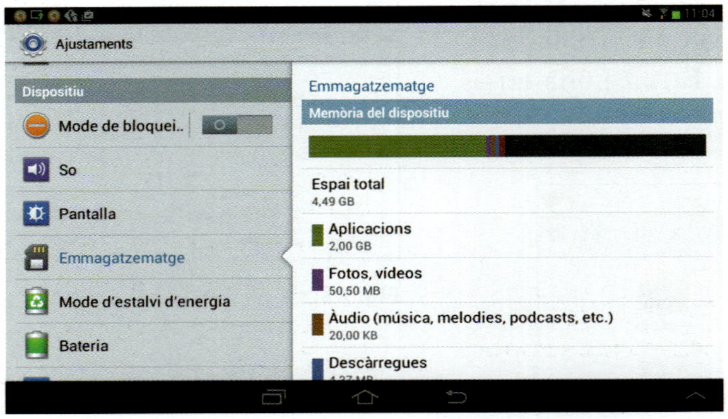

Fig. 7.4. Estat d'emmagatzematge en el sistema Android

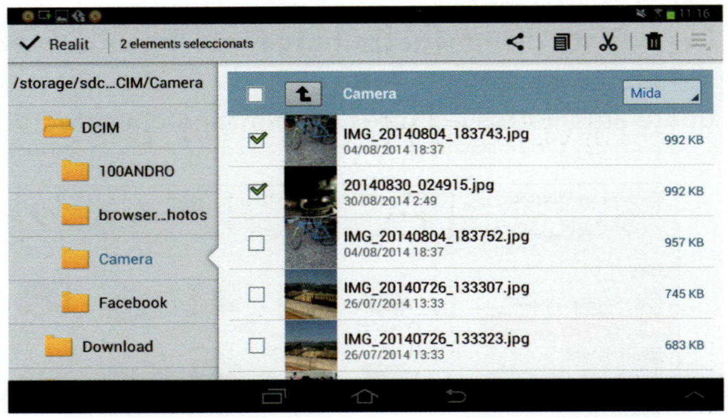

Fig. 7.5. Administrador d'arxius o fitxers del sistema Android

Per transferir fitxers o arxius de la memòria interna a l'externa, en primer lloc, s'ha de posar en marxa l'aplicació de l'administrador de fitxers; buscar la carpeta en qüestió, seleccionar els fitxers i clicar a la icona de tallar. Tot seguit, cal situar-se a la targeta SD i confirmar l'acció de transferència.

ACTIVITATS

1. **Per desar les tasques i els treballs digitals que fas a les diferents matèries, és important que tinguis un bon sistema d'ordenació. Per això et proposem d'organitzar, en el teu ordinador o llapis de memòria, una estructura de carpetes a dos nivells.**
   a) El primer nivell és el trimestre: 1r_Trimestre, 2n_Trimestre, 3r_Trimestre, i a més, el treball de síntesi: Treball_de_Sintesi. Fixa't que els guionets substitueixen els espais per facilitar la lectura, i els accents no solen posar-se.
   b) A l'interior de cada trimestre, crea una carpeta per a cada matèria.

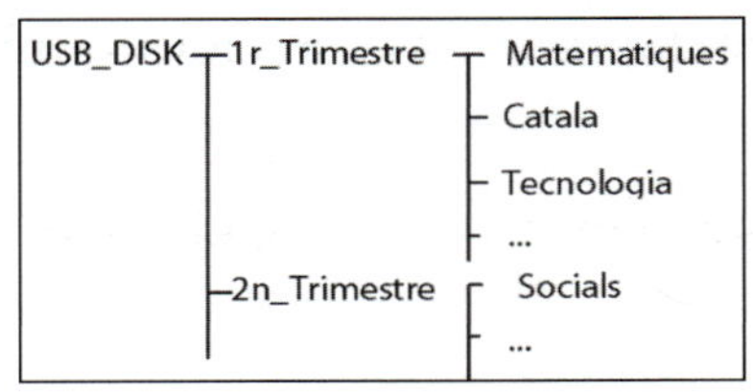

Fig. 7.6. Estructura d'organització en carpetes i subcarpetes

2. **Cerca informació de les classes de targeta SD i quina velocitat de transferència de dades admeten. Si en fas servir alguna, comprova de quina classe és i si és adequada a l'aplicació que li dónes.**

3. **Sovint et trobaràs amb fitxers que porten extensions com: .png, .dxf, .jpg, .mpg, .odt, .avi, .wav, .mp3, .txt, .pdf, .gif. Cerca a la xarxa quin tipus d'informació contenen els fitxers amb aquestes extensions**

4. **Determina el nivell d'ocupació de les unitats d'emmagatzematge del teu ordinador i/o dispositiu mòbil, i del teu llapis de memòria, si s'escau. Analitza si pots fer neteja esborrant fitxers que no et siguin útils o transferint-los a una unitat externa. Fes-ho especialment amb la carpeta de descàrregues (*Downloads*). Anota els valors abans i després de la neteja.**

5. **Demana permís al teu professor/a per fer cinc fotografies d'objectes escolars o de l'aula de tecnologia amb el teu dispositiu mòbil. Navega per la memòria del teu dispositiu per localitzar-les. Si estan a la memòria interna, mou-les a la targeta microSD.**

2 INTERNET: INFORMACIÓ I RECURSOS PER A LA TECNOLOGIA

Un aspecte notable que caracteritza la societat actual és la possibilitat d'accedir a gran quantitat d'informació. És per això que cada vegada és més important saber cercar-la i seleccionar-la amb criteri.

Els suports digitals i, sobretot, **internet**, són una font quasi il·limitada d'informació, que ha anat arraconant altres de més tradicionals en suport paper (llibres, enciclopèdies, revistes, catàlegs, etc.).

> **Internet** és una gran xarxa pública i global de comunicacions que interconnecta milions de sistemes informàtics i dispositius electrònics d'arreu del món.

El **WWW** o **web** és un dels serveis més populars d'internet que ens permet navegar per la xarxa. Cal fer servir un programa anomenat **navegador**. Els més populars són Chrome, Internet Explorer, Mozilla Firefox, Safari i Opera.

Els instruments de cerca i selecció d'informació a internet són els cercadors, els diccionaris en línia, els diaris digitals, les enciclopèdies, etc.

> Els **cercadors** són webs dissenyats específicament per facilitar les adreces d'altres pàgines web relacionades amb el tema o la paraula objecte de cerca.

A. Cerca d'informació a internet

Per cercar informació només cal introduir les paraules clau i esperar els resultats. Tanmateix, cal «afinar» les cerques, tot fent servir la combinació de paraules més adequada a les nostres necessitats i la **cerca avançada** que ofereixen els cercadors. Aquests són alguns consells per millorar les cerques:

" "	Per cercar una paraula o una frase exactes, posa-les entre cometes. Exemple: **"aula de tecnologia"**
-	Escriu un guió davant una paraula perquè quedi exclosa de la cerca. Exemple: **trepant-portàtil**
*****	Utilitza'l com a terme comodí per a paraules que desconeixes o no recordes
site:	Per cercar per dominis (.com, .cat, .org, etc.). Exemple: **tecnologia site:cat**
filetype:	Per cercar per tipus d'arxius. Exemple: **tecnologia filetype:pdf**

SABIES QUE...

Hi ha llicències de drets d'autoria que permeten determinats usos d'una obra de la qual una persona n'és autora. Un exemple són les llicències ***Creative Commons***.

Fig. 7.7. Cercadors d'internet

SABIES QUE...

Antivirus: programa informàtic utilitzat per prevenir, detectar i eliminar virus informàtics maliciosos.

Malware: programari maliciós.

Phishing: suplantació d'identitat.

Tallafocs (*firewall*): programari o maquinari que protegeix els equips tot controlant les comunicacions de la xarxa.

SABIES QUE...

La utilització d'imatges que trobem a internet pot estar afectada per drets de propietat intel·lectual. Si volem utilitzar-les, hem d'informar-nos abans sobre en quines condicions les han posat al nostre abast.

B. Navegació segura i llocs fiables

Per navegar de manera segura per llocs fiables que no posin en risc la nostra seguretat i privacitat, és convenient instal·lar i mantenir actualitzats **antivirus**, ***antimalware*** i **tallafocs**.

Els cercadors (com ara Google) i els navegadors disposen (o es poden instal·lar) de serveis i d'eines de navegació segura que informen els usuaris de la fiabilitat de les pàgines web. Un exemple de navegació segura és el que ofereix el navegador Chrome, que disposa d'una opció per activar la protecció contra el *Phishing* i el *Malware*, la trobaràs a la *Configuració* → *Configuració avançada* → *Privadesa*.

ACTIVITATS

6. Consulta uns quants webs per esbrinar-ne el contingut i quina informació d'interès ofereixen: **edu365.cat, softcatala.org, wordreference.com, diccionaris.cat, translate.google.cat, mnactec.cat, vilaweb.cat, auladetecnologia.com, jamendo.com, commons.wikimedia.org.**

   En acabar, fes una anàlisi d'aquests webs i d'altres del teu interès, preferiblement amb un processador de textos, valorant-ne diferents aspectes rellevants. Aquí en tens un exemple:

Adreça web	www.softcatala.org
Temàtica	Web de recursos i programari en català
Seccions d'interès	Programari, traductor, corrector, fòrums, projectes, etc.
Valoració (0 a 10)	Contingut (9). Disseny (7). Facilitat d'ús (8,5)

7. Investiga com funcionen la *cerca avançada* i els *filtratges* del teu cercador d'internet i utilitza'ls per trobar els millors videotutorials, pàgines web i documents i guies en format PDF sobre **internet segura**. Elabora un resum amb els 10 consells més rellevants.

8. Fes servir un cercador, com ara Google, per cercar informació del teu poble o ciutat. Visita uns quants llocs web i tria el que et sembli més interessant i et doni millor informació. Comprova si l'ajuntament té web oficial i si hi ha escoles o instituts que disposen de pàgina web pròpia. Utilitza eines de *cerca avançada* i alguns dels consells que t'hem donat per millorar les teves cerques.

9. Cerca aplicacions, programes i complements per al teu navegador que t'ajudin a fer a una navegació segura i oferir-te informació de manera immediata sobre quins llocs webs són fiables. Escull els tres millors, segons el teu parer, i explica'n les característiques i com funcionen. Posa'n alguns exemples.

10. Consulta la previsió meteorològica i les càmeres d'*El Temps* de TV3 situades a Catalunya i a altres indrets. Quantes n'hi ha en total? Quines t'han agradat més? A continuació, troba llocs web que et permetin connectar-te en directe a diverses *webcams* d'arreu del món i fes una llista amb les 10 que consideris més interessants.

3 EINES PER AL TREBALL COL·LABORATIU

Una de les grans aportacions de l'anomenada **Internet 2.0** ha estat la possibilitat de desar documents en espais de la xarxa a què pot accedir sempre que tinguem connexió.

Això ha facilitat poder compartir documents i tasques amb altres persones, afavorint el treball col·laboratiu. Algunes d'aquestes aplicacions són: Dropbox, Box.net, OneDrive...

D'entre les aplicacions que hi ha, et presentem Google Apps, que té la versió educativa Google Apps for Education. És una aplicació de núvol que té serveis com la creació i compartició de diversos tipus de documents i l'emmagatzematge de fitxers. Per fer ús d'aquests serveis cal disposar d'un compte de correu actiu.

3.1. El correu electrònic

El correu és un instrument de comunicació que et posa en contacte amb moltes persones, individualment o en grup. A diferència dels sistemes de missatgeria instantània (com WhatsApp, Hangouts, Messenger...), els missatges es poden classificar, reenviar i acumular en forma de fil de conversa.

Fig. 7.8. Correu electrònic Gmail

A. Enviar un missatge

En primer lloc, has d'entrar l'adreça de correu de la persona o persones a qui va adreçat. Has de posar un text descriptiu a l'assumpte i, a continuació, el contingut del missatge. També pots adjuntar-hi un o més fitxers: documents, imatges...

B. Llegir, etiquetar i respondre missatges

Els missatges entrants s'acumulen a la safata d'entrada i amb l'assumpte en negreta per diferenciar-los dels que ja has llegit. Si tenen un document annex, apareix un clip a la dreta de l'assumpte. Una vegada llegits, és convenient desar-los en carpetes, que has de crear segons les teves necessitats.

Respondre un missatge i mantenir el fil de conversa és tan senzill com fer clic en un dels botons: *respon* o *respon a tots*.

3.2. Drive i les eines de treball

Drive és l'aplicació que actua com a unitat d'emmagatzematge de Google Apps, alhora que dóna accés a les eines de treball en línia: **editor de textos**, **presentacions**... Qualsevol fitxer i carpeta emmagatzemats a Drive poden ser compartits amb altres usuaris. Bàsicament, disposa de dues opcions: crear documents en línia i «pujar» fitxers per emmagatzemar-los.

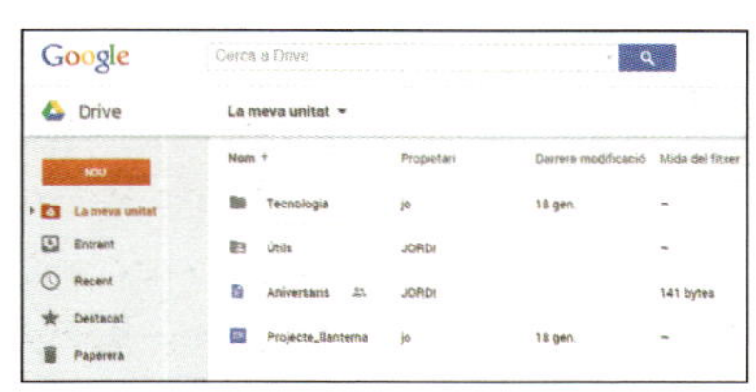

Fig. 7.9. Entorn de treball de Drive

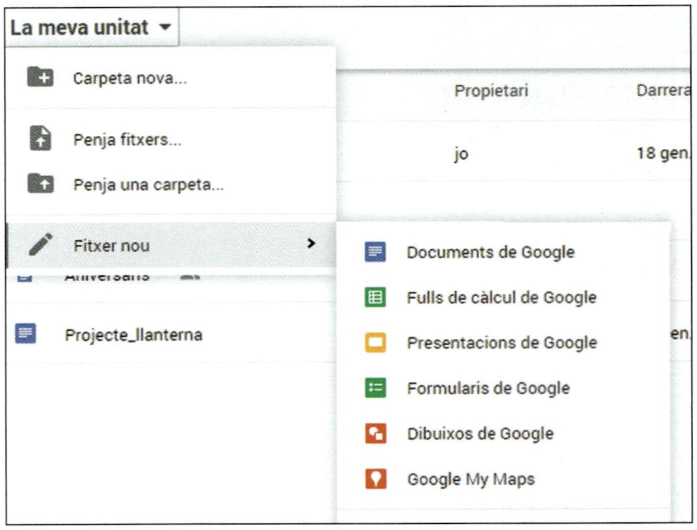

Fig. 7.10. Accés a les accions i eines de Drive

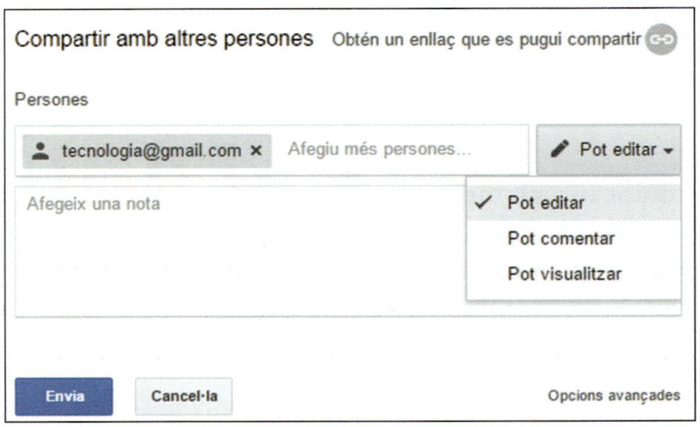

Fig. 7.11. Compartir elements amb altres persones a Drive

A. Les eines de Drive

En primer lloc, convé organitzar bé l'espai de treball en carpetes. Tal com hem explicat anteriorment, cal crear-les per desar els arxius. Dóna a les carpetes un nom identificatiu.

Per a la creació d'un element de treball, has de situar-te a la carpeta on vols que quedi emmagatzemat. Tot seguit, escollir el tipus d'element en qüestió: *Document*, *Presentació*, *Full de càlcul*... i donar-li nom al fitxer.

Aquestes aplicacions en línia van desant les dades contínuament, de manera que en cas de desconnexió o d'un tall de llum, la informació no es perd.

En qualsevol moment, aquests documents poden imprimir-se o baixar-se en algun format de fitxer per al programari més habitual: .odt, .pdf, .doc...

B. Drive: desar i recuperar fitxers

Desar (o «pujar») arxius i carpetes a Drive es fa des del menú *La meva unitat*. Abans de transferir-lo, has de situar-te a la carpeta on vols desar-lo. Pots desar-hi qualsevol tipus d'arxiu, però no podrà ser editat en línia tret que, al menú de configuració, dins les opcions de *configuració de la càrrega*, triïs l'opció de conversió al format «Google Docs».

Per recuperar (o «baixar») els arxius i carpetes, «penjats» amb anterioritat, pots fer-ho, per exemple, desplegant el menú de context (fent clic amb el botó dret del ratolí damunt l'arxiu o carpeta) i escollint l'opció corresponent. O bé a partir de la pantalla de previsualització del document que apareix si cliques damunt d'aquest amb el botó esquerre del ratolí.

C. Compartir elements de Drive

Qualsevol element que estigui a Drive, sigui una carpeta, un document o un arxiu, pot ser compartit amb altres usuaris. Una manera de compartir-los és situar-se damunt l'element, prémer el botó dret del ratolí i seleccionar l'opció *comparteix*... Les opcions de compartició que apareixen variaran segons el tipus d'element. Només poden ser editats en línia, de manera compartida, els elements que han estat creats amb les eines de Drive.

En el moment de compartir elements amb altres persones, podem notificar-ho automàticament amb un correu electrònic. Aleshores, rebran un correu amb l'enllaç del document i una nota adjunta.

La compartició de carpetes pot resultar més útil i pràctica perquè facilita un espai d'emmagatzematge comú i no cal compartir element a element.

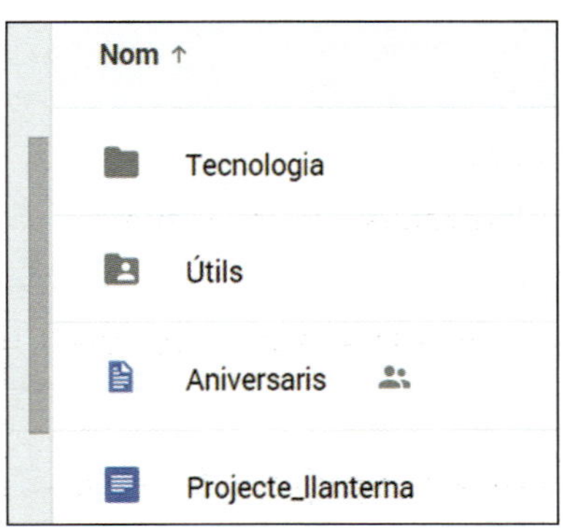

Fig. 7.12. Icones de Drive que identifiquen els elements compartits

3.3. Calendari

El calendari és una aplicació que serveix d'agenda electrònica per anotar, per exemple, els aniversaris dels amics i amigues, els exercicis per a casa, les dates d'examen, etc. Pot ser consultat en qualsevol moment i lloc amb un dispositiu mòbil.

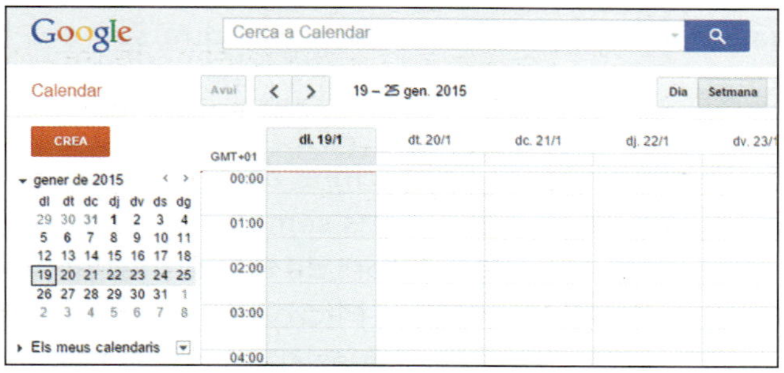

Fig. 7.13. Calendari de Google

Un calendari també pot ser compartit per diverses persones que realitzin un treball conjunt, des de l'opció *altres calendaris*. En la mateixa aplicació podem tenir diferents calendaris propis o compartits, amb la possibilitat de veure'ls tots o només els seleccionats.

ACTIVITATS

11. Per familiaritzar-te amb el correu, entra-hi i explora l'entorn, en el qual descobriràs moltes opcions que no hem comentat, però que en el futur podràs experimentar.

a) Redacta un correu adreçat a tres companys o companyes de classe, i pregunta'ls el dia del seu aniversari.

b) A partir de les respostes, obre el teu calendari i anota't les dates.

c) Aprofita per incorporar-hi la llista de feines que tens per als propers set dies.

d) Endreça la safata d'entrada, desplaçant els missatges d'aniversari a una carpeta, amb el nom *Aniversaris*, que hauràs de crear.

12. Si disposes de dispositiu mòbil, configura el teu compte de correu perquè estigui operatiu i instal·la-hi l'aplicació de Drive per a dispositius mòbils. Prova d'enviar-te al teu compte de correu dues de les fotografies que vas fer en una activitat anterior o fes-ne de noves. Baixa-les i emmagatzema-les al teu Drive.

13. Comença a organitzar el teu Drive.

a) Crea una carpeta per a cada una de les assignatures d'aquest curs.

b) A l'interior de la carpeta de Tecnologia, crea'n una amb el nom: *Exercicis_Drive*. Penja-hi cinc imatges baixades del web del teu centre o del web edu365.cat.

c) Si en el teu llapis de memòria tens fitxers de treballs de classe, copia'ls a la carpeta de Drive de la matèria corresponent.

14. Comparteix, amb dues persones de la classe, dues de les imatges que has pujat al Drive a l'activitat 13. Afegeix-hi un missatge explicatiu.

4 PROCESSADORS DE TEXTOS

En la comunicació escrita, l'ordinador ha repercutit de manera molt rellevant en la producció de documents i ha obert noves possibilitats de difusió del coneixement.

El **processador de textos** és un programa que serveix, bàsicament, per escriure, editar, emmagatzemar i imprimir documents.

SABIES QUE...

La tecla de **retorn** només s'ha d'utilitzar per fer un punt i a part al final d'un paràgraf. El processador de textos ja fa automàticament el salt de línia en els altres casos.

En el mercat hi ha nombroses aplicacions de processadors de textos que tenen un funcionament i unes prestacions semblants, encara que amb petites variants. Aquests són alguns processadors de textos més populars: OppenOffice Writer, LibreOffice Writer, AbiWord, Microsoft Word o Google Docs (aquest últim és una aplicació en línia). També existeixen aplicacions específiques per a dispositius mòbils.

OPERACIONS BÀSIQUES DELS PROCESSADORS DE TEXTOS
Escriure un text.
Seleccionar, esborrar, copiar i moure text.
Donar format al text: tipus de lletra, mida, color, espais entre línies, alineació, etc.
Inserir imatges, taules, formes, gràfics, diagrames, enllaços, quadres de text, etc.
Revisar i corregir l'ortografia i la gramàtica.
Desar un document, obrir-ne un d'existent i fer-ne còpies en diferents formats.
Imprimir en diferents dispositius.
Cercar i substituir paraules i frases.
Inserir capçaleres i peus de pàgina.
Fer taules, dibuixar formes senzilles i moltes coses més...

Taula 7.2. Operacions bàsiques dels processadors de textos

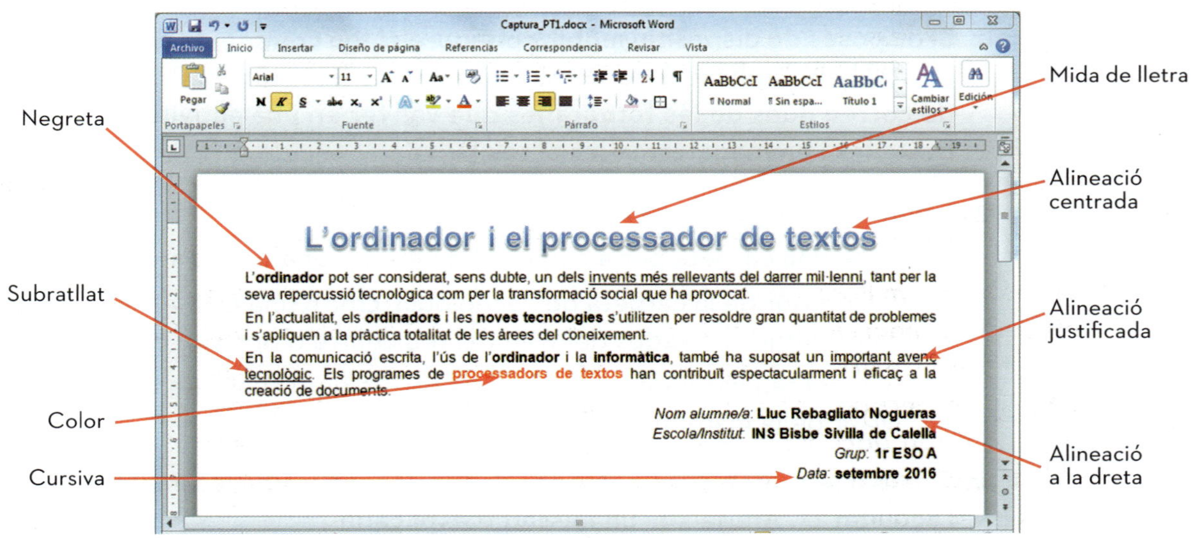

Fig. 7.14. Processador de textos Microsoft Word. Exemple de donar format al text.

ACTIVITATS

15. Utilitza un processador de textos i escriu el text que et reproduïm a continuació. Completa el text amb les teves dades (nom, escola o institut, grup i data). En acabar, desa'l i posa-li un nom, per exemple: *Pràctica-1_PT*. Recorda que si tens cap dubte sempre pots utilitzar la tecla F1 o l'ajuda del programa.

> L'ordinador i el processador de textos
>
> L'ordinador pot ser considerat, sens dubte, un dels invents més rellevants del darrer mil·lenni, tant per la seva repercussió tecnològica com per la transformació social que ha provocat.
>
> En l'actualitat, els ordinadors i les tecnologies digitals s'utilitzen per resoldre gran quantitat de problemes i s'apliquen a la pràctica totalitat de les àrees del coneixement.
>
> En la comunicació escrita, l'ús de l'ordinador i la informàtica també ha suposat un important avenç tecnològic. Els programes de processadors de textos han contribuït espectacularment i eficaç a la creació de documents.
>
> Nom alumne/a:
>
> Escola/institut:
>
> Grup:
>
> Data:

16. Ara, procura millorar el document que has creat i dóna-li un aspecte més atractiu i acurat. Per fer-ho, canvia alguns atributs de text i de paràgraf (tipus de lletra, mida, color, estil, alineació de paràgrafs, etc.). Exemple:

> L'ordinador i el processador de textos
>
> L'**ordinador** pot ser considerat, sens dubte, un dels invents més rellevants del darrer mil·lenni, tant per la seva repercussió tecnològica com per la transformació social que ha provocat.
>
> En l'actualitat, els **ordinadors** i les **tecnologies digitals** s'utilitzen per resoldre gran quantitat de problemes i s'apliquen a la pràctica totalitat de les àrees del coneixement.
>
> En la comunicació escrita, l'ús de l'**ordinador** i la **informàtica** també ha suposat un important avenç tecnològic. Els programes de **processadors de textos** han contribuït espectacularment i eficaç a la creació de documents.
>
> *Nom alumne/a:* **Lluc Rebagliato Nogueras**
>
> *Escola/institut:* **INS Bisbe Sivilla de Calella**
>
> *Grup:* **1r ESO A**
>
> *Data:* **setembre 2016**

17. Encara pots millorar més el resultat final del document que has elaborat. Primerament, fes la ***revisió ortogràfica*** i gramatical per evitar cometre errors d'escriptura. A continuació, insereix ***número de pàgina*** perquè apareguin numerades automàticament les pàgines del teu document. Per acabar, insereix un ***encapçalament de pàgina***. Practica totes aquestes funcions del programa i esbrina com funcionen.

SABIES QUE...

L'opció **anomena i desa** del processador de textos et permet desar un document amb el nom que vulguis. Ho pots fer en qualsevol carpeta de la unitat o en altres dispositius externs de memòria. Per tant, permet desar diferents versions del mateix document

SABIES QUE...

L'opció **desa**, en canvi, desa les dades en l'arxiu existent, sense opció a canviar-ne el nom. Només se'n guarda la darrera versió del document, ja que sobreescriu tot el contingut.

SABIES QUE...

A internet pots trobar nombrosos tutorials i guies sobre qualsevol processador de textos que t'ajudaran a resoldre dubtes i t'ensenyaran com fer servir totes les funcions del programa.

PER SABER-NE MÉS

Per recuperar imatges «autoritzades» de pàgines web i desar-les al teu ordinador o a qualsevol altre dispositiu d'emmagatzematge, col·loca el punter del ratolí sobre la imatge i clica el botó dret. Del menú que es desplega, escull l'opció *desa imatge com...*

SABIES QUE...

Si cliques amb el botó dret sobre qualsevol objecte d'un document (com ara una imatge) es desplega un menú de context amb diverses opcions, una de les quals et permet canviar aspectes del *format de l'objecte*.

SABIES QUE...

L'opció **desfés** que incorporen els processadors de textos permet desfer les darreres ordres que s'han executat. Així, per exemple, podrem recuperar un text esborrat accidentalment.

ACTIVITATS

18. Una altra funció molt utilitzada en els processadors de textos i que t'ajudarà a millorar encara més el resultat final del teu document o de la memòria del teu projecte és la **inserció d'imatges**, fotografies i elements gràfics. Per practicar-la, inclou alguna imatge il·lustrativa en el teu document a través de l'opció corresponent del menú *insereix*. Investiga les diferents opcions de posició, mida i format de la imatge que et proporciona el programa.

19. Dissenya la portada de la memòria del teu projecte o d'un treball d'altres matèries. Per fer-la estèticament més atractiva, utilitza diferents atributs de text i insereix-hi una imatge. No oblidis d'incloure-hi la informació necessària sense errades d'ortografia i distribueix convenientment els diferents elements gràfics i de text que han d'aparèixer a la portada. Experimenta les diferents possibilitats del *disseny de pàgina*.

20. Un altre objecte que trobem sovint en els documents elaborats amb un processador de textos són les **taules**. Crea un document nou, insereix-hi una taula i explora'n les propietats. Per practicar-ne l'ús, dissenya, fent servir una taula, la fitxa del *Pla de treball* d'un projecte, com el que es mostra a la unitat 8.

21. Utilitza un processador de textos en línia, com ara Documents de Google Apps, el qual et permet crear nous documents, compartir-los i editar-los simultàniament amb altres usuaris. Cerca informació sobre el ***cloud computing*** o computació en el núvol i crea un breu document que reculli les seves característiques i els avantatges d'aquest sistema. En acabar, comparteix el document amb alguns companys de classe. Practica les diferents opcions d'edició del processador de textos en línia.

Fig. 7.15. Processadors de textos en línia

22. Elaboreu en grup, amb un processador de textos en línia, la documentació tècnica o memòria del projecte de Tecnologia que heu de dur a terme a la unitat 8. Si encara no l'heu fet, podeu confeccionar la portada i la «plantilla» del document amb els diferents apartats per acabar d'elaborar-la més endavant. Feu fotografies del projecte i de les diferents operacions realitzades i incorporeu-les a la memòria del vostre projecte tecnològic. Compartiu el document entre els membres del grup i practiqueu l'edició simultània des de diferents ordinadors.

5 EINES MULTIMÈDIA PER A LA PRESENTACIÓ DE PROJECTES

Desenvolupar una bona **capacitat de comunicació** és una de les competències que se't demanarà en el teu procés de formació i en l'àmbit laboral.

Les **eines multimèdia** per a la presentació són recursos que ajuden a transmetre millor les idees a altres persones. Estan dissenyades per ser projectades davant un públic que ha de seguir una explicació.

Les eines de presentació més conegudes són Presentacions, de LibreOffice, i PowerPoint, de Microsoft Office. T'explicarem l'editor de presentacions de Google Apps: Diapositives, ja que et permet el treball col·laboratiu. Els procediments d'edició en tots aquells són similars. Per tant, els procediments que aprenguis en aquest entorn seran vàlids per als altres programes.

La creació d'una presentació pot fer-se a partir d'un tema, que és una plantilla que té predefinides algunes opcions: colors, tipus de lletra, etc. O pots crear el teu propi estil a partir d'una diapositiva en blanc.

SABIES QUE...

Les millors diapositives són aquelles que contenen poc text i una imatge suggeridora o il·lustrativa que ocupi gran part de la diapositiva. La mida del text ha de ser adequada tenint present la mida de la pantalla on es projectarà i la distància a la qual es trobarà l'espectador.

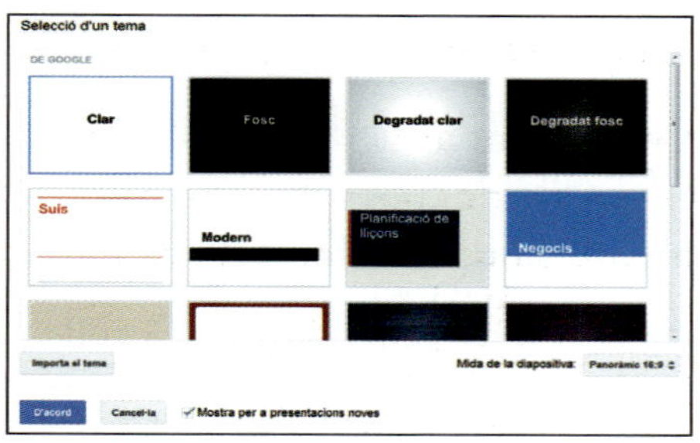

Fig. 7.16. Plantilles de diapositives

Fig. 7.17. Entorn d'edició de les diapositives

La introducció de continguts a cada diapositiva es realitza mitjançant quadres de text i altres objectes que es poden afegir a partir del menú *insereix*. Quan elaboris les diapositives, convé que no les omplis amb molt de contingut, i procura que la grandària del text sigui apropiada.

Una vegada hagis elaborat la seqüència de diapositives és convenient fer una presentació de prova per valorar si la informació és correcta. Per això, fes clic al botó *inicia presentació*.

Quan hagis validat el contingut, pots definir les **animacions de transició** entre diapositives perquè la presentació sigui més atractiva, però aplica-les amb mesura. Les animacions poden ser iguals per a totes les diapositives o personalitzar-les a cada una. Situa el punter del ratolí al damunt de la primera diapositiva i prem el botó dret. T'apareixerà un menú contextual amb moltes accions, entre aquestes *canvia la transició...* Veuràs que dóna diverses opcions de transició i, abans d'acceptar-la, pots veure l'efecte fent clic en el menú *reprodueix*. L'elaboració de la presentació, si s'ha compartit, pot realitzar-se simultàniament entre diverses persones.

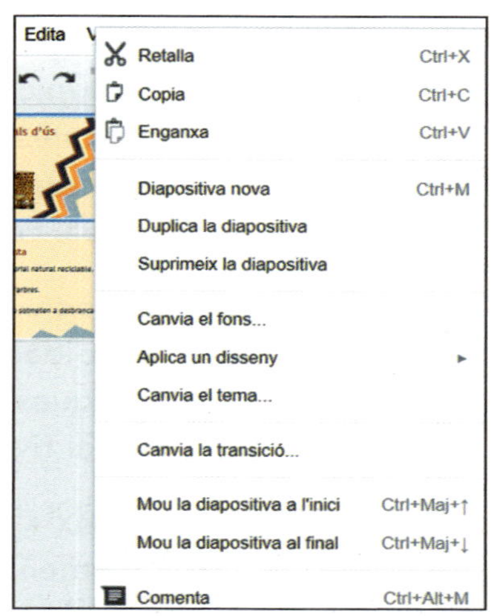

Fig. 7.18. Menú contextual de l'àrea de diapositives

ACTIVITATS

23. Forma equip amb una altra persona de la classe. Junts heu d'elaborar una presentació d'alguna de les primeres unitats del llibre: *Què és la tecnologia?, Aula de tecnologia: eines i operacions, Materials d'ús tècnic…* Per tant, en primer lloc heu de fer la selecció de continguts de text i d'imatges que hi posareu per explicar el tema. Dissenyeu el contingut, tenint cura de posar una sola idea per diapositiva.

    La presentació s'ha de fer amb l'eina *diapositives*. Us heu d'organitzar per construir-la sobre el mateix document compartit, fent cada un, una part de la feina, simultàniament, sobre la mateixa presentació. Consulta amb el professorat els detalls complementaris d'aquesta activitat.

6 SIMULACIÓ DE CIRCUITS ELÈCTRICS

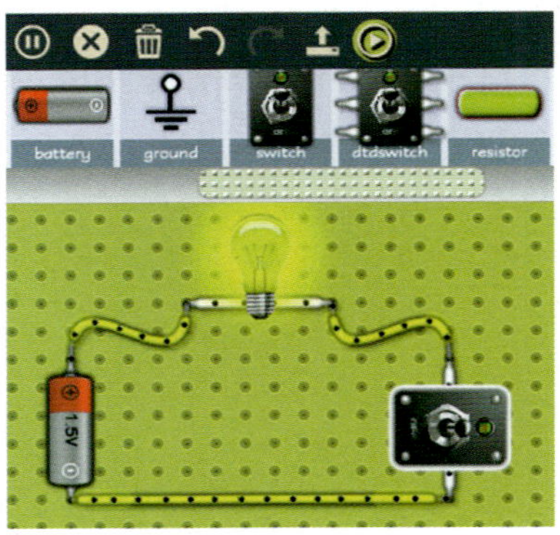

Fig. 7.19. Circuit simulat amb el laboratori virtual **dcaclab.com**

La simulació de circuits elèctrics i electrònics és una eina de programari en constant evolució i millora que cada cop és més utilitzada en la formació pràctica d'estudiants i de professionals.

Avantatges més rellevants d'un simulador de circuits:

- Permet dissenyar i crear ràpidament un circuit i ajuda a entendre'l millor.
- Possibilita fer múltiples proves sense córrer el risc de fer malbé el circuit.
- Facilita la detecció d'errors de funcionament i de disseny.

ACTIVITATS

24. Visita el portal educatiu **edu365.cat** i accedeix a les activitats curriculars de Tecnologia d'ESO (*Inici > ESO > Tecnologia > Activitats curriculars*). Concretament, a les miniunitats didàctiques: ***Què es necessita per muntar un circuit elèctric?*** i ***Circuits per encendre i apagar una bombeta***. Primer, mira't atentament els continguts de les dues unitats i, després, realitza les activitats dels apartats *Practica* i *Avalua't*.

25. En el lloc web **edu365.cat**, apartat Tecnologia ESO (*Inici > ESO > Tecnologia*), trobaràs la unitat didàctica *Instal·lacions elèctriques* (*http://www.edu365.cat/eso/muds/tecnologia/ielectriques*). Accedeix i realitza les activitats d'aprenentatge dels mòduls 1 i 2. En acabar, fes les activitats interactives d'avaluació del mòdul 2.

26. Accedeix al laboratori virtual **DC/AC LAB (dcaclab.com)** i munta i simula un circuit elèctric elemental d'un llum accionat per un interruptor, similar al que es mostra a la fig. 7.19. Esbrina les possibilitats que ofereix aquest simulador en línia.

ACTIVITATS

27. Hi ha molts programes de simulació de circuits elèctrics, com ara Yenka, Edison, Electronics Workbench, etc., que actuen com a laboratoris virtuals i que permeten crear, simular i experimentar circuits elèctrics i electrònics, de manera fàcil i intuïtiva.

Si no disposes de cap dels programes anteriors per fer simulacions, accedeix a algun simulador en línia, com el de la Universitat de Colorado:

https://phet.colorado.edu/es/simulation/circuit-construction-kit-dc-virtual-lab

Et proposem de crear, simular i experimentar, d'acord amb els recursos de què disposi el simulador, els circuits que t'indiquem a continuació.

a) Llum accionat per un interruptor.

b) Punt de llum comandat des de dos llocs diferents. Timbre governat per un polsador NO.

c) Commutació de dos circuits. Amb l'accionament d'un commutador es pot triar el funcionament d'un llum o bé d'un timbre.

d) Llum interior d'un cotxe accionat amb un polsador NT instal·lat a la porta.

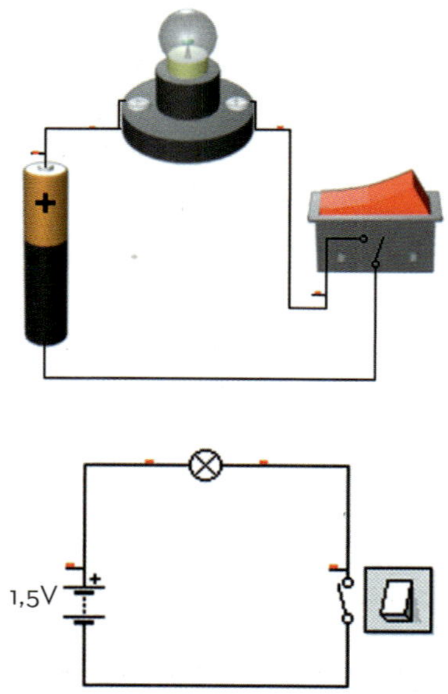

Fig. 7.20. Simulació del circuit elèctric d'un llum accionat per un interruptor, amb imatges i amb símbols (www.yenka.com)

28. Crea i simula un circuit elèctric amb cinc làmpades, de manera que, en actuar sobre un comandament, s'encengui la primera; després, actuant sobre un altre comandament, s'apagui la primera i s'encengui la segona; a continuació, actuant sobre un altre comandament, s'apagui la segona i s'encengui la tercera; i així successivament fins a la cinquena. Quina utilitat creus que podria tenir aquest circuit?

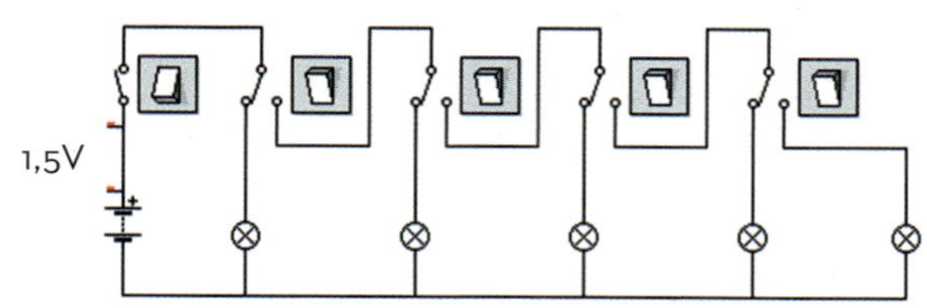

Fig. 7.21. Circuit elèctric de cinc punts de llum commutats (www.yenka.com)

29. Atreveix-te a inventar un circuit elèctric que satisfaci alguna necessitat pràctica i que sigui una mica més complex dels que has vist fins ara. Dissenya'l i comprova'n el funcionament amb alguna de les eines de simulació estudiades. Pots fer servir LED de colors en el teu circuit.

30. Connecta't al portal GO-LAB (**www.golabz.eu**) de laboratoris virtuals i remots i accedeix al laboratori **Electrical Circuit Lab**, a través de la pestanya superior *Online Labs* i l'opció *Physics* en la barra lateral dreta. Investiga com funciona aquest laboratori, de fàcil accés i molt intuïtiu. Simula algun dels circuits elèctrics elementals estudiats a la unitat 6.

Fig. 7.22. Portal europeu GO-LAB (go-lab-project.eu) de laboratoris virtuals i remots en l'àmbit educatiu

PROJECTES TECNOLÒGICS

Objectius

- ✓ Desenvolupar i avaluar un projecte tecnològic.
- ✓ Elaborar documents tècnics d'un projecte tecnològic.
- ✓ Realitzar operacions amb les diferents eines i màquines de l'aula de tecnologia de manera correcta, seguint en tot moment les normes d'ús, de conservació i de seguretat.
- ✓ Muntar circuits elèctrics elementals, analitzar-ne el funcionament i descriure la funció de cada element.
- ✓ Construir objectes d'acord amb un disseny i pla de treball prèviament establert i aplicar les tècniques bàsiques de conformació, d'unió i d'acabat, i de muntatge i connexió d'aparells elèctrics.
- ✓ Valorar l'ordre i la pulcritud de l'entorn de treball, i col·laborar a mantenir l'aula de tecnologia neta i endreçada.

Sumari

ACTIVA'T!

Aquesta unitat té una estructura i una metodologia diferents de les altres d'aquest llibre. També està pensada perquè la desenvolupis en un espai diferent, l'aula de tecnologia. És una unitat dissenyada perquè apliquis el procés tecnològic en el desenvolupament i la construcció de petits projectes. A més a més, podràs posar en pràctica continguts estudiats en unitats anteriors: eines i operacions, materials, representació gràfica, circuits elèctrics, etc.

En l'àmbit de l'ensenyament secundari de matèries tecnològiques, és important conjugar de manera equilibrada el coneixement de caire més teòric amb l'experimentació pràctica que et permetin, de forma adequada, l'adquisició de competències i d'habilitats.

Per tant, metodologies actives, com les que es proposen en aquesta unitat, basades en la implicació de l'alumnat en l'experimentació i el desenvolupament de projectes, et permetran:

- Valorar la importància del treball experimental en la creació de coneixement.
- Posar en pràctica l'aprenentatge basat en projectes i en el treball col·laboratiu i creatiu en equip.

Igualment d'important és la teva l'actitud quant a:

- Utilitzar les eines i els instruments seguint les normes d'ús, de conservació i de seguretat.
- Respectar i tenir cura del material que s'utilitza a l'aula de tecnologia.
- Respectar i valorar el treball en equip i els dels companys.

1 DESENVOLUPAMENT D'UN PROJECTE

A la primera unitat has estudiat que el **procés tecnològic** és el mètode de treball propi de la tecnologia i consisteix en un conjunt ordenat d'accions que es fan per satisfer una determinada necessitat.

Fig. 8.1. El procés tecnològic permet satisfer una necessitat determinada.

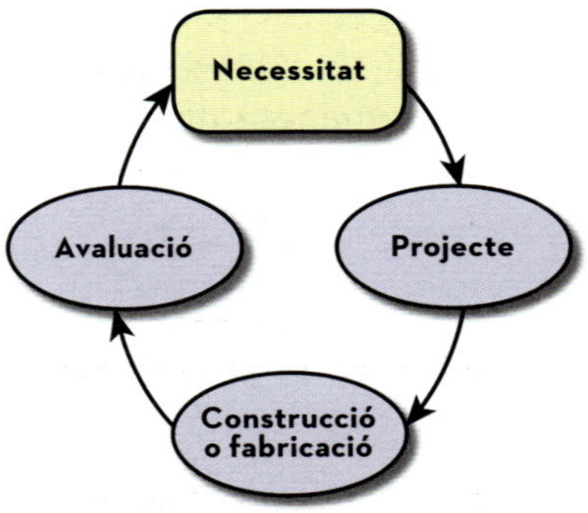

Fig. 8.2. Fases del procés tecnològic

Quan el que es vol és l'obtenció d'un objecte, aquest es dissenya en la **fase de projecte**, s'elabora en la **fase de construcció** o **fabricació** i, finalment, es valora si s'han aconseguit els objectius previstos en la **fase d'avaluació**.

En la fase de construcció o fabricació, que és una de les més importants del procés, es duen a terme una sèrie d'accions per tal de materialitzar i dur a la pràctica allò que s'ha dissenyat.

Dissenyar objectes no és gens fàcil, cal tenir experiència i creativitat. Per això, en aquesta unitat et proposem construir alguns objectes, però et donarem pautes i exemples ja dissenyats per aportar-te idees i facilitar-te aquesta tasca. Així, podràs adquirir experiència i aviat seràs tu mateix qui projectarà i dissenyarà totalment objectes i aparells. Tanmateix, et farem alguns suggeriments perquè milloris els dissenys que et proposem, segons el teu criteri.

La finalitat d'aquesta unitat no és que reprodueixis fidelment els projectes proposats. Tot al contrari, el que es pretén, entre altres aspectes, és fomentar la teva **iniciativa**, **autonomia**, **inventiva**, **creativitat** i **emprenedoria** a través del **desenvolupament i la construcció de petits projectes**. Per tant, és important que tinguis voluntat d'innovar totalment o parcial allò que se't proposa. La innovació pot anar des d'un disseny totalment diferent i innovador fins a la realització d'alguna millora parcial o efectuar uns acabats més atractius i personalitzats.

Fig. 8.3. La recerca, la innovació i la creativitat són fonamentals en el desenvolupament tecnològic.

Tenint en compte els recursos disponibles a les aules de tecnologia, partirem sempre d'una construcció artesanal. Utilitzarem, això sí, les màquines i els aparells de què disposem, que ens permetran obtenir de manera ràpida uns resultats satisfactoris en l'execució de les diferents operacions.

En aquesta unitat, et proposem el desenvolupament de diferents projectes tecnològics, no amb la finalitat que els hagis de fer tots, ni de bon tros, o que hagin de ser necessàriament aquests. A més, t'orientem i expliquem com realitzar-los aplicant les fases del procés tecnològic.

2 FASE DE PROJECTE: «SUPORT PER A TELÈFON MÒBIL»

El **projecte** és el conjunt d'activitats on es proposa la solució al problema o la necessitat a satisfer. A la fig. 8.4 es mostren les principals activitats de què consta.

Per posar en pràctica tots els continguts d'aquesta unitat i per tal que t'habituïs a treballar metòdicament, et proposem que desenvolupis un projecte aplicant el procés tecnològic. T'atreveixes a fabricar un **suport per a telèfon mòbil** amb il·luminació automàtica? Som-hi!

Fig. 8.5. Exemple de suport per a telèfon mòbil amb il·luminació automàtica

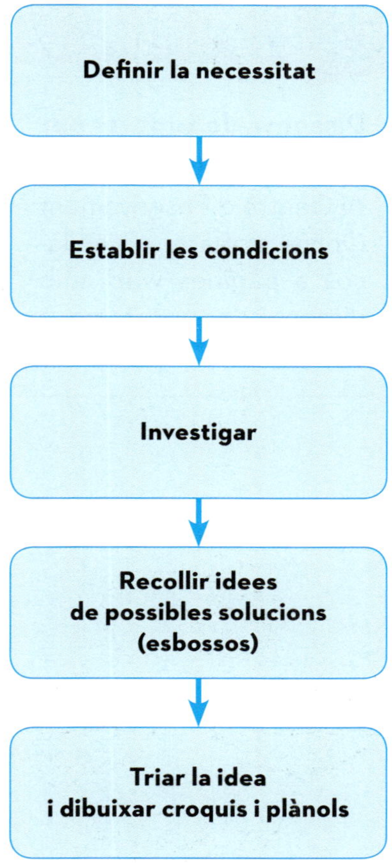

Fig. 8.4. Activitats del projecte

2.1. Definició de la necessitat

Qualsevol projecte de fabricació o construcció d'un objecte o producte neix d'una necessitat o desig que cal satisfer. És l'inici del procés tecnològic.

Segur que a casa teva teniu algun telèfon mòbil o *smartphone*. Què et semblaria disposar d'un suport personalitzat i adient per al teu telèfon mòbil i així tenir-lo sempre localitzat?

Doncs aquesta és la necessitat que volem satisfer: disposar d'un suport específic per al nostre telèfon mòbil que, a més, incorpori un sistema de senyalització que s'activi automàticament quan el deixem recolzat a la base.

2.2. Condicions que ha de tenir

Un cop tenim identificada la necessitat a satisfer, caldrà definir quins requisits o condicions haurà de tenir la nostra solució:

- Ha de tenir una estructura resistent, rígida i estable que pugui suportar perfectament el pes d'un telèfon mòbil estàndard i ser portàtil.
- Ha de ser fabricat amb materials fàcils d'obtenir, econòmics i estudiats a les unitats 4 i 5: cartró, fusta, plàstic... Cal prioritzar la utilització de materials reciclats o reutilitzats, per minimitzar l'impacte ambiental.
- Ha d'incorporar un llum o indicador lluminós que s'activi automàticament quan el telèfon mòbil estigui ben col·locat al suport.
- Ha de tenir un bon acabat i resultar visualment atractiu.
- No ha de ser gens dificultós ni complex dur-lo a terme i ser realitzable amb les eines disponibles a l'aula de tecnologia.

ORGANITZACIÓ

Treball en equip

Per dur a terme aquest projecte es recomana treballar en grups de dues o tres persones.

WEB

Dissenys de suports per a telèfons mòbils:

Al Centre d'Ensenyament Online trobaràs els enllaços a pàgines web amb dissenys de suports per a mòbils.

2.3. Investigació i recerca d'informació

És probable que ja tinguis algunes idees sobre com hauria de ser el suport. Tot i així, és molt important realitzar aquesta fase d'investigació. Es tracta d'esbrinar quines solucions s'han donat fins al moment a aquesta necessitat i quines solucions ofereix el mercat a problemes similars.

La recerca d'informació es pot fer en llibres, revistes, catàlegs, webs, visitant comerços especialitzats, demanant opinió a persones expertes..., o mitjançant l'anàlisi de l'entorn. Cal, així mateix, investigar sobre les possibilitats de dur-lo a terme i el cost d'execució.

Fig. 8.6. Recerca d'informació sobre suports per a telèfons mòbils que ofereix el mercat.

2.4. Possibles solucions i alternatives

A partir de les idees que heu pensat en grup i de la informació obtinguda, s'han de plantejar possibles solucions i alternatives al problema avaluant els pros i contres de cada idea. Fer-vos aquestes preguntes us pot ajudar:

- Compleix totes les condicions requerides?
- És viable construir-lo?
- Resulta atractiu i estèticament agradable?
- Té un baix impacte ambiental?

Per tenir una idea més aproximada de les possibles solucions i facilitar-ne la tria, cal fer **esbossos** de les alternatives més viables que ajudin a visualitzar-les.

Fig. 8.7. Exemples d'esbossos de suports per a telèfon mòbil

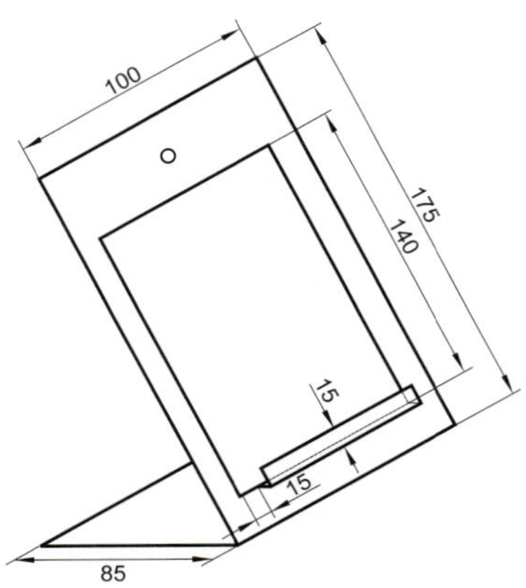

Fig. 8.8. Exemple de croquis del millor disseny triat

2.5. Selecció de la millor solució i disseny definitiu

Entre totes les solucions viables, cal triar la més adequada: haureu de valorar quina compleix millor els requeriments establerts.

Un cop hem triat la millor solució, podem fer ja el disseny definitiu. Caldrà, primer, realitzar un **croquis** i, posteriorment, els **plànols** a escala de totes les peces que formen el producte.

2.6. Plànols

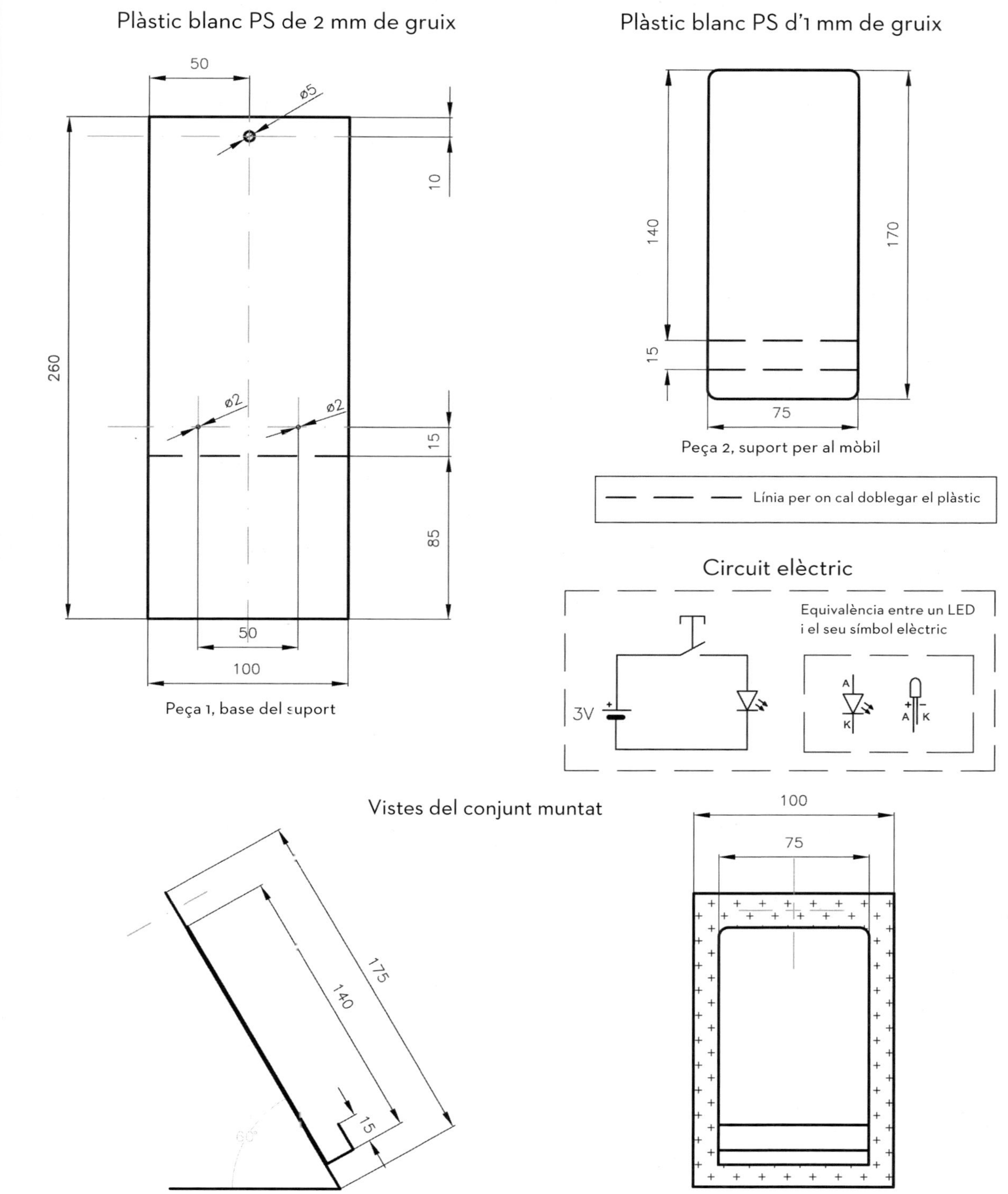

Nom		Grup		
Cognoms		Data		
Escala 1:3	Suport per a telèfon mòbil			Departament de tecnologia Làmina:

Fig. 8.9. L'èxit d'un projecte es basa en una bona gestió del treball en equip.

Fig. 8.10. Alicates per pelar fils

Fig. 8.11. Plegadora de plàstic

Fig. 8.12. Escaire

Fig. 8.13. Cargol de banc i tisores de xapa

3 FASE DE CONSTRUCCIÓ O FABRICACIÓ

Un cop triada la millor solució i elaborat el disseny, que es reflecteix als plànols, caldrà iniciar la fase de construcció. Novament, serà necessari que t'organitzis bé la feina, ja que d'aquesta manera obtindràs millors resultats.

3.1. Planificació

Abans d'iniciar la construcció, cal fer una bona planificació per organitzar correctament tot el treball a fer, qui ho farà i com s'executarà.

- **Gestionar el treball en equip**. Cada membre de l'equip ha de tenir assignada o compartir una tasca. Per exemple, una persona pot ser responsable de preparar el material; una altra, de fer les operacions de construcció i, la tercera, encarregar-se de dirigir els passos que s'han de seguir, anotar les desviacions en el pla de treball i, si s'escau, ajudar els altres. La taula 8.1 mostra un exemple de planificació del treball en equip.

Fases del projecte	***Alumne/a 1***						***Alumne/a 2***						***Alumne/a 3***					
Recerca d'informació	■						■						■					
Disseny de la solució adoptada (croquis, plànols)		■						■						■				
Tria de material. Mesurar i marcar les peces del suport			■															
Tallar les peces del suport per a mòbil									■									
Direcció del projecte. Actualització full de treball. Suport als companys															■			
Fer forats, doblegar i muntar l'estructura										■	■							
Muntar circuit elèctric				■	■													
Direcció del projecte. Ajudar els companys																■	■	
Proves de funcionament, avaluació, acabats i decoració						■						■						■
Setmana	1	2	3	4	5	6	1	2	3	4	5	6	1	2	3	4	5	6

Taula 8.1. Exemple de planificació del treball en equip

3.2. Relació de material, eines i màquines

Un dels primers passos en la fase de construcció és la recollida i preparació dels materials, eines i màquines que es necessitaran, a partir dels plànols, llistes o informes. En l'exemple del suport per a mòbil, aquesta és la relació:

Material necessari

• Plàstic blanc poliestirè (PS) de 2 mm	• Plàstic blanc PS d'1 mm
• Plakene (PP) 0,5 mm (colors diversos)	• Cable elèctric de 0,5 mm²
• LED de 5 mm d'alta lluminositat	• 1 polsador o làmines de llautó
• Portapiles 2xR6 + 2 piles 1,5 V AA	• Cola o cinta adhesiva
• Estany i cinta velcro adhesiva	• Material per a la decoració

Eines, màquines i equipament de protecció personal

• Tisores de xapa i cargol de banc	• Alicates de tall i de pelar fils
• Trepant de columna o portàtil	• Broques HSS de 5 mm i 2 mm
• Soldador elèctric i suport	• Regle graduat i escaire
• Plegadora de plàstic	• Paper de vidre
• Tisores d'oficina i retolador	• Guants i ulleres de seguretat

3.3. Pla de treball

Per aconseguir un resultat satisfactori i en un temps òptim, caldrà establir un **pla de treball** amb l'objectiu d'organitzar la construcció dividint-la en operacions simples i ordenades. També caldrà elaborar l'**especejament**, llista detallada de totes les peces que es necessiten. A la unitat 1 (taula 1.3) es mostra un exemple senzill que et pot ajudar a elaborar l'especejament.

FITXA DEL PLA DE TREBALL					
Projecte: **SUPORT PER A TELÈFON MÒBIL**					
Autor/a:			*Curs:*	*Grup:*	*Data:*
Oper. núm.	*Nre. peces*		*Eines necessàries*	*Materials necessaris*	*Observacions*
1	2	Mesurar la base (peça 1) i el suport (peça 2)	Regle graduat i escaire	Plàstic blanc PS 2 mm i PS 1 mm	
2	2	Marcar la peça 1 i la peça 2	Retolador permanent	Plàstic blanc PS 2 mm i PS 1 mm	
3	2	Tallar les dues peces de plàstic	Tisores de xapa i cargol de banc	Plàstic blanc PS 2 mm i PS 1 mm	
4	2	Polir les dues peces de plàstic	Paper de vidre	Peces 1 i 2	
5	2	Fer forats	Trepant de sobretaula i broques de 2 i 5 mm de ∅	Peces 1 i 2	Peça 2: fer només els dos forats per on passaran els cables
6	2	Doblegar les peces de plàstic	Plegadora de plàstic	Peces 1 i 2	La peça 1 doblegar-la a 60° i la peça 2, a 90°
7	2	Passar els fils elèctrics pels forats d'ambdues peces		Peça 1, peça 2 i fil elèctric	
8	2	Unir les dues peces (base i suport)		Cola o cinta adhesiva doble	Unir les dues peces de manera que els forats coincideixin
9	1	Muntar el circuit elèctric	Soldador	Estany, LED, portapiles, fil elèctric, xapa de llautó o coure	Fer correctament les connexions
10		Comprovar-ne el funcionament	Col·locar el telèfon sobre el suport i comprovar si el LED s'encén i si l'estructura és prou resistent i estable		
11		Decoració i acabats	Tisores	Plàstic Plakene (PP) taronja i blau de 0,5 mm i altres elements	Decorar al gust de cadascú

Taula 8.2. Exemple d'una fitxa del pla de treball

RECORDA!

Les normes a l'aula de tecnologia

És molt important que respectis les normes d'ús, de conservació i de seguretat de les instal·lacions, del mobiliari, de les eines i de les màquines de l'aula de tecnologia. No respectar-les pot suposar un perill per a tu i per als teus companys i companyes, a més de malmetre l'aula.

3.4. Procés de construcció

En aquest apartat es descriuen les operacions més rellevants del procés constructiu per a la fabricació del suport de telèfon mòbil i s'expliquen alguns consells per facilitar-ne l'execució.

A. Marcatge

Cal fer dues peces de plàstic. La peça 1 és la base del suport i la peça 2 és la que sosté pròpiament el mòbil.

Sobre els plàstics blancs de poliestirè (PS) de les dues peces, marqueu els contorns, els centres dels forats i les línies per on caldrà doblegar-los, d'acord amb les mides del plànol. Feu servir retolador permanent de punta fina, regle graduat i escaire.

Fig. 8.14. Marcatge de les dues peces de plàstic

B. Tall i poliment

Amb les tisores de xapa, subjectades en el cargol de banc, talleu el plàstic per les línies que haureu marcat. Per eliminar possibles rebaves, podem polir les arestes i els cantells amb paper de vidre, per exemple.

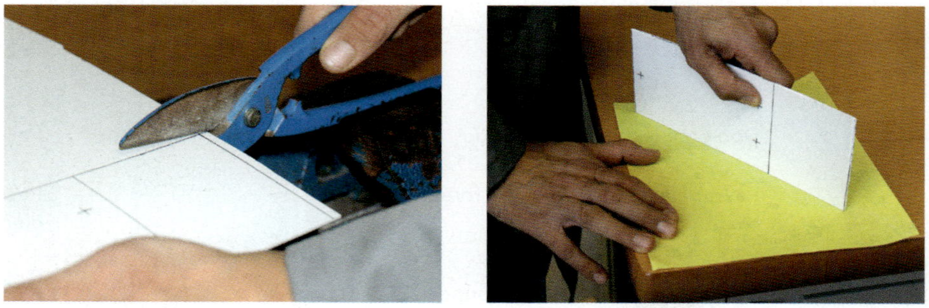

Fig. 8.15. Tall i polimentt de les peces de plàstic

Fig. 8.16. Mecanització

C. Mecanització

Abans de donar forma al suport i doblegar les dues peces de plàstic, és recomanable fer els forats amb el trepant, tant el del LED (broca de 5 mm) com els que serviran per passar-hi els cables elèctrics (broca de 2 mm). Com a norma bàsica de seguretat, feu servir serjants per subjectar les peces durant el procés de mecanització.

D. Plegatge

Un cop hem fet els forats i tenim les corresponents línies de plegatge dibuixades, farem servir la plegadora de plàstic per donar forma al suport. Quan el plàstic està prou calent, plegueu la peça 1 (base) amb un angle de 60°, tal com s'indica al plànol. La peça 2 s'ha de doblegar dues vegades a 90° per formar una espècie de perfil en forma de «U».

Fig. 8.17. Procés de plegatge de les peces de plàstic

E. Acoblament i encaix

Just abans de realitzar les connexions elèctriques, cal acoblar les dues peces principals. Podem fer servir cola tèrmica, pega o cinta adhesiva doble per unir-les. Abans, però, és aconsellable passar els dos cables pels petits forats que hem fet en totes dues peces: el cable vermell del portapiles i el que anirà connectat a l'ànode (+) del LED.

Fig. 8.18. Procés d'unió i acoblament de les peces del conjunt

F. Muntatge i connexions del circuit elèctric

Per realitzar les connexions i el muntatge del circuit elèctric, caldrà, primer de tot, fixar els diferents components: LED i portapiles. Aquest últim s'aconsella fixar-lo a la part posterior de la base amb cinta velcro adhesiva.

Podeu començar, per exemple, soldant el cable negre del portapiles (-) al càtode del LED. Seguidament, soldeu un cable vermell a l'ànode i l'altre extrem a una de les làmines de llautó o coure que faran de polsador. A l'altra làmina metàl·lica, hi soldarem el cable vermell del portapiles (+). Finalment, caldrà fixar amb cola les làmines al suport de plàstic procurant que facin contacte (i, per tant, la funció de polsador) quan hi col·loquem el telèfon.

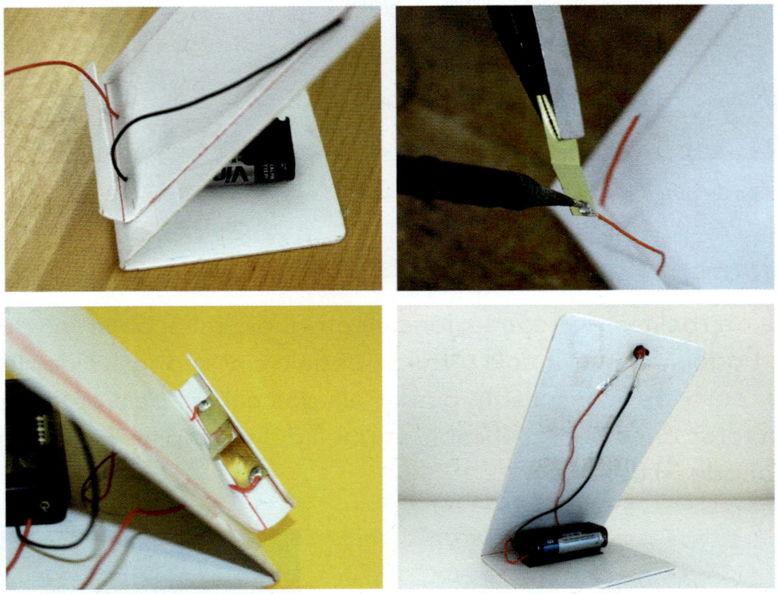

Fig. 8.20. Muntatge i connexions del circuit elèctric

G. Acabats finals

Per acabar, caldrà fer els acabats finals per fer més atractiu el producte definitiu. En aquest exemple que et mostrem, s'ha utilitzat Plakene (PP) de color de 0,5 mm i uns adhesius per fer la decoració artística personalitzada. Tanmateix, fes servir el teu criteri i gust personal per fer els acabats finals.

Fig. 8.22. Projecte del suport per a telèfon mòbil totalment acabat

INVENTA!

Pots fabricar un senzill polsador per al teu projecte amb dos trossos de material conductor (làmines de llautó o coure).

Fig. 8.19.

SABIES QUE...

El LED és un llum d'alta eficiència que té dos terminals ben diferenciats: *ànode* «A» (+), terminal més llarg, i *càtode* «K» (-), terminal més curt.

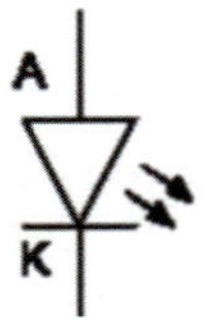

Fig. 8.21.

SABIES QUE...

En corrent continu (CC) se solen utilitzar cables de color negre per a la polaritat negativa (-), i de color vermell per a la polaritat positiva (+).

H. Propostes alternatives o de millora

El projecte que t'hem mostrat és només un exemple. Hi hauria moltes altres alternatives amb dissenys i materials diferents igualment vàlides, o fins i tot millorables. A la fig. 8.23 es mostren dos dissenys alternatius amb cartró i fusta (sense el circuit elèctric).

Fig. 8.23. Altres dissenys de suport per a telèfon mòbil

A partir de la proposta que hem desenvolupat, intenta pensar com es podria millorar aquest projecte en aspectes com funcionalitat, prestacions, estètica, personalització, impacte ambiental, etc.

4 FASE D'AVALUACIÓ

Un cop acabada la fase de construcció cal valorar si el resultat compleix satisfactòriament el requeriment inicial i soluciona el problema o el desig a satisfer. Per fer aquesta avaluació s'analitzen diversos factors: el disseny, el funcionament, l'impacte ambiental, el temps d'execució, el cost econòmic...

Si l'avaluació final no ha estat positiva caldrà reflexionar i investigar sobre què ha fallat en el procés tecnològic i determinar quines correccions caldrà fer per tal d'esmenar aquells aspectes que no han acabat de funcionar o que es poden millorar.

Una taula com aquesta et pot servir de pauta per avaluar el teu projecte.

Ítems i factors d'avaluació	*Els compleix satisfactòriament?*			*Observacions*
	SÍ	*NO*	*Passable*	
Estructura (resistent, rígida i estable)				
Disseny factible i pràctic				
Correcte funcionament circuit il·luminació				
Cost econòmic baix				
Impacte ambiental reduït				
Ben acabat				
Atractiu i estèticament agradable				
Realització no gaire dificultosa ni complexa				
Temps d'execució adequat				
Avaluació global positiva				
CORRECCIONS, MODIFICACIONS i PROPOSTES DE MILLORA				

Taula 8.3. Taula d'exemple per avaluar el projecte

5 MEMÒRIA I PRESENTACIÓ DE RESULTATS

Només resta un darrer pas: documentar i presentar els resultats del projecte desenvolupat. Serà necessari, doncs, elaborar un **informe tècnic** o **memòria**, que és el document que conté tota la informació detallada referent al projecte o objecte que s'ha fabricat.

Proposta d'estructura de la memòria:

Fig. 8.24. Exemple de portada de l'informe tècnic o memòria

- **Portada**. Ha de ser la primera pàgina de l'informe i ha de contenir, almenys, la informació següent: títol, autor/a, centre, matèria, grup classe, data i professor/a.
- **Índex**. Hi consta la relació de totes les parts de l'informe: títols dels apartats i subapartats, conclusions, llista de referències, títols dels annexos...
- **Introducció**. Serveix per exposar els objectius del projecte i explicar altres circumstàncies tècniques, del context actual o històriques rellevants.
- **Nucli de l'informe**. Inclou la informació del projecte distribuïda en apartats i subapartats: descripcions, solució adoptada, mètodes de treball, especejament, eines, càlculs, esbossos, croquis, pla de treball, procés de construcció, temporització, pressupost, etc.
- **Esquemes i plànols**. Del conjunt i de l'especejament. Sovint s'inclouen als annexos.
- **Avaluació i conclusions**. És l'avaluació rigorosa dels resultats obtinguts i de les deduccions fetes com a conseqüència del desenvolupament del projecte tecnològic.
- **Valoració personal i recomanacions**. A part de la valoració de tipus més personal, s'indiquen recomanacions d'accions futures que semblin necessàries com a resultat de les conclusions o d'alguna experiència obtinguda durant l'elaboració del treball.

A més de l'elaboració de l'informe tècnic o memòria, freqüentment és necessari presentar i comunicar els resultats fent servir aplicacions digitals diverses: presentacions multimèdia, vídeos, animacions, blogs, webs, xarxes socials...

Les noves tecnologies i les eines digitals són un bon instrument per presentar i difondre aquesta informació, però amb menys text i més recursos multimèdia.

6 PROPOSTES DE PROJECTES TECNOLÒGICS

Ara et presentem tres noves propostes alternatives de projectes tecnològics.

6.1. Hort portàtil amb il·luminació artificial

La primera proposta consisteix a construir el teu hort portàtil, concretament un viver per fer créixer plantes a casa teva. A més a més, per maximitzar-ne el creixement, et proposem un sistema d'il·luminació artificial eficient. Caldrà aplicar el mètode de treball estudiat: el procés tecnològic.

A. Condicions que ha de tenir

- L'estructura ha de ser resistent, estable i portàtil.
- La profunditat mínima per cultivar el planter ha de ser de 5 cm.
- Ha de disposar d'un espai diferent per a cada planta i, opcionalment, de sistema de reg.
- Ha de tenir un sistema d'il·luminació eficient (baix consum energètic).
- Ha de tenir un cost econòmic baix i el mínim impacte ambiental.
- El disseny ha de ser funcional i ha de tenir bons acabats i estètica atractiva.

B. Disseny i planificació

Abans de començar la construcció, cal tenir clar el disseny i desenvolupar-lo. Per tal que us organitzeu correctament la feina us suggerim aquests passos:

1. **Recerca d'informació**. És un pas molt important a què cal dedicar temps. Us heu d'informar bé sobre què són, per a què serveixen i com poden ser construïdes les taules de cultiu i els hortets urbans. Es pot cercar informació en llibres, revistes, catàlegs, webs, visitar centres de jardineria i demanar l'opinió de persones expertes en el tema.
2. Un cop informats, cada membre del grup hauria de donar idees sobre el disseny i presentar els **esbossos**.
3. Compartiu les vostres idees i esbossos..., i raoneu quin creieu que seria el més adient. De la proposta escollida caldrà fer-ne el **croquis** i els **plànols**.

C. Procés de construcció

Quan tingueu el disseny fet, i abans de començar la fabricació, caldrà planificar bé la fase de construcció: establir el pla de treball, distribuir la feina de cada membre del grup, preparar les eines i els materials necessaris... El projecte que us mostrem d'exemple us pot servir de guia.

Fig. 8.25. Hort portàtil il·luminat

Fig. 8.26. Sistema de reg

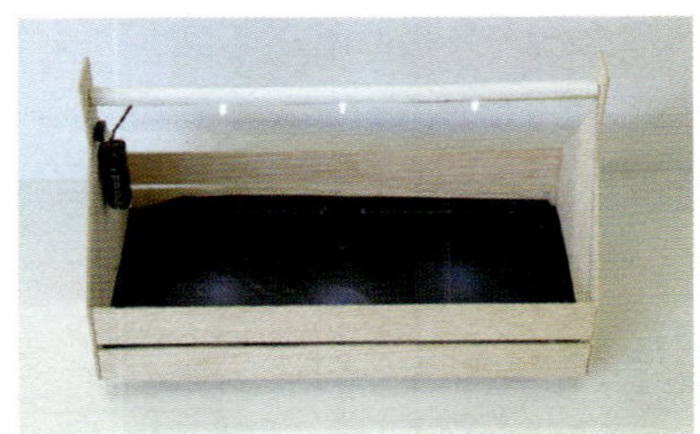

Fig. 8.27. Aïllament de la base

ORGANITZACIÓ

Treball en equip

Per realitzar aquest projecte es recomana treballar en grups de tres o quatre persones.

WEB

L'hort urbà

Trobaràs enllaços sobre horts urbans al Centre d'Ensenyament Online.

1. Fusta contraplacada de 3 mm de gruix

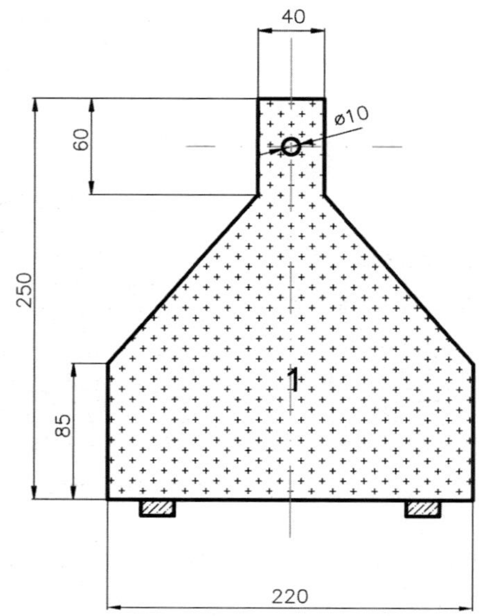

2. Llistó de fusta rodó de 10 mm ∅

3. Fusta contraplacada de 3 mm de gruix

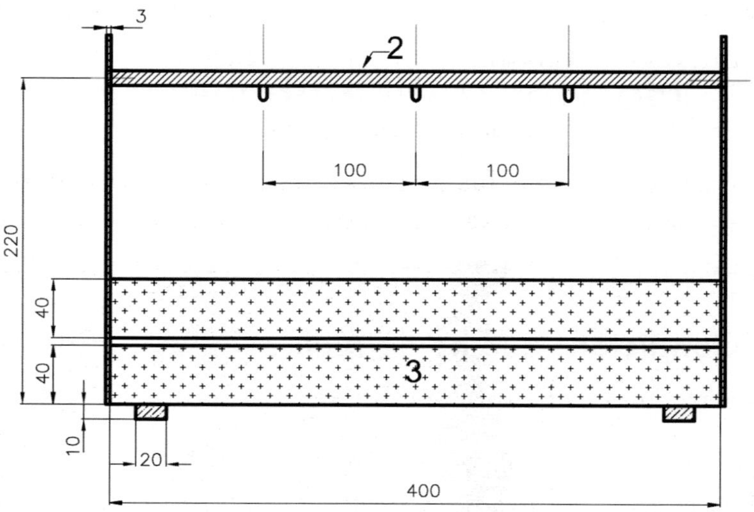

Circuit elèctric

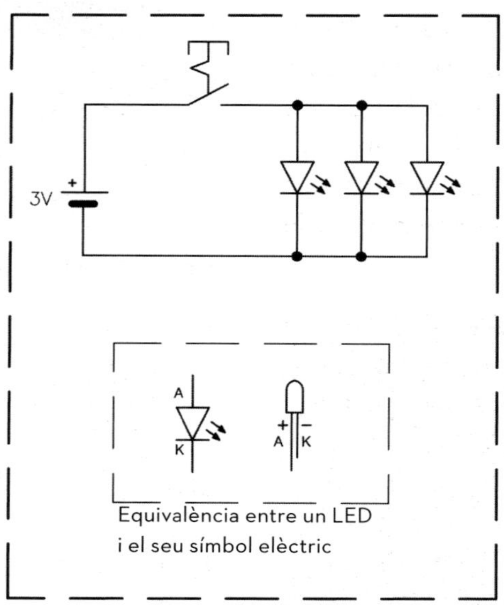

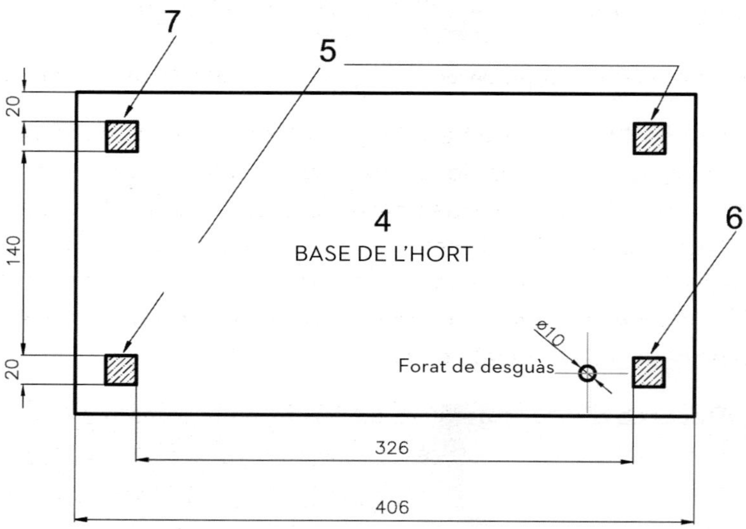

4. Fusta contraplacada de 7 mm de gruix
5. Tacs de fusta de 10 mm de gruix
6. Tac de fusta de 7 mm de gruix
7. Tac de fusta de 13 mm de gruix

Nom		Grup		
Cognoms		Data		
Escala 1:4	Hort portàtil il·luminat			Departament de tecnologia Làmina:

Material necessari

• Fusta contraplacada de 7 i 10 mm	• Fusta contraplacada de 3 mm
• Portapiles i interruptor elèctric	• Envasos de plàstic (PE)
• Bossa d'escombraries	• Cola blanca o cola tèrmica
• Fil elèctric de 0,50 mm^2 i estany	• Llistó rodó de fusta, 10 mm de ∅
• 3 LED alta lluminositat de 5 mm	• Claus petits

Fig. 8.28. Material necessari

Consells i instruccions de muntatge

Per fer la base utilitzeu fusta contraplacada de 7 mm de gruix. Després de marcar-la, talleu-la amb un xerrac. Ajudeu-vos de dos serjants per subjectar-la bé.

Fig. 8.29. Forats a l'envàs de iogurt

Fig. 8.30. Marcatge de les peces

Fig. 8.31. Tallat de les peces de fusta

En una cantonada de la base (vegeu plànol), feu un forat amb una broca de 10 mm de ∅ (que farà la funció de desguàs). Utilitzeu fusta contraplacada de 3 mm per marcar i tallar les dues cares laterals i les frontals (anterior i posterior) de l'estructura de l'hort. Fixeu-vos que a les dues cares laterals caldrà fer un forat a la part superior (amb una broca de 10 mm de ∅) per inserir-hi posteriorment el llistó rodó de fusta. Finalment, s'uneixen totes les peces a la base amb cola blanca (o cola tèrmica) i claus.

Fig. 8.32. Trepanat de les peces

Fig. 8.33. Polimentt de les cares laterals

Fig. 8.34. Tacs de la base

Fig. 8.35. Muntatge de l'hortet urbà portàtil amb il·luminació

Fig. 8.36. Forats per posar-hi els LED

Fig. 8.37. Forats per al drenatge

Fig. 8.38. Es pot obtenir un senzill sistema de reg per degoteig si feu forats a un tub de plàstic i ho connecteu a una ampolla.

És convenient posar quatre tacs a la base per elevar l'hort; un dels tacs ha de tenir una alçària inferior, i el diagonalment oposat a aquest ha de ser més alt, i així produir un desnivell que condueixi l'aigua cap al desguàs.

Els LED aniran col·locats al llistó rodó superior de fusta, que a més farà la funció de nansa. Marqueu i feu dos forats per passar-hi els terminals de cada LED, amb una broca d'1,5 o 2 mm. Fixeu també l'interruptor i el portapiles.

Ara ja podeu muntar el circuit elèctric d'il·luminació. Soldeu el fil vermell (+) del portapiles a un dels terminals de l'interruptor, i el fil negre (–), als càtodes dels LED. Per acabar, agafeu un cable (preferiblement de color vermell) i uniu (mitjançant soldadura) l'altre terminal lliure de l'interruptor i tots els ànodes dels LED. Cobriu i protegiu els cables que connecten els LED amb algun material aïllant i resistent, com ara cinta aïllant de PVC.

Fig. 8.39. Connexions, soldadura i muntatge del circuit elèctric d'enllumenat

Per evitar mullar la base de fusta, aïlleu-la i cobriu-la amb polietilè (PE) com el de les bosses d'escombraries. També podeu construir i muntar un sistema de reg, manual o automàtic per degoteig. Finalment, feu els acabats finals i decoreu-lo d'acord amb el vostre criteri estètic i artístic.

PROPOSTA DE MILLORA

Petit hivernacle portàtil

Podeu convertir el vostre hortet urbà portàtil en un petit hivernacle, fent un tancament prou hermètic amb plàstic que permeti un fàcil accés a l'interior.

Fig. 8.40. L'hortet urbà portàtil acabat

Fig. 8.41. Proposta d'hort polivalent amb possibilitat d'hivernacle

6.2. Marc de fotos amb il·luminació

Un altre projecte que et proposem és el disseny i la construcció d'un marc de fotos que, a més, incorpori un senzill sistema d'il·luminació eficient. Per realitzar-lo caldrà aplicar, com a mètode de treball, el procés tecnològic que has estudiat.

A. Condicions que ha de tenir

- L'estructura ha de ser prou rígida, resistent i estable.
- Com a marc de fotos de taula, ha de permetre tant la posició horitzontal com la vertical.
- Ha de ser fabricat amb materials fàcils d'obtenir (millor si són reutilitzats o reciclats) i econòmics: cartró, fusta, plàstic...
- Ha d'incorporar un o dos llums de baix consum (preferiblement LED).
- Ha de tenir un bon acabat i resultar visualment molt atractiu i personalitzat.
- Ha de tenir un cost econòmic baix.

B. Material necessari

El material bàsic utilitzat en la proposta que es mostra d'exemple és aquest: fusta contraplacada de 3 mm de gruix (estructura), cartró ploma de 3 mm (paspartú), cartronet de 2 mm (pota abatible), plàstic transparent 0,5 mm (protector fotografia), plàstic PS d'1 mm blanc (suport llum), goma EVA o *Foamy* de colors (decoració), 2 grapes metàl·liques, LED blanc de 5 mm d'alta lluminositat, interruptor, portapiles 2xR6, 2 piles 1,5 V AA i cable elèctric.

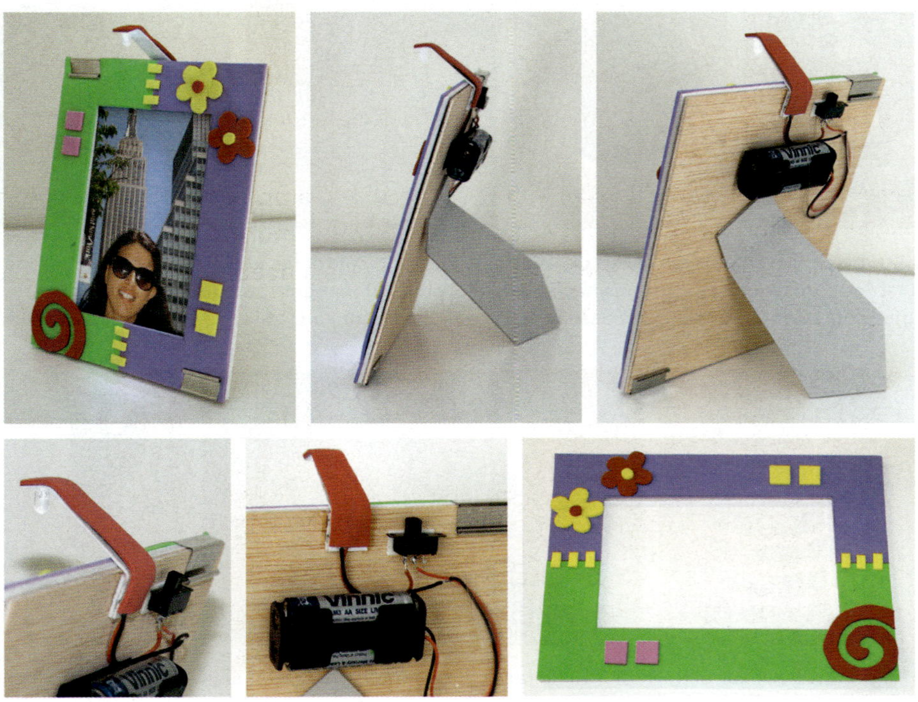

Fig. 8.46. Diverses imatges de la proposta de projecte de marc de fotos il·luminat

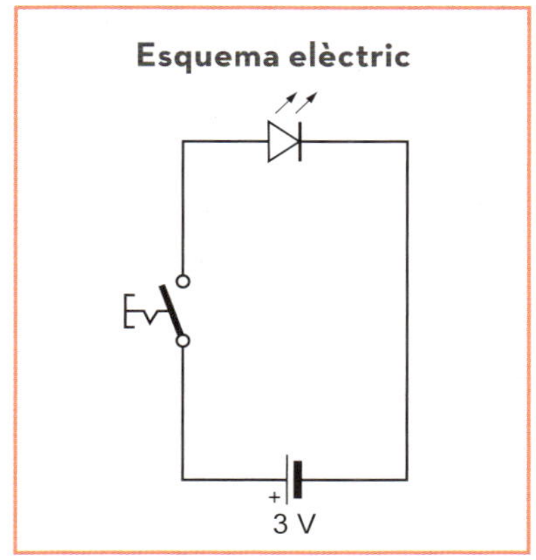

Fig. 8.42. Connexions, soldadura i muntatge del circuit elèctric d'enllumenat

Fig. 8.43. Paspartú de cartró ploma

Fig. 8.44. Goma EVA o *Foamy*

Fig. 8.45. Pota abatible de cartronet

INVENTA!

Portapiles casolà

Podeu fer-vos el vostre portapiles 2xR6 per a dues piles 1,5 V AA usant plàstic PS de 2 mm per al suport i algun material conductor per als borns o contactes elèctrics.

Fig. 8.49.

Esquema elèctric

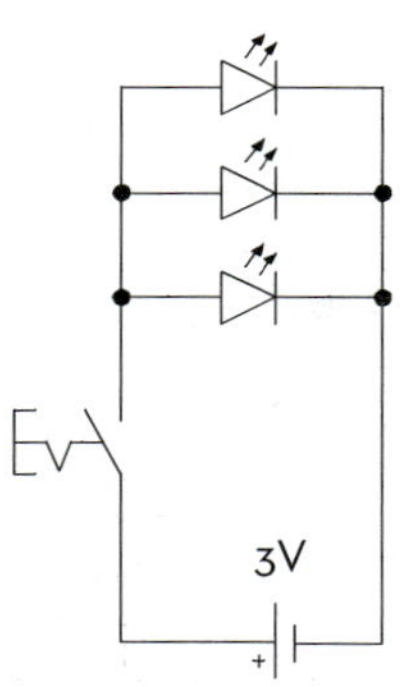

Fig. 8.52.

6.3. Llanterna eficient

Aquesta darrera proposta consisteix a construir una llanterna eficient, amb material reciclable i/o reutilitzable, que disposi d'un sistema d'il·luminació de baix consum. Necessitarem, fonamentalment, 3 LED d'alta lluminositat, un portapiles 2xR6, cable elèctric, interruptor o làmines metàl·liques per construir-lo i una ampolla petita de plàstic (PET) amb boca ampla.

Fig. 8.47. Feu dos forats a l'ampolla per passar-hi els cables que aniran connectats al dispositiu que farà d'interruptor. Un born es connectarà al cable vermell (+) del portapiles, i l'altre born, als ànodes dels LED.

Fig. 8.48. El cable negre (-) del portapiles s'haurà de connectar als càtodes dels LED. També caldrà muntar i fixar (amb pega o cola tèrmica) el dispositiu que farà d'interruptor.

Fig. 8.50. Els LED es muntaran al tap de l'ampolla. Per tant, caldrà fer els forats per col·locar-los i realitzar les connexions elèctriques necessàries (preferentment amb soldadura). Per fixar els components i donar una major consistència mecànica al conjunt, utilitzeu cola tèrmica o pega.

Fig. 8.51. Per fixar el portapiles a l'interior de l'ampolla podeu fer servir cinta velcro adhesiva. Finalment, caldrà provar el correcte funcionament de la llanterna, fer-ne els últims acabats i retocs, si s'escau, i decorar-la.

7 MUNTATGE DE CIRCUITS ELÈCTRICS

Aquest apartat té com a objectiu principal consolidar i posar en pràctica els conceptes sobre electricitat i el circuit elèctric que has estudiat a la unitat 6. Per consegüent, et proposem el muntatge de diversos circuits elèctrics elementals, semblants als que ja has vist anteriorment.

Per realitzar el muntatge d'aquests circuits i analitzar-ne el funcionament, necessitaràs el material que et relacionem a continuació. És exactament igual de vàlid utilitzar material elèctric d'ús comú, com el que es pot trobar en una ferreteria o botiga de material elèctric, que fer servir un equipament didàctic d'operadors elèctrics, com el que tenen alguns centres educatius.

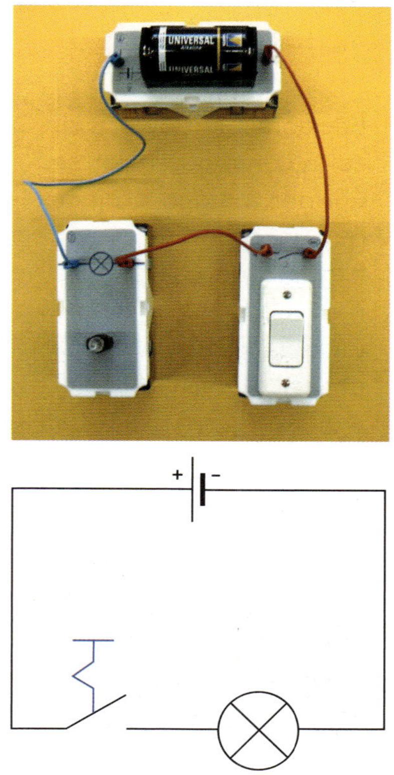

Fig. 8.53. Circuit d'una bombeta controlada per un interruptor

Material necessari:

• Pila i portapiles o font d'alimentació de CC*	• Dues bombetes o làmpades
• Un brunzidor o timbre*	• Un polsador NT
• Un polsador NO	• Dos commutadors
• Un interruptor	• Cables de connexió
• 3 LED d'alta lluminositat de 5 mm	
(*) La tensió del generador i la dels receptors ha de ser la mateixa: 1,5 V, 3 V, 4,5 V...	

7.1. Bombeta controlada per un interruptor

Realitza el muntatge del circuit d'una bombeta controlada des d'un únic punt per un interruptor. Interpreta correctament l'esquema elèctric (fig. 8.53) i utilitza'l com a pauta. Aquests són els passos que has de seguir:

1. Identifica i distribueix els operadors elèctrics sobre un tauler o la taula.
2. Fes les connexions amb cables conductors d'acord amb l'esquema.
3. Acciona l'interruptor diverses vegades i comprova com la bombeta s'encén i s'apaga. Si no et funciona correctament, torna a revisar detingudament les connexions del circuit.

7.2. Brunzidor controlat per un polsador NO

Fes el muntatge del circuit d'un brunzidor (o timbre) controlat per un **polsador normalment obert** (NO), fig. 8.54. Passos a seguir:

1. Identifica els components i distribueix-los sobre el tauler.
2. Fes les connexions oportunes amb cables conductors.
3. Prem el polsador i constata que només sona quan el mantenim accionat.
4. Si no et funciona el circuit, revisa les connexions. Assegura't que la tensió de la pila és l'adequada per al brunzidor; per comprovar-ho, connecta directament la pila al brunzidor i verifica que sona.

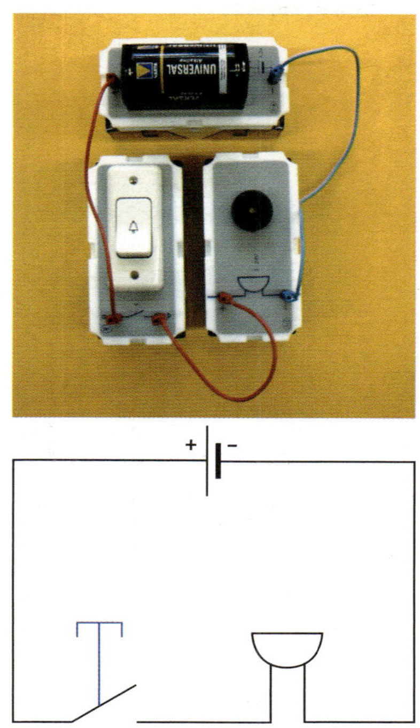

Fig. 8.54. Circuit d'un brunzidor controlat per un polsador NO

SABIES QUE...

L'accionament de dos circuits commutats pot ser útil per a algun projecte que incorpori un semàfor amb un llum vermell i un altre verd. Només un dels llums ha d'estar encès: el verd o el vermell. En cap cas s'han d'encendre els dos llums alhora.

Fig. 8.57.

7.3. Bombeta controlada per un polsador NT

Ara, duu a terme el muntatge d'una bombeta controlada per un **polsador normalment tancat** (NT), fig. 8.55. Segueix les instruccions següents:

1. Selecciona els components, distribueix-los sobre el tauler i connecta'ls d'acord amb l'esquema.
2. Comprova que, en aquest cas, la bombeta només s'apaga quan es prem el polsador.
3. En cas que no funcioni, examina les connexions i verifica l'estat de la pila i de la bombeta.

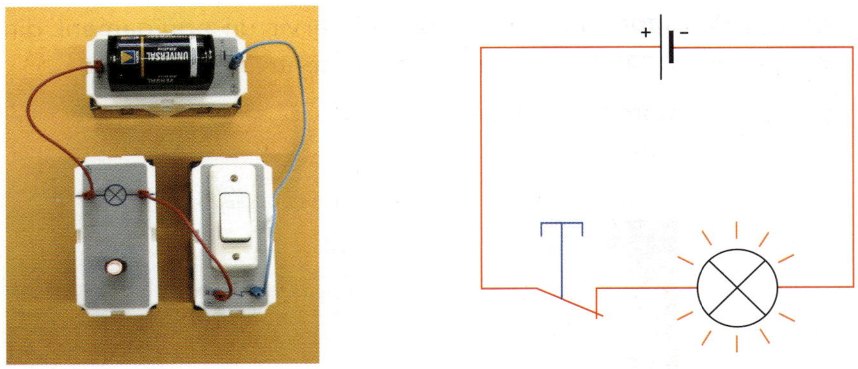

Fig. 8.55. Circuit elèctric d'una bombeta controlada per un polsador NT

7.4. Accionament de dos circuits commutats

Per analitzar com funciona un commutador, et proposem muntar el circuit elèctric de la fig. 8.56.

1. Tria els elements que necessites i connecta'ls seguint l'esquema. Identifica correctament el born comú «c» del commutador, així com els altres dos terminals. No et confonguis a l'hora de connectar-los!
2. En acabar, comprova que, en accionar el commutador, els circuits es commuten, és a dir, canvien l'estat; si la bombeta 1 estava encesa i la bombeta 2 apagada, ara la bombeta 2 s'encendrà i la bombeta 1 s'apagarà. Mai les dues bombetes s'il·luminaran alhora; o l'una o l'altra.

Fig. 8.58. Exemple d'ús d'un polsador NT. Quan tanquem la porta de la nevera, aquesta pressiona un polsador NT que obre el circuit i la làmpada s'apaga. Quan obrim la porta, aquesta deixa de pressionar el polsador i el llum s'encén.

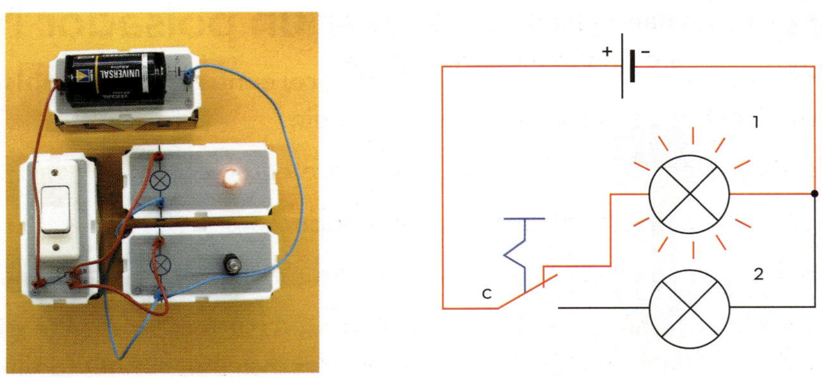

Fig. 8.56. Accionament de dos circuits commutats

7.5. Control d'una bombeta des de dos punts

Fes el muntatge d'una bombeta accionada indistintament des de dos llocs diferents (fig. 8.59). Et recomanem seguir aquests passos:

1. Selecciona els operadors elèctrics que necessitis, distribueix-los sobre un tauler i connecta'ls seguint l'esquema. Fixa-t'hi bé i para atenció!
2. Comprova el funcionament del circuit. Acciona el commutador 1 i observa com el circuit canvia d'estat: si abans la bombeta estava apagada (circuit obert), ara la bombeta s'encendrà (circuit tancat). I a l'inrevés!
3. Acciona el commutador 2 i comprova que el circuit es comporta de la mateixa manera que en el cas anterior.
4. Ara, acciona indistintament els dos commutadors i verifica que, a cada acció, el circuit canvia d'estat.

Fig. 8.61. Als habitatges es donen moltes situacions on cal poder comandar (encendre/apagar) llums des de dos llocs diferents.

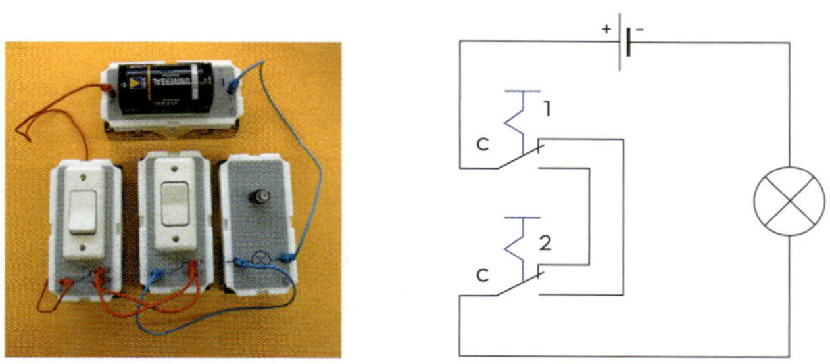

Fig. 8.59. Circuit elèctric del control d'una bombeta des de dos llocs diferents

7.6. Control d'una bombeta des de tres punts

Per acabar, realitza el muntatge del circuit d'una bombeta accionada indistintament des de tres punts (fig. 8.60). Segueix aquests passos:

1. Selecciona els operadors elèctrics necessaris (2 commutadors, 1 commutador d'encreuament, bombeta, pila i cables) i connecta'ls seguint l'esquema. Fixa-t'hi bé i para molta atenció!
2. En acabar, comprova el funcionament del circuit. Acciona indistintament els tres aparells de comandament i verifica que, a cada acció, el circuit canvia d'estat. La bombeta es pot encendre i apagar des dels tres llocs.

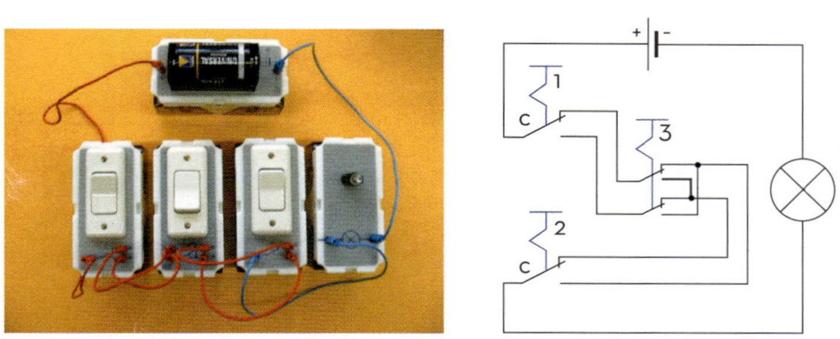

Fig. 8.60. Circuit elèctric del control d'una bombeta des de tres llocs diferents

Fig. 8.62. Control del llum principal d'una habitació amb tres aparells de comandament (dos commutadors i un commutador d'encreuament), un a l'entrada de la porta i els altres dos als costats del llit.